P9-DVG-317

Elogio del caminar

Shane O'Mara

Elogio del caminar

La nueva ciencia que estudia cómo caminamos y por qué es bueno para nosotros

Traducción de Francisco J. Ramos Mena

EDITORIAL ANAGRAMA
BARCELONA

Título de la edición original:
In Praise of Walking. The New Science of How We Walk
and Why It's Good for Us
The Bodley Head
Londres, 2019

Ilustración: «In Search of the Mysterious», © Geoff Mcfetridge, 2014

Primera edición: julio 2020

Diseño de la colección: lookatcia.com

ISBN: 978-84-339-6458-8
Depósito Legal: B. 11174-2020

Printed in Spain

Liberdúplex, S. L. U., ctra. BV 2249, km 7,4 - Polígono Torrentfondo
08791 Sant Llorenç d'Hortons

INTRODUCCIÓN

¿Qué es lo que nos hace humanos? ¿Qué cualidad es la que nos diferencia de todos los demás seres vivos? Habitualmente el lenguaje ocupa el primer lugar de la lista; sin duda, es una capacidad humana única.[1] Otras especies se comunican entre sí, y a menudo lo hacen de forma impecable y elaborada, con señales de llamada específicas para denotar, por ejemplo, la presencia de alimento o de algún peligro. Pero ninguna otra especie dispone de nada parecido al lenguaje humano, con su infinita capacidad de transmitir significado, contenido y cultura.

Los humanos también utilizamos elaboradas herramientas y enseñamos a utilizarlas a otros humanos; además, nuestro uso de herramientas evoluciona con el tiempo. Pero también otras especies emplean herramientas, aunque no con la misma variedad y creatividad que nosotros. También se menciona con frecuencia la exclusiva propensión de los humanos a cocinar los alimentos: ciertamente, eso es algo que no hace ninguna otra especie. Cocinar nos aporta nutrientes y sustento de fuentes que de otra manera no podríamos aprovechar. Pero esto plantea una cuestión: ¿cómo recolectamos y transportamos los alimentos antes de cocinarlos? Otro elemento que habitualmente figura en la lista es nuestra excepcional dedicación a los niños y adolescentes, a los que criamos y cuidamos durante un prolongado periodo de tiempo; un compromiso mucho mayor que el de cualquier otra especie.

Sin embargo, a menudo se omite un elemento de la lista: una adaptación (es decir, una alteración de nuestra biología que favorece nuestra supervivencia) que se cuenta entre las más importantes y peculiares que poseemos, pero que normalmente la sabiduría popular pasa por alto. Se trata de un elemento ligado a todas las demás adaptaciones que acabamos de mencionar y a muchas más: es la capacidad de caminar y, concretamente, de andar erguidos sobre los dos pies; una adaptación conocida como «bipedación», o «bipedalismo», que nos deja las manos libres para otras tareas.[2] Casi todos los demás animales terrestres son cuadrúpedos: caminan sobre cuatro extremidades. Caminar es una hazaña maravillosa y aparentemente simple; una hazaña que los robots todavía no han logrado emular ni de lejos con la fluidez de los humanos y otros animales.[3]

Caminar dota a nuestra mente de movilidad de una manera que a otros animales les está vedada. En 1952, el neurólogo y fenomenólogo Erwin Straus –hoy casi olvidado– supo captar hasta qué punto la capacidad de andar está ligada a nuestra identidad y a nuestra experiencia al afirmar que la «postura erguida es una condición indispensable para la autopreservación del hombre. Erguidos como estamos, nos experimentamos a nosotros mismos en esa relación concreta con el mundo».[4] Nuestra postura erguida modifica nuestra relación con el mundo, incluido, como veremos, el mundo social.

Nuestros parientes cercanos los chimpancés utilizan una forma intermedia de bipedación, por la que caminan usando las manos y los pies de forma combinada; esta adaptación, que se conoce como «caminar sobre los nudillos», no es una forma especialmente eficiente de moverse.[5] Muchas aves también caminan en tierra sobre dos patas, pero no lo hacen con la columna vertebral erguida:[6] su espina dorsal no está perpendicular al suelo ni coronada por una cabeza móvil. En el caso de los humanos, la bipedación ha implicado una serie de modificaciones y adaptaciones drásticas en todo el cuerpo, desde la parte superior de la cabeza hasta los dedos de los pies.

¿Qué nos aporta el hecho de caminar sobre los dos pies que nos hace distintos? En términos evolutivos, la bipedación nos permitió salir de África y diseminarnos por todo el globo, desde los remotos glaciares de Alaska hasta los soleados desiertos de Australia. Es una habilidad única que ha configurado la historia humana.

Caminar erguido también nos ha proporcionado todo tipo de ventajas físicas. La bipedación nos deja las manos libres, lo que implica que podemos transportar alimentos, armas o niños. Desplazar la locomoción a los pies, estabilizando el equilibrio a lo largo de la columna vertebral y las caderas, nos permitió asimismo arrojar piedras y lanzas, arrastrarnos con sigilo y atacar a otros con primitivas hachas de piedra, recoger el botín del asalto o el combate y luego desaparecer silenciosamente en la noche. Hemos podido transportar a nuestros pequeños, a menudo a lo largo de grandes distancias, simplemente poniendo una pierna delante de la otra. Caminar erguido ha dotado de movilidad a nuestra mente, y nuestro cerebro móvil ha avanzado hacia los horizontes más remotos del planeta.

Pero los beneficios de caminar no se limitan únicamente a nuestra historia evolutiva, ya que andar resulta también extremadamente beneficioso para nuestras mentes, nuestros cuerpos y nuestras comunidades. Caminar es un acto holístico: todos y cada uno de sus aspectos ayuda a todos y cada uno de los aspectos de nuestro ser. Caminar nos proporciona una lectura multisensorial del mundo en todas sus formas, configuraciones, sonidos y sensaciones, puesto que utiliza el cerebro de múltiples maneras. Posiblemente una de las mejores experiencias en ese sentido sea la de caminar juntos. Caminar en un contexto social –es decir, hacerlo de forma concertada y con un propósito común– puede ser un estímulo eficaz de cara a potenciar un cambio real en la sociedad. Caminar reviste una importancia tan vital y esencial para nosotros –tanto a nivel individual como colectivo– que, de hecho, debería reflejarse en la forma en que organizamos nuestras vidas y nuestras sociedades. Las políticas públicas deberían integrar plenamente la comprensión de por qué caminar nos hace tan distintivamente humanos, y esa idea debería impregnar la planificación urbanística. Anhelo que llegue un día en que los médicos de todo el mundo prescriban a la gente que camine como un tratamiento básico para mejorar nuestra salud y bienestar individuales y colectivos. De hecho, en las islas Shetland los médicos de cabecera ya han empezado a prescribir caminatas por la playa como tratamiento preventivo contra enfermedades del cerebro y del resto del cuerpo.[7]

A lo largo del presente volumen rendiremos tributo al triunfo arrollador de la capacidad de andar humana, empezando por estudiar los orígenes de la bipedación en los tiempos más remotos, tras de lo cual examinaremos cómo el cerebro y el cuerpo realizan la magia mecánica que configura el acto de andar e investigaremos cómo caminar puede liberar nuestros pensamientos, para estudiar finalmente los aspectos más sociales de esta actividad, ya sea jugando un partido de golf, dando un paseo por el campo o emprendiendo una marcha para intentar cambiar la sociedad. En el camino, extraeremos las lecciones que se pueden aprender de ello y mostraremos sus beneficios para el individuo y la sociedad. Dichas lecciones son múltiples y fáciles de aplicar.

Veremos cómo caminar nos convierte en seres sociales al dejar las manos libres para usar herramientas y articular gestos, esto es, movimientos que nos permiten expresar significado a los demás. Caminar nos permite «hacer manitas», transmitiendo señales exclusivas de una relación romántica, y nos brinda la posibilidad de darnos apoyo físico unos a otros. Asimismo, marchar en protesta es un rasgo común de nuestra vida política en libertad; de ahí que una de las primeras medidas de los autócratas sea la prohibición de las asambleas y las manifestaciones. Caminar es bueno para el cuerpo, para el cerebro y para el conjunto de la sociedad.

Pero lo contrario también es cierto. Nuestra actual falta de movimiento tiene un coste, ya se deba a los entornos en los que habitamos, al diseño de nuestras oficinas o al mero hecho de llevar una vida ociosa y sedentaria. En este libro quiero mostrar la imperiosa necesidad de que empecemos a caminar de nuevo. Nuestro cerebro y nuestro cuerpo saldrán ganando; nuestro estado de ánimo, nuestra lucidez mental, nuestra creatividad y nuestra conexión con el mundo social, urbano y natural... todo mejorará. Caminar es la solución sencilla, factible y personal que todos necesitamos.

Las nuevas investigaciones científicas nos están revelando un claro panorama: caminar de forma regular confiere beneficios duraderos y sustanciales tanto a los individuos como a la sociedad en general. Este libro rinde tributo tanto a la ciencia que estudia esta actividad como a la pura alegría de dar un buen paseo. Quiero hacer patente que lo que a primera vista parece un cambio de comportamiento aparentemente simple tiene en realidad un papel clave como factor impulsor de un bienestar psicológico y físico positivo. Caminar es una actividad en la que casi todo el mundo puede participar y que además nos viene dada por naturaleza. Nuestro cuerpo y nuestro cerebro están diseñados para el movimiento en la vida cotidiana, tanto en los entornos naturales como artificiales: el movimiento regular potencia la capacidad mental, la percepción y la creatividad de múltiples maneras, además de mejorar nuestra salud.

Es hora de levantarnos y echar a andar rumbo a una vida mejor: vamos a ver el mundo tal como es y como solo los humanos podemos verlo.

1. POR QUÉ CAMINAR ES BUENO PARA NOSOTROS

Normalmente pasamos por alto –con los riesgos que ello entraña– los beneficios que caminar puede aportar a nuestra salud, a nuestro estado de ánimo y a nuestra lucidez mental. Hoy muchos de nosotros vivimos en un entorno profundamente antinatural en el que pasamos largos periodos del día sentados con los ojos fijos en una pantalla probablemente situada más o menos a medio metro de nuestros ojos. Cuando nos levantamos, y luego caminamos y nos movemos, nuestra postura cambia: el torso y la columna vertebral pasan a formar un solo eje vertical, que parte de la cabeza y pasa primero por la espalda y luego por las piernas y los pies hasta entrar en contacto con el suelo. En cambio, cuando nos sentamos, el peso del tronco se concentra en gran medida en la parte inferior de la espalda y, en concreto, en el coxis, esa pequeña colección de huesos que forma la cola residual humana.[1] El coxis sirve de punto de anclaje a una extraordinaria red de tendones y músculos que se extienden por la espina dorsal y, en particular, la zona superior de las piernas, los músculos glúteos de la parte alta de los muslos, que son esenciales para caminar. No tiene nada de sorprendente, pues, que el dolor lumbar sea una de las dolencias más comunes en el mundo desarrollado.

¡Y qué absurdo resulta, entonces, que el remedio –levantarse regularmente de nuestro asiento y caminar un poco– se conozca y se aplique en tan pocas ocasiones! Los largos periodos de inmovilidad también producen cambios musculares: se acumulan depósitos de grasa en los músculos de las piernas, y, a medida que envejecemos, perdemos masa muscular debido en parte a la inmovilidad (lo que se conoce como «sarcopenia»). Hay asimismo muchos otros cambios: se modifica, por ejemplo, la presión arterial, al igual que la tasa metabólica (la velocidad a la que quemamos energía). Pero, cuando nos levantamos, todo se transforma de repente, tanto en el cerebro como en el resto del cuerpo: nos convertimos en seres «cognitivamente móviles», la mente se pone en movimiento, la cabeza gira, los ojos se mueven con rapidez. Nuestra actividad cerebral cambia cuando nos movemos, y determinados ritmos eléctricos cerebrales que antes se mantenían inactivos pasan a estar activos y atareados. Se incrementa nuestro estado de alerta, la respiración cambia, y el cerebro y el cuerpo en general se aprestan a entrar en acción. Afirmaba el filósofo francés Jean-Jacques Rousseau: «Solo puedo meditar mientras camino. Si me detengo dejo de pensar; mi mente solo trabaja con mis piernas.»[2]

He aquí un recuerdo mío que viene al caso: estoy en un congreso de estudiantes en Belfast durante la lúgubre y aparentemente interminable década de 1980. Doy un largo paseo por Malone Road, más allá de Queen's University, hasta el centro de la ciudad. Paso por numerosos cordones de seguridad. Jóvenes soldados con armas temibles patrullan la ciudad, registrando las bolsas de la compra en busca de bombas y armas, mientras hablan nerviosamente entre sí con distintos acentos de inglés. Se respira mucha tensión en el aire. La campaña del político unionista Ian Paisley contra el Acuerdo anglo-irlandés es un constante telón de fondo, como lo son las terribles atrocidades, los numerosos atentados y asesinatos que se perpetran. Sin embargo, la ciudad está viva; es difícil matar una ciudad.

Cuando mi mente se concentra en rememorar aquel paseo en mi primera visita a Belfast, recuerdo que pasé por delante del hotel Europa, que había sido objeto de varios atentados. Después caminé en dirección este hacia Botanic Avenue y, a continuación, di un largo recorrido de vuelta por las calles y callejuelas de la parte trasera del hotel Europa. ¿Por qué esa ruta? Simplemente porque podía: es la ventaja de ir a pie. Son las primeras horas de la tarde de un sábado, el día es gris y flota una ligera llovizna en el aire. En mi azaroso trayecto, en un momento dado, me encuentro accidentalmente caminando por Sandy Row, el epicentro unionista de Belfast. Allí los murales resultan asombrosos y un poco aterradores para alguien procedente del tranquilo y apacible sur del país. Apresuro el paso hasta empalmar con Lisburn Road y, finalmente, encuentro el camino de regreso al lugar donde nos alojábamos todos los estudiantes, en Malone Road. Aquí, en Belfast, cualquier paseo es un viaje a un pasado que todavía está presente; como dice la vieja máxima: «El pasado ni siquiera ha pasado.»

Este pequeño viaje personal contiene muchos de los elementos que configuran la historia oculta del caminar: el viaje mental en el tiempo para recordar detalles, los recuerdos de un determinado paseo, la capacidad de orientarse y transitar por un entorno urbano extraño, el ligero escalofrío de temor que todavía siento cuando recuerdo los cordones de seguridad y los murales... Hoy sabemos que los sistemas cerebrales relacionados con todas estas funciones se hallan en comunicación constante y sustentan mutuamente su funcionamiento; y, de manera crucial, que dichos sistemas cerebrales no son perfectos. Mi memoria me ha engañado un poco. Ha simplificado la ruta y ha omitido detalles significativos. Recuerdo Botanic Avenue como si estuviera casi enfrente del hotel Europa. Y, como puedo constatar en el mapa, no es así. Botanic Avenue forma parte de un ángulo agudo que se extiende hasta Great Victoria Street, que es donde en realidad se halla el hotel. Y, curiosamente, he eliminado la mayoría de los detalles sobre la ubicación relativa de Sandy Row y el hotel Europa. Recuerdo Sandy Row como si estuviera más o menos directamente detrás del hotel. Y no es así: en realidad, Sandy Row queda más al sur. Solo me limito, pues, a recordar de manera imperfecta lo esencial de las ubicaciones, los lugares, las cosas...; no tengo en ningún lugar del cerebro una grabación de vídeo que reproduzca fielmente la ruta que tomé hace tantos años.

Este es el aspecto clave que subyace a nuestras memorias episódica y de sucesos: ambas son imperfectas, se quedan con lo esencial, funcionan extrayendo significado y centrándose en ciertos elementos relevantes al tiempo que ignoran otros.[3] Hay más información en el entorno de la que nuestras mentes móviles pueden captar y, de hecho, más de la que necesitamos conocer. Cómo nos movemos, qué miramos, con quién hablamos, qué sentimos al movernos: todo ello son componentes centrales de nuestra experiencia. Podrían formar parte de nuestro recuerdo y depositarse como rastros en nuestro cerebro. No somos cerebros incorpóreos que viajan a través del espacio y el tiempo: sentimos el suelo bajo los pies, la lluvia en el rostro; puede que miremos hacia lo desconocido, pero, al hacerlo, ampliamos nuestra gama de experiencias en este complicado mundo. Y constantemente estamos creando silenciosos recuerdos de allí donde hemos estado y trazando mapas del mundo que hemos experimentado.

Es posible demostrar el poder del mero hecho de levantarse y caminar para modificar el cerebro. Para ello se utiliza un experimento directo denominado «tarea Stroop» o «prueba de Stroop» (por el nombre de su creador, el psicólogo estadounidense John Ridley Stroop),[4] que tiene por objeto comprobar el «control cognitivo» de una persona, es decir, la facilidad con la que puede dirigir y controlar (o no) su atención y pensamiento. La prueba de Stroop es un test de identificación de colores y palabras cambiantes. A los participantes se les proporciona una lista con nombres de colores (rojo, verde, azul, negro...). Esos nombres aparecen impresos o bien en su mismo color (por ejemplo, la palabra «rojo» en letras rojas) o bien en otro distinto (la palabra «rojo» en letras verdes). A continuación, se pide a los participantes que nombren el color en el que aparece impresa cada palabra lo más rápido posible. Normalmente, cuando coinciden la palabra impresa y el color que designa, los tiempos de respuesta son rápidos y precisos; por el contrario, cuando la palabra impresa y el color que designa no coinciden, los tiempos de respuesta son mucho más lentos.

Habitualmente el rendimiento de la prueba de Stroop se reduce cuando se produce una situación de doble tarea. Por ejemplo, se puede pedir a un participante que dé los nombres de los colores mientras al mismo tiempo escucha una serie de frases a través de unos auriculares con el objetivo de detectar una determinada palabra o frase concreta cuya aparición debe señalar presionando un botón. El efecto Stroop, que resulta muy fiable y fácil de detectar, a menudo se explica por la necesidad de prestar una atención selectiva a ciertos aspectos del estímulo visual a la vez que se suprime activamente la atención hacia otros aspectos (automáticos, preponderantes o que llamen la atención) de dicho estímulo, y luego seleccionar y dar la respuesta adecuada.

Pero ¿qué ocurre si añadimos el movimiento a la ecuación? El psicólogo experimental David Rosenbaum y un grupo de colegas de la Universidad de Tel Aviv se preguntaron si el mero hecho de ponerse de pie podría tener algún efecto en el rendimiento en la prueba de Stroop.[5] Tras realizar una serie de tres experimentos, descubrieron que, cuando un participante está de pie, el efecto Stroop en los estímulos incongruentes –donde el rendimiento debe ser más lento– resulta ser más rápido de lo normal en comparación con cuando está sentado. Es como si el mero hecho de estar de pie movilizara recursos cognitivos y neuronales que de otra forma permanecerían inactivos. Además, diversos estudios recientes muestran que caminar aumenta el flujo de sangre a través del cerebro, y lo hace de un modo que contrarresta los efectos del sedentarismo.[6] Así pues, interrumpir regularmente los episodios prolongados de inmovilidad mediante el sencillo acto de ponerse de pie modifica el estado del cerebro al movilizar mayores recursos neurocognitivos, en lo que constituye una llamada a la acción tanto como una llamada a la cognición.

Además de mejorar el control cognitivo, no hay duda de que caminar confiere muchísimos otros beneficios. Todos sabemos que es bueno para el corazón; pero caminar también resulta beneficioso para el resto del cuerpo. Ayuda a proteger y reparar los órganos que se han visto sometidos a tensiones y estrés. Es bueno para el intestino, ya que facilita el tránsito de los alimentos.[7] Andar con regularidad también actúa como un freno para el envejecimiento de nuestro cerebro y, en algunos aspectos importantes, incluso puede revertirlo. En diversos experimentos recientes se pidió a adultos de edad avanzada que participaran en caminatas en grupo tres veces por semana y con trayectos relativamente fáciles.[8] Al cabo de un año, en el grupo que realizó esta actividad, el envejecimiento normal de aquellas áreas del cerebro que proporcionan el andamiaje necesario para el aprendizaje y la memoria se revirtió ligeramente, aproximadamente en unos dos años. También se observó un incremento del volumen de dichas áreas cerebrales; esto es importante en sí mismo, pues sugiere que el hecho de caminar de manera regular suscita una serie de cambios plásticos en la propia estructura del cerebro, fortaleciéndolo de manera similar a como se fortalecen los músculos cuando se ejercitan.

Hay una forma sencilla de interpretar la bibliografía actual sobre la relación entre el envejecimiento y la actividad de caminar: uno no envejece hasta que deja de andar, y no deja de andar porque envejezca. Hacer muchas caminatas regulares, especialmente si se realizan a paso ligero y con un ritmo adecuado, previene muchas de las cosas malas que acompañan al envejecimiento. Caminar también se asocia a una mayor creatividad, un mejor estado de ánimo y una mayor agudeza mental general. Los periodos de ejercicio aeróbico realizados inmediatamente después de una actividad de aprendizaje pueden potenciar y mejorar la capacidad de recordar el material previamente aprendido. El ejercicio aeróbico sistemático y regular puede producir de hecho nuevas células en el hipocampo, la parte del cerebro que sustenta el aprendizaje y la memoria. Asimismo, el ejercicio regular estimula la producción de una importante molécula que contribuye a la plasticidad cerebral (conocida como «factor neurotrófico derivado del cerebro», o BDNF, por sus siglas en inglés).[9] La afirmación «El movimiento es una medicina» resulta ser, pues, correcta: ningún fármaco tiene todos estos efectos positivos. Y a menudo los fármacos tienen efectos secundarios; el movimiento no.

Mientras caminaba en cierta ocasión por el hermoso valle de Glendalough, en Irlanda, oí el rítmico rumor producido por un montón de pies al correr. Me detuve y me encontré con la hermosa visión de cuatro o cinco ciervos corriendo por la cañada. Era a finales de otoño, época de reproducción, y pude oír también la berrea de los machos. Esa es otra de las ventajas de andar: ves, hueles y sientes las cosas tal como son, no a través de un parabrisas a toda velocidad. Caminar te permite afrontar lo personal en lugar de aislarte de ello. Como mucha gente, yo también conduzco, y siempre voy al trabajo en tren. Pero para mí caminar, como forma de transporte, es algo especial: me permite distanciarme, sea de lo que sea; me aclara la mente, pues me da la posibilidad de meditar las cosas. El movimiento natural comporta experiencias y plantea exigencias al cuerpo y al cerebro que no surgen con otros tipos de movimiento. Los automóviles, bicicletas, trenes y autobuses nos alejan del entorno de diversos modos: nos vemos mecánicamente propulsados, a veces aislados detrás de cristales, viajando demasiado deprisa, preocupados por la posibilidad de sufrir un accidente o tratando de encontrar una nueva canción en la radio. Ello implica una peculiar forma de pasividad: estás sentado, pero a la vez te mueves muy deprisa. Eso es algo que nunca puede ocurrir cuando caminas: tienes que poner un pie delante del otro hasta llegar allí por tus propios medios. Haces tu propio camino y experimentas el mundo de cerca; a tu propia velocidad, a tu propia manera.

Pero ¿cómo sabemos que caminar tiene realmente todos esos múltiples beneficios para la mente, el cuerpo y la calidad de vida? ¿Qué indicios hay de ello? Los indicios son abundantes y, como veremos en el curso de este libro, revelan que caminar mejora todos y cada uno de los aspectos de nuestro ser, desde la salud física a la mental, además de la vida social y muchas otras cosas.

Esto puede parecer algo obvio, pero el caso es que, cuando caminamos, nuestro cerebro también está en movimiento. De hecho, como veremos, hemos evolucionado como una especie móvil: caminamos de un lado a otro, nos movemos, buscamos nuevas fuentes de información del mundo. En otras palabras, no somos meros cerebros encerrados en un cráneo, sino mentes en movimiento: somos «cognitivamente móviles». El estudio de nuestra forma de pensar, razonar, recordar, leer o escribir se conoce como «estudio de la cognición». Por regla general, la investigación científica de la cognición se realiza en laboratorio, utilizando experimentos cuidadosamente controlados y toda una serie de métodos y pruebas que miden las capacidades cognitivas.

Casi cualquier cosa que se mueva de manera sistemática y coherente probablemente se puede medir de una forma u otra. Los movimientos realizados pueden ser múltiples y diversos. Pongamos por caso la pauta de movimientos oculares que realiza una persona: es posible captar dónde mira y durante cuánto tiempo en determinados lugares concretos en una pantalla; se puede medir la rápida sucesión de aumentos y disminuciones del tamaño de la pupila; se pueden analizar las respuestas eléctricas del cerebro; se pueden calibrar los tiempos de reacción; se puede determinar en qué medida se agita el sujeto en la silla experimental... Y, en la última generación de experimentos, los participantes incluso pueden realizar estas tareas complejas mientras permanecen tendidos bajo un escáner cerebral, que utiliza diversos métodos avanzados para medir y localizar la actividad cerebral asociada a la realización de una determinada tarea cognitiva.

Hay dos métodos principales de obtención de neuroimágenes o imágenes del cerebro. El primero, y con mucho el más popular, es la denominada «imagen por resonancia magnética» (IRM), que tiene dos variantes principales: la funcional (abreviada (IRMf) y la estructural (abreviada IRMe). La IRM es un procedimiento no invasivo y médicamente seguro que (en principio) nos permite ver el cerebro en funcionamiento con una precisión milimétrica. La segunda gran herramienta para la obtención de imágenes del cerebro es la conocida como «tomografía por emisión de positrones» (TEP), que se basa en la inyección de marcadores radiactivos en la sangre y el rastreo de su captación en diferentes regiones cerebrales durante la realización de distintas tareas. La

TEP es una técnica con una precisión espacial relativamente deficiente en comparación con la IRM y, además, resulta algo desagradable, en especial si uno tiene fobia a las agujas. Esta técnica tiene diversos usos especializados, particularmente en el desarrollo de nuevos tratamientos farmacológicos para trastornos cerebrales y de otra índole. La IRM, en cambio, no requiere inyección alguna y ofrece una precisión mucho mayor en términos de estructura y función. Tanto la IRM como la TEP nos han permitido obtener una visión inédita del cerebro en funcionamiento, en especial del cerebro humano.[10]

Imagine ahora que le piden que participe en un experimento de IRMf. Para ello le colocan en la camilla del escáner y le introducen poco a poco en el hueco central de la máquina. Lo primero que se hace es una IRMe: una imagen de múltiples cortes del cerebro destinada a verificar que no hay ninguna anomalía ni ningún otro tipo de problema. Si todo va bien, a continuación le indicarán la tarea que tiene que realizar mientras se lleva a cabo la IRMf. Primero tendrá que mirar una pequeña cruz en una pantalla (esto se denomina «fijación visual»), y luego se le pedirá que realice una tarea. Para no salirnos del tema de este libro, podría tratarse de una tarea de navegación espacial. Por ejemplo, es posible que le hayan dado un *joystick* y tenga que encontrar un camino en un complejo laberinto tridimensional. Basándonos en lo que sabemos por los experimentos ya realizados con ratas y humanos, podemos predecir que observaremos un grado muy alto de actividad en la formación hipocampal, además de cierta actividad en las regiones del cerebro involucradas en los movimientos motores. ¿Cómo podemos verificar que la actividad de la formación hipocampal es específica de la tarea en cuestión y no de otros aspectos secundarios de esta? Aquí es donde los experimentos de control resultan absolutamente esenciales. A menudo se emplea una lógica sustractiva:

se sustrae la actividad irrelevante para la tarea de lo que constituye la tarea de interés en sí. Por ejemplo, se puede pedir al sujeto que mueva el *joystick* de acuerdo con una instrucción verbal, pero sin explorar el laberinto, de modo que este se involucre en gran medida en un mero comportamiento visomotor.

Este enfoque experimental de laboratorio se ha revelado extraordinariamente potente. Nos ha permitido poner a prueba y ampliar el modelo estándar de la cognición humana. Sin embargo, también tiene sus limitaciones; la más importante para lo que aquí nos interesa es nuestra capacidad para medir qué sucede en el cerebro mientras este está en movimiento, cuando la mente se mueve «en su estado natural», por así decirlo. El psicólogo experimental Simon Ladouce y un grupo de colegas de la Universidad de Stirling, en Escocia, argumentan –en mi opinión, acertadamente– que nuestra comprensión de la cognición ha progresado más despacio de lo que podría o debería haber hecho porque las generaciones pasadas y actuales de psicólogos y neurocientíficos no hemos estudiado las mentes y los cerebros en movimiento con la intensidad con la que quizá podríamos haberlo hecho.[11] Para ser justos con toda la legión de experimentadores que han trabajado en este campo, hay que decir que eso ha ocurrido, obviamente, porque es muy difícil trasladar el laboratorio al «estado natural». Observar las acciones de la mente en movimiento es posible, pero no resulta fácil. Siendo realistas, estudiar la cognición en estado natural requiere tomar lo mejor de la práctica de laboratorio y, de alguna manera, utilizarla para crear instrumentos de laboratorio móviles que nos permitan medir qué es lo que las personas piensan, dicen y hacen mientras caminan.

La última generación de tecnologías móviles se están haciendo cada vez más familiares en esta disciplina, y pueden adaptarse y utilizarse para captar nuestro comportamiento cuando estamos en la calle. Hoy muchos de nosotros, si no la mayoría, disponemos de teléfonos inteligentes. Generalmente estos vienen equipados con aplicaciones para medir la cantidad de pasos, la velocidad a la que andamos, los componentes de nuestra dieta y muchas otras cosas. El desarrollo de estas y otras tecnologías nos permite captar cada vez más aspectos de lo que hace el cerebro cuando la cognición es móvil. Los teléfonos inteligentes se han revelado especialmente útiles en ese sentido. Se puede contactar con los participantes a diferentes horas del día y preguntarles qué están haciendo, cómo se sienten y qué planean hacer, entre otras cosas. Esto se conoce como «muestreo de experiencia».[12]

Aunque hay formas indirectas de estudiar de qué modo caminar modifica el cerebro, especificar y comprender los mecanismos subyacentes puede resultar más difícil. Y todavía lo es más relacionar esos cambios en la actividad de determinadas células, circuitos y sistemas cerebrales con la cognición y el comportamiento en general. Aun así, hoy estamos dando los primeros pasos para comprender de qué modo caminar afecta a la actividad cerebral y asimismo empezamos a entender cómo modifica el cerebro a fin de aprestarlo para la acción.

Imagine por un momento que es un gato y está agazapado aguardando a su presa. Cerca hay una rata que, a su vez, deambula de un lado a otro buscando algo sabroso que comer. Imagine que es ese gato, acechando sigilosamente a la rata. Su sistema visual está más agudizado por el sencillo hecho de que ahora usted se está moviendo silenciosamente: recoge la información más deprisa y sus garras están listas para capturar a su presa.

Ahora imagine que es la rata que camina de regreso a su madriguera o su nido. Reina una densa penumbra, y tanto usted-gato como usted-rata están funcionando en los límites de su agudeza visual. Es posible que cada uno llegue a percibir el rastro de olor del otro, pero puede que ese rastro de olor sea indeterminado y no proporcione una trayectoria fiable para localizar a la presa, en un caso, o escapar del depredador, en el otro. En el caso de la rata, a menos que su refugio sea completamente seguro, la mejor estrategia de escape es moverse con cuidado y en silencio, confiando en la agudización adicional que adquiere su sistema visual al caminar. De manera similar, en el caso del gato, desplazarse, mover la cabeza y los ojos, le brinda una mejor oportunidad de capturar a su presa, la comida que tanto necesita esta noche.

He aquí una interesante «carrera armamentística evolutiva». La actividad de las áreas visuales del cerebro de la rata, en tanto presa, y del gato, en tanto depredador, se agudiza y adquiere una mayor sensibilización al caminar.[13] Caminar le permite capturar a su presa más fácilmente, pero también escapar con mayor facilidad del depredador. Hay dos sistemas cognitivos móviles compitiendo entre sí, el gatuno y el ratonil, cada uno de los cuales está sintonizado para frustrar los objetivos del otro. Y la actividad de ambos sistemas se agudiza del mismo modo: caminando. Esto nos lleva a una importante conclusión de carácter general: caminar modifica notablemente la actividad cerebral de importantes maneras que resultan a la vez sutiles y potentes.

Este ejemplo del gato y la rata, del depredador y la presa, nos permite abordar la cognición móvil analizando qué sucede con la actividad de las células, circuitos y sistemas cerebrales, y luego el comportamiento resultante. ¿Qué le ocurre a nuestra percepción de cómo vemos las cosas cuando caminamos? ¿Caminar afecta a la visión? ¿Cuando estoy caminando y prestando atención puedo ver las cosas con mayor rapidez que si estoy prestando atención pero sentado? Caminar modifica la actividad de aquellas partes del cerebro que gobiernan la visión, y lo hace de varias formas positivas, todas ellas diseñadas para que la respuesta a lo que está sucediendo en el mundo real sea más rápida y eficaz.

Pensemos por un momento en cómo la cognición podría verse afectada por el movimiento. Podemos concebir el cerebro –hay que decir que de manera algo simplista– del siguiente modo: el cerebro recibe impulsos de entrada, o *inputs,* del mundo exterior (la parte sensorial del sistema nervioso), y de alguna manera los procesa (el componente central del sistema nervioso); a su vez, los resultados de ese procesamiento pueden afectar al comportamiento a través de alguna forma de impulso de salida, u *output* (la parte motora). Es posible medir la actividad de esos diferentes componentes mientras uno camina. Y lo que se pone de relieve es que caminar modifica considerablemente la actividad cerebral, y lo hace para mejor. Durante el movimiento activo mejoran la audición, la visión y los tiempos de reacción.

Ni que decir tiene que no somos precisamente unos holgazanes, y lo cierto es que nuestra movilidad plantea problemas concretos para la recopilación de datos. Como veremos, hoy en día realizar experimentos con ratas y ratones en movimiento resulta relativamente sencillo, pero los experimentos con humanos en movimiento requieren algo más de ingenio.

La denominada Vía Alpina discurre a través de ocho países distintos (Austria, Francia, Alemania, Italia, Liechtenstein, Mónaco, Eslovenia y Suiza) y consiste en cinco largas rutas de senderismo interconectadas. En conjunto, estas rutas suman aproximadamente un total de 5.000 kilómetros. Los senderos que configuran la Vía Alpina tienen un origen muy antiguo, y de vez en cuando se hacen hallazgos arqueológicos en estas rutas que narran interesantes y perturbadoras historias de su pasado. En uno de esos hallazgos, producido en 1991, se descubrió un cuerpo momificado de unos 5.000

años de antigüedad correspondiente a un varón de mediana edad en lo que hoy es la frontera austro-italiana. Se le dio el nombre de Ötzi, el «hombre de hielo».[14]

El pobre Ötzi había tenido un desagradable final: las radiografías de su cuerpo mostraron que había sido herido en el hombro izquierdo por una punta de flecha de sílex que había penetrado profundamente en la carne, y luego había recibido un fuerte golpe en la cabeza. Sus brazos mostraban algunas heridas defensivas. No está del todo claro cuál de sus heridas mató a Ötzi: es probable que ni la punta de flecha ni el golpe en la cabeza le acarrearan una muerte instantánea, y puede que simplemente muriera desangrado por la herida del hombro. De manera, al parecer, casi inevitable, en su muerte Ötzi ha seguido sufriendo indignidades: hoy se ha convertido en una celebridad en la Vía Alpina, con restaurantes locales que sirven «*pizza* Ötzi» y «helado Ötzi».[15]

¿Qué distingue a Ötzi de un humano moderno? Entre los antiguos humanos era muy frecuente llevar una vida nómada, a diferencia de lo que hacemos sus hermanos y hermanas, más sedentarios, del siglo XXI. ¿Cómo afectó ese estilo de vida nómada al cuerpo de Ötzi?

Un experimento realizado en 2011 logró retroceder en el tiempo, permitiéndonos ver qué aspecto podría haber tenido su cuerpo y cómo habría cambiado este debido a su estilo de vida nómada. Los investigadores estudiaron cómo un hombre de sesenta y dos años de edad, razonablemente activo, se adaptaba y respondía al recorrer una larga ruta a través de los Alpes. El anónimo italiano recorrió a pie 1.300 kilómetros de la Vía Alpina a lo largo de tres meses.[16] Antes de empezar, se presentó en el laboratorio, donde le midieron de pies a cabeza. Se tomaron medidas de todos los aspectos clave de su funcionamiento corporal: su capacidad respiratoria, su fuerza muscular, el grado de delgadez de su cuerpo, los diversos componentes de su sangre y toda una serie de otros valores. Luego lo equiparon con un laboratorio fisiológico portátil que pudiera llevar consigo. Este laboratorio en miniatura consistía en un conjunto de instrumentos metidos en una mochila junto con varias herramientas que le permitían tomar repetidas muestras y mediciones de su propia química sanguínea. Gracias a este conjunto de dispositivos portátiles, los investigadores pudieron elaborar una imagen del proceso de adaptación de nuestro moderno Ötzi a su prolongada excursión de montaña.

La buena noticia es que nunca es demasiado tarde para empezar a andar, ni siquiera para recorrer largas distancias. A pesar de estar razonablemente en forma, nuestro moderno Ötzi nunca había hecho un viaje a pie de tanta longitud y duración, pese a lo cual las mediciones revelaron que su cuerpo se adaptaba con extrema facilidad y rapidez a los rigores del trayecto, incluida la capacidad de superar los efectos de la ligera falta de oxígeno debida a la altitud. (La altitud de la Vía Alpina varía entre 0 y 3.000 metros sobre el nivel del mar. El mal de altura generalmente se produce por encima de los 1.500, donde el nivel de oxígeno desciende al 84 % del oxígeno disponible a nivel del mar; a 3.000 metros, el nivel de oxígeno desciende al 71 % del disponible a nivel del mar).

Se produjeron cambios positivos en prácticamente todas y cada una de las áreas de funcionamiento corporal que se midieron. Su índice de masa corporal –una medida que suele ser utilizada para determinar la obesidad– disminuyó en torno a un 10 %. Por otra parte, como resultado del ejercicio continuo del viaje, su porcentaje de grasa corporal se redujo drásticamente, alrededor de una cuarta parte del total. (¿Necesita perder peso? No vaya al gimnasio: haga una caminata muy, muy larga. Y hágala en plena naturaleza, durante un periodo de entre varios días y varias semanas. Le resultará mucho más beneficioso.)

En conjunto, nuestro moderno Ötzi caminó algo más de 1.300 kilómetros en 78 días, lo que da una media de aproximadamente 19 kilómetros diarios, aunque en realidad hubo una considerable variación en la distancia que recorrió cada día: algunos días solo logró hacer unos cinco o seis kilómetros, mientras que otros llegó a alcanzar 41. Obviamente, esta variación refleja la dificultad del terreno alpino en cada caso. Caminar cinco kilómetros mientras asciendes –pongamos– 2.000 metros por un sendero rocoso de montaña constituye un logro considerable, mientras que caminar 40 kilómetros por un sendero liso, bien cuidado y descendente durante un periodo de siete u ocho horas probablemente, en términos relativos, no resulta tan pesado. La longitud que recorrió nuestro moderno Ötzi es comparable a otras caminatas de resistencia que han realizado otros humanos. Esta capacidad de recorrer a pie grandes distancias por terreno accidentado, en periodos de tiempo relativamente cortos y progresando diariamente de manera sistemática y constante, fue crucial para el largo viaje que llevó a nuestra especie fuera de África, tal como veremos en el capítulo 3.

Un beneficio especialmente importante para nuestro moderno Ötzi fue una notable y sostenida disminución de los tipos de grasas (triglicéridos) que se cree que están detrás de al menos algunas formas de enfermedades cardiacas y cardiovasculares. Su prolongada caminata se tradujo en una disminución de aproximadamente el 75% de dichos triglicéridos. También se produjo un importante aumento en la producción del tipo de grasas que se cree que protegen el corazón (lipoproteínas de alta densidad, como las que se encuentran en el aceite de oliva y el aceite de pescado). Así pues, tenemos sólidos indicios, basados en un estudio en profundidad de un hombre de unos sesenta años, que indican que un régimen de ejercicio basado en caminar diariamente puede proteger de manera notable el corazón, no solo haciendo que se halle en mejor forma física (aunque, desde luego, ese es uno de sus efectos), sino también reduciendo aquellos elementos del torrente sanguíneo que pueden causar enfermedades cardiacas. A partir de este estudio concreto, podemos concluir que, incluso a una edad relativamente avanzada, el cuerpo, motivado apropiadamente por su cerebro, puede adaptarse drásticamente para mejor como resultado de realizar diariamente una caminata de resistencia durante un periodo prolongado.

¿Constituyen estos cambios corporales una anomalía, o reflejan algún conjunto general de procesos subyacentes comunes a todos nosotros? Los marcadores inflamatorios y otros marcadores de enfermedad de nuestro sujeto italiano también experimentaron un drástico descenso en todas las mediciones. ¿Acaso tenía alguna peculiaridad fisiológica, o alguna extraña idiosincrasia genómica, que fuera especialmente sensible a la realización de caminatas durante periodos prolongados?

Realizar pruebas con poblaciones humanas alejadas y desconectadas entre sí constituye una forma de descartar tales inquietudes. Un estudio llevado a cabo con cazadores-recolectores de la Amazonia boliviana sugiere que también ellos se asemejan a nuestro moderno Ötzi (o, mejor dicho, que este responde a la actividad de la misma forma que ellos). El antropólogo evolutivo Hillard Kaplan y varios colegas de la Universidad de Nuevo México estudiaron a un grupo de 705 miembros del pueblo chimán, que habita en la jungla amazónica.[17] Los chimanes son cazadores-recolectores cuya dieta se compone básicamente de pescado, caza y carbohidratos ricos en fibra. Tienen una ingesta dietética muy baja de lipoproteínas de baja densidad (o LDL, por sus siglas en inglés), y el tabaquismo es extremadamente raro entre ellos (aunque, en cambio, están sujetos a altos niveles de parásitos). Durante el día son muy activos: se dedican a la agricultura, la caza, la preparación de alimentos, las tareas domésticas y la crianza de sus hijos. Van andando a todas partes y no utilizan ningún tipo de transporte con ruedas ni montan a lomos de animales.

Kaplan y sus colegas hicieron el extraordinario descubrimiento de que en casi todos los chimanes evaluados los marcadores de salud cardiaca arrojaban mejores resultados que en las sociedades occidentales más sanas. La cifra de calcio en la arteria coronaria (CAC) constituye un indicador de la cantidad de placas de calcio (con una acumulación de grasas y otros materiales y desechos) que hay en las arterias. Dichas placas pueden solidificarse e incluso, a la larga, bloquear el flujo sanguíneo a través de una determinada arteria, causando ataques cardiacos y accidentes cerebrovasculares. Las cifras de CAC de los chimanes eran una quinta parte o menos de las de las poblaciones occidentales, y nada menos que en un 65 % de ellos dicha cifra era igual a cero. De manera que, por ejemplo, un chimán de ochenta años en realidad tiene la edad vascular de un estadounidense de unos cincuenta y cinco.

Aunque el estudio no incluyó ningún tipo de actigrafía (es decir, una medición directa del movimiento), los datos de observación recopilados sugieren que los chimanes dedican muchas horas al día a realizar actividades físicas, varias veces las que se observan en una población occidental, sedentaria e industrializada. Pasan mucho tiempo buscando y recolectando comida a través de largas distancias, cazando, pescando y llevando a cabo otras actividades necesarias para la supervivencia. Así pues, podemos concluir de manera razonable y sin temor a equivocarnos que unos altos niveles de actividad (principalmente caminar), acompañados de cambios dietéticos, pueden contribuir notablemente a proteger el corazón contra aquellos factores que favorecen las enfermedades cardiacas. Además, esos factores pueden verse modificados tanto por la actividad (para mejor) como por la inactividad (para peor). El caso del moderno Ötzi muestra que los cambios malignos pueden revertirse con rapidez caminando mucho, mientras que un estilo de vida sedentario los empeora.

Lamentablemente, no se hizo ninguna medición del estado de ánimo de nuestro moderno Ötzi. Sin embargo, estoy dispuesto a apostar a que, si lo hiciéramos, podríamos diferenciar dos componentes distintos. Su estado de ánimo momento a momento habría reflejado los constantes retos que le planteaba aquella gran caminata: estar empapado, tener demasiado calor, demasiado frío, o tener hambre y sed; sentir frustración por los inconvenientes propios de una vida nómada (¿Dónde voy a dormir? ¿Dónde voy a comer? ¿Dónde puedo hacer mis necesidades?). Pero su sensación de bienestar a largo plazo, así como su lucidez mental o incluso su claridad de conciencia, sin duda debieron de experimentar una constante mejora, quizá de forma permanente.[18]

Si bien nuestro conejillo de Indias italiano estaba equipado con un laboratorio móvil para medir su funcionamiento, como ya hemos mencionado antes, la tecnología moderna ofrece una solución más novedosa y conveniente para estudiar la movilidad y la actividad en la población en general: el teléfono móvil. Las aplicaciones para móviles pueden rastrear pasivamente los pasos que damos y las rutas que tomamos al caminar. Podemos registrar nuestra edad y nuestro peso corporal, controlar nuestro ritmo cardiaco e incluso nuestro nivel de oxígeno en sangre. Podemos medir nuestros niveles de actividad relativa de maneras inimaginables hace tan solo una década.

Personalmente, siempre intento hacer un seguimiento de la cantidad de pasos que doy cada día utilizando mi teléfono móvil. Tengo un objetivo mínimo que intento alcanzar diariamente, aunque a menudo procuro superarlo. ¿Por qué utilizo un teléfono móvil? La razón más simple es que, sin un teléfono inteligente u otro tipo de podómetro, no es posible hacer un seguimiento sistemático y coherente de los pasos que das al andar. Es difícil recordar cuánto caminas de un día para otro y casi imposible saber con precisión la velocidad media a la que caminas de hora en hora y de día en día sin disponer de algún tipo de podómetro. Tener los datos a mano te permite calibrar cuánto caminas realmente y compararlo con lo que crees que caminas: así no hay forma de dorar la píldora. Monitorizarse a uno mismo es una actividad sujeta a todo tipo de fallos y problemas individuales.[19] Somos razonablemente buenos a la hora de hacer afirmaciones relativamente precisas acerca de cómo nos sentimos en el momento presente, pero otra cosa muy distinta es informar de cómo nos sentíamos hace setenta y dos horas. Registrar los datos relativos a nuestras caminatas de manera sistemática y coherente nos permite tener una imagen muy detallada de cuánto andamos realmente a lo largo del día y cuándo lo hacemos, de modo que el teléfono móvil puede ser un laboratorio personal e individual de bolsillo.

La difusión de los móviles inteligentes ha aumentado drásticamente en todas las sociedades y en todos los grupos de renta, tanto en el mundo desarrollado como en los países en desarrollo. Actualmente esta difusión casi total permite registrar datos relativos a la actividad de caminar tanto a título individual como en relación con el conjunto de cada país, y permite hacerlo con un elevado nivel de precisión y a lo largo de periodos de tiempo prolongados. Este hecho queda perfectamente ilustrado por el tamaño de los conjuntos de datos de los que actualmente se dispone. Por ejemplo, el informático teórico Tim Althoff y un grupo de colegas de la Universidad de Stanford crearon un conjunto de datos integrado por 68 millones de días de ambulación registrados en un total de 111 países, con la participación de 717.527 personas de edades comprendidas entre los quince y los setenta y cinco años.[20] Eso es lo que realmente significa la expresión *big data:* un inmenso lago formado por un número casi incontable de gotas de datos recopilados de cientos de miles de personas.

Tras realizar una serie de verificaciones y filtrados de sus datos, Althoff y sus colegas terminaron con un conjunto final integrado por 66 millones de días de ambulación en 46 países, con la participación de un total de 693.806 personas; disponían asimismo de los registros correspondientes a la edad, el índice de masa corporal (IMC) y el género de los participantes. A continuación, pasaron a utilizar todo ese conjunto de datos para construir una panorámica general, país por país, de las pautas relacionadas con la ambulación humana. Paralelamente, utilizaron otro conjunto de datos –este exclusivo de Estados Unidos– que analizaba, a través de diversos indicadores, el mayor o menor grado de transitabilidad peatonal, o «caminabilidad»,* de 69 ciudades de todo el territorio estadounidense. Es importante señalar que, como veremos en el capítulo 5, algunas de esas ciudades son de la misma zona geográfica, con un nivel de riqueza similar y con parecidas características demográficas, pero, no obstante, muestran grandes diferencias en sus niveles de ambulación en función de su caminabilidad. Los autores encontraron enormes variaciones entre los diversos países, y también en el interior de estos, en relación con la cantidad

* En inglés *walkability.* El término «caminabilidad» todavía no tiene un uso extendido en español, pero sí está presente ya en la bibliografía académica; véase, por ejemplo, Sofía Fontán Suárez, *Índice de caminabilidad aplicado en la Almendra Central de Madrid,* Universidad Complutense, 2012 (https://eprints.ucm.es/20074). Sobre el «índice de caminabilidad», véase más adelante el capítulo 5. *(N. del T.)*

de pasos que daba la gente en cada país. Resulta que el mejor predictor de la obesidad –medida en función del índice de masa corporal (IMC)– no es el número absoluto de pasos que dan los habitantes de un determinado país, sino más bien la desigualdad existente en el número de pasos que en un mismo país dan los hombres y las mujeres.

El estudio reveló toda clase de detalles interesantes. Por ejemplo, los hombres andan más que las mujeres a todas las edades, desde mediada la adolescencia hasta bien entrada la setentena. Por otro lado, como media, las mujeres tienen un IMC inferior al de los hombres. Sin embargo, el IMC medio aumenta en los niveles de actividad más bajos. Según los resultados del estudio, el ciudadano medio daba 4.961 pasos diarios (aunque ese promedio ocultaba una considerable variación, que iba desde más de 14.000 pasos a solo unos pocos cientos de pasos diarios). También había una considerable variación de un país a otro. En Japón, por ejemplo, el número medio de pasos diarios era de 5.846, mientras que en Arabia Saudí la cifra se reducía a 3.103. La diferencia de género en cuanto al número de pasos diarios era evidente en todos los países evaluados, y en gran medida esa diferencia era responsable de una parte sustancial de las divergencias observadas en el IMC.

¿Qué uso hago yo personalmente de mi propio laboratorio personal de bolsillo? No cabe duda de que la aplicación de marcha de mi teléfono móvil constituye un buen estímulo. En ese sentido, el contador de pasos es mi conciencia culpable. Normalmente intento llegar al menos a 9.500 pasos diarios, lo que consigna mi teléfono, pero prefiero pasar de los 12.000, y me alegro muchísimo cuando supero los 14.000. Actualmente tiendo a cumplir el objetivo de los 9.500 pasos prácticamente todos los días, mientras que alcanzo los 12.000 aproximadamente 18 días al mes y los 14.500 más o menos 10 días al mes. No hay forma alguna de que pueda recordar con un mínimo de precisión o constancia la cantidad de pasos que doy cada día sin usar los datos del podómetro de mi teléfono móvil. Si me fiara de mi memoria, mis datos no serían fiables en absoluto. Y está bien que sea así: debemos delegar esas aburridas tareas en nuestros robots de bolsillo.

¿Por qué he elegido esos objetivos en cuanto al número de pasos? Bueno, en parte porque la aplicación de móvil que utilizo me permite comparar mi propio rendimiento con el de todas las personas en general que utilizan la misma aplicación. Consciente de lo importante que es la actividad física para la salud, creo que en mi caso parece sensato asegurarme de estar sistemáticamente cuando menos en la franja del 20 % de mayor actividad entre la población que usa el mismo móvil que yo con su misma aplicación nativa. ¿Es un objetivo razonable? Bueno, sin conocer los datos de población registrados por Althoff y sus colegas, yo podría estar sujeto a determinados sesgos limitados a la aplicación de mi teléfono móvil, pero parece que no es así, y parece además que mis propios objetivos en cuanto al número de pasos son razonables (al menos en comparación con otros).

Aparte de la salud, caminar aporta muchos otros beneficios para el cerebro, el cuerpo y el comportamiento, que exploraremos a lo largo de este libro. También hablaremos de los muchos poetas y autores que han escrito con elocuencia sobre las maravillas de caminar como un estímulo para el estado de ánimo, la creatividad y el pensamiento. Los escritores figuran entre las personas más capaces de reconocer las virtudes y recompensas esenciales e intrínsecas de esta actividad. El poeta al que vuelvo una y otra vez es T. S. Eliot. Me parece que la poesía de Eliot posee una cadencia y un ritmo extraordinarios, especialmente si se lee en voz alta. Su gran poema modernista «La canción de amor de J. Alfred Prufrock» (1915) es a la vez un viaje a pie y un recorrido a través de diversos estados mentales, un poema que sigue el ritmo de un largo paseo urbano, realizado de forma incierta al caer la tarde. Los primeros versos constituyen una invitación a recorrer la ciudad:

Vamos, pues, tú y yo,
a la hora en que la tarde se extiende sobre el cielo
cual paciente anestesiado sobre la mesa por el éter;
vamos, por ciertas calles semidesiertas,
bulliciosos refugios
de noches de desvelo en hoteluchos de paso
y mesones de aserrín con conchas de ostras.

Eliot extiende una invitación a alguien que no habla, y a quien no se ve, para que camine con él a última hora de la tarde a fin de explorar a pie los barrios bajos de la ciudad. El viaje a pie resulta esencial para la cadencia del poema. Eliot no le pide a ese otro invisible que vaya en bicicleta con él, que le acompañe a tomar un taxi o a hacer un viaje en tren. Es una invitación a caminar.

Caminar promete experiencias vedadas a otras formas de transporte, por más atractivas que puedan resultar. Serán las visiones, las conversaciones, los sonidos que producen los demás, los olores de los solitarios fumadores de pipa asomados a las ventanas que se verán «en las callejuelas al anochecer». Tal es el sentimiento que experimenta Eliot al conversar consigo mismo mientras camina. Se difuminan los límites entre los mundos interior y exterior, mientras Eliot, como Prufrock, deambula con paso indeciso. El poema constituye un extraordinario tributo, por más que indirecto, a la capacidad de andar y deambular por los mundos urbano y social; el ritmo de la caminata nos lleva a través de una tarde imaginada.

«Vamos, pues», como dice Eliot, y exploremos esa maravilla que es caminar. En todas sus facetas: la ciencia, la historia, las complejas interacciones entre los huesos, los músculos y los nervios; trastabillando, deambulando, vagabundeando, callejeando, pateando, paseando, pisoteando, dando zancadas o pasito a pasito. Nuestro viaje nos llevará desde la antigua África, pasando por la mecánica del movimiento, hasta los recovecos del funcionamiento del cerebro mientras este cartografía el mundo, para centrar finalmente nuestra atención en la marcha concertada y con un propósito común para cambiar el mundo.

2. LA MARCHA DE ÁFRICA

Empecemos nuestra andadura con unos organismos marinos muy simples: las ascidias. El ciclo de vida de estos organismos tiene una extraña peculiaridad:[1] en las primeras fases de su vida, esta criatura, que vive en fosas rocosas, tiene un solo ojo muy básico conectado a un cerebro muy simple que a su vez está conectado a una médula espinal también muy simple, lo que en la práctica lo convierte en un pequeño cíclope vertebrado y acuático. El hecho de que tenga una médula espinal lo sitúa en el mismo grupo de animales que nosotros, los humanos, además de los gatos, peces, aves y demás miembros del filo *Chordata,* como se denomina técnicamente. Durante su vida larvaria –es decir, en las primeras fases, todavía inmaduras, de su desarrollo– flota libremente, y puede nadar, cazar y mantener la homeostasis (la capacidad de un organismo de mantenerse en un nivel de ajuste concreto que le permite seguir vivo, de manera similar a como un termostato mantiene el calor en un determinado nivel de ajuste en una casa). Cuando una ascidia en fase larvaria tiene hambre, simplemente caza, recuperando así su homeostasis nutricional.

Incluso puede mantener el equilibrio cuando nada. Nadar con su zona ventral –blanda y más vulnerable– pegada al suelo le brinda una mayor protección frente a los depredadores, de modo que sabe lo que significa arriba o abajo. La larva de ascidia mantiene el equilibrio utilizando un estatocisto: una bola de células huecas (un saco) recubierta de pelos conectados a su cerebro a través del sistema nervioso. Dentro del saco se encuentra lo que parece una pequeña canica, una masa mineralizada conocida como estatolito. Obedeciendo las leyes de la gravedad, el estatolito rueda al fondo del saco, de manera similar a como lo haría una canica dentro de una pelota de tenis vuelta del revés. Esa posición le indica a la larva de ascidia que se halla correctamente enderezada, con el estómago hacia abajo. Si el estatolito se aleja de ese punto de equilibrio, los pelos que toca indicarán a la ascidia que se ha alejado de la posición correcta, y esta se enderezará.

Con el tiempo, al crecer, la ascidia experimenta una transición a un entorno fijo: escoge una roca que le resulte idónea y se adhiere a ella. Allí consume su propio semicerebro, su médula espinal y su ojo, ninguno de los cuales necesita ya; y lo hace simplemente reabsorbiendo esas células y utilizándolas como alimento. La ascidia se convierte entonces en poco más que un estómago con unos órganos reproductores adosados.[2] Es un mero organismo vegetativo que se limita a capturar cualquier partícula de alimento que casualmente roce sus frondas. Ahora que ya no se mueve, ya no necesita «cerebro».

Las actinias, o anémonas de mar, presentan un ciclo de vida similar, aunque todavía más simple: pasan de ser pólipos capaces de moverse libremente a adherirse a una roca, absorbiendo entonces unos haces de nervios que poseen que actúan como un cerebro básico, aunque distribuido.[3] En ciertas especies de medusas se observa una pauta inversa: cuando son pólipos inmaduros permanecen adheridos a las rocas mientras sus frondas flotan en el agua;[4] luego, al crecer, pasan a moverse libremente en el agua y empiezan a desarrollar una compleja red nerviosa que les permite realizar movimientos pautados, atacar presas e ingerir alimentos.

La principal lección que se puede extraer aquí resulta evidente: los cerebros han evolucionado para el movimiento. Si vas a quedarte pegado, inmóvil, en un mismo lugar, rodeado de alimento, ¿para qué necesitas un costoso cerebro?

Los árboles no tienen cerebro, ni los animales con una vida sésil (sin movimiento). Pero si te mueves, si vas a la caza de comida o de pareja o en busca de refugio, necesitas un cerebro. El mundo en su extensión es complejo y te plantea montones de problemas que tienes que resolver, y que tienes que resolver deprisa. Necesitas un cerebro para controlar el movimiento dirigido hacia posibles fuentes de alimento, refugios o parejas, y que a la vez te aleje de las cosas que podrían comerte. Ese cerebro también debe aprender a reconocer los alimentos buenos, seguros y comestibles para luego dirigir los movimientos del cuerpo a fin de atraparlos o recolectarlos.

A la ascidia, en su fase móvil, el movimiento le permite ocupar un nicho ecológico concreto, que luego deja libre cuando se vuelve sésil. Lo mismo le ocurre a la anémona: deja de moverse y abandona un nicho ecológico. La medusa, en cambio, invierte este trayecto, abandonando un estilo de vida sésil en favor de uno móvil. Los humanos hacemos un viaje similar: al nacer iniciamos nuestra vida como seres indefensos y casi inmóviles, pero luego desarrollamos las habilidades necesarias para gatear y, finalmente, adquirimos plena autonomía mediante la capacidad de andar. Para los seres que viven en el mar, nadar representa la forma más elemental de movimiento, que les proporciona la lectura de su nicho ecológico necesaria para sobrevivir.

La forma de moverte, ir de un sitio a otro, es un problema que tienes que resolver de una manera u otra si eres una especie móvil. Un método consiste en ir a la deriva adonde te lleven las corrientes oceánicas. O tal vez prefieras algo más activo: puedes optar por nadar en el agua usando aletas, retorcerte, deslizarte o serpentear por el lecho marino o, quizá, impulsarte contra el suelo utilizando las extremidades. En los mares y océanos del mundo surgieron diversas soluciones en nuestro más remoto pasado evolutivo. La larva de la ascidia utiliza una forma de moverse consistente en propulsarse mediante movimientos rítmicos de su aleta caudal. Otro método consiste en caminar: utilizar extensiones del cuerpo que entren en contacto con un sustrato razonablemente sólido contra el que puedas impulsarte.

Estos métodos de movimiento en el agua y en tierra hacen uso de una combinación de tejidos blandos, músculos y similares, unidos a los huesos. Normalmente los tejidos blandos no se fosilizan y, por lo tanto, suelen estar ausentes del registro fósil. El enfoque histórico empleado para conocer nuestro pasado evolutivo se ha basado en la reconstrucción de fósiles y la inferencia de posibles pautas de relación y divergencia entre diferentes especies. Este enfoque tiene sus limitaciones, entre las cuales la derivada de la pérdida del tejido adherido a los huesos no es la de menor importancia. Resulta muy difícil determinar las posibles funciones de tejidos blandos en ausencia de estos.

De vez en cuando, no obstante, aparecen otros tipos de fósiles: las denominadas «pistas fósiles» –o icnofósiles–, que nos proporcionan una impronta del pasado, como las pisadas en la arena. Algunos de ellos resultan evidentes en los elementos comunes de los genes que compartimos con otras especies, pero también caminar nos une a nuestro remoto pasado evolutivo, y el hecho es que de vez en cuando tenemos la suerte de vislumbrar los propios restos fósiles de una caminata. A menudo esa caminata se produjo en lo que se conoce como el «tiempo profundo», un tiempo tan remoto que queda fuera del alcance de nuestra limitada experiencia humana, aunque no de nuestra comprensión. Ese tiempo se mide en decenas o cientos de milenios, no en años ni en décadas.

Hay una hembra humana que tiene un importante papel en la reconstrucción de nuestro pasado evolutivo remoto. Se ha dado en llamarla la «Eva andante» por la luz que ha arrojado sobre nuestra historia evolutiva. Las suyas son probablemente las primeras pisadas humanas que se fosilizaron para luego resurgir de un pasado remoto. Son «pistas fósiles» que nos proporcionan indicios sobre la estatura, el peso y el modo de andar, además de la forma del pie (morfología), lo que nos permite comparar estas antiguas pisadas con las de los humanos modernos. Y son lo único que nos ha quedado de una mujer joven que caminó por la orilla de la laguna de Langebaan –una laguna de agua salada situada en lo que actualmente es la provincia sudafricana de Cabo Occidental, adyacente al Atlántico– hace unos 117.000 años.[5] Hoy este lugar no resulta exageradamente distinto de como debía de ser entonces. La «Eva andante» todavía reconocería la posición de las estrellas, puesto que no hay contaminación lumínica; la arena bajo sus pies seguramente le produciría la misma sensación, y el agua azul, las playas arenosas y las distantes montañas seguirían resultándole familiares. Eva dejó solo tres huellas en el barro, que luego se llenaron de arena seca que casualmente arrastró hasta allí una tormenta de arena, preservando sus pisadas para que pudiéramos admirarlas muchas generaciones después.

Hoy también son posibles nuevas formas de entender nuestro pasado evolutivo gracias a las modernas tecnologías genómicas, que, cuando se combinan con detallados estudios fósiles y anatómicos, nos presentan una probable cronología de cómo y cuándo surgieron los genes que controlan la locomoción de los mamíferos modernos. Cuando T. S. Eliot escribía en «Prufrock» que «Debería haber sido un par de ásperas pinzas / correteando por el lecho de mares silenciosos», estaba más cerca de la verdad de lo que seguramente imaginaba. La ciencia de la genética ha revelado que el complejo génico que gobierna la marcha, a través del control del desarrollo y la configuración de los músculos, tendones, nervios y huesos, ya estaba presente en los más remotos confines del tiempo evolutivo. De estos estudios se extrae una lección muy clara: la evolución es un ingeniero adaptativo asombrosamente conservador cuando se topa con soluciones que funcionan.

Caminar (ya sea en tierra o en el lecho marino) implica extender primero una serie de músculos para luego flexionar otros en secuencias alternas, un patrón rítmico controlado por las células nerviosas de la médula espinal. En los mamíferos, la marcha implica una combinación de músculos extensores y flexores que se ocupan de estirar y contraer las extremidades. En las aletas de los peces se da una disposición no muy distinta que les permite nadar. ¿Acaso esta similitud superficial es un inicio de una relación más profunda, quizá de tipo genético? Hoy resulta cada vez más evidente que la evolución ha proporcionado tanto a los peces como a los mamíferos un programa genético subyacente para el movimiento, pero que este se adapta a la forma peculiar de moverse de los diferentes animales. El programa es similar en las dos clases de vertebrados, con circuitos controlados por la médula espinal que dan lugar a «generadores centrales de patrones» biológicos que a su vez generan movimientos musculares rítmicos.

La evolución mediante selección natural sugiere que debería haber profundos vínculos genéticos entre todas las especies.[6] Y esos vínculos genéticos deberían extenderse al control del movimiento y de la marcha. El análisis de los genes de especies extremadamente dispares confirma que, como veremos, así es. Para ver esos elementos comunes, empecemos por un sencillo ejemplo: el funcionamiento de una célula individual.[7] A un simple nivel funcional, la economía interna de las células que constituyen nuestro cuerpo y los de otras especies –desde los gusanos hasta los monos, pasando por los peces– debe resolver problemas muy similares: tiene que mantener a raya a los invasores (fuentes de infección); debe permitir la entrada de nutrientes; ha de eliminar los residuos; debe mantener un equilibrio de fluidos estable, y todas las innumerables otras cosas que se requieren para seguir vivo. Esas células tampoco deben volverse cancerosas, es decir, que tienen que dejar de dividirse y morir cuando sea apropiado. Existe lo que se denomina un «genoma mínimo», ampliamente compartido entre los diversos tipos de células, así como entre las diversas especies, que suscita y sustenta estas funciones celulares esenciales.[8]

Lo que podemos afirmar con cierto grado de certeza es que las redes genéticas que controlan la locomoción también parecen coincidir en gran medida en diferentes especies. Puede que el aspecto superficial (o fenotipo) de un animal en relación con otro parezca bastante distinto, pero en lo que se refiere a su arquitectura genética subyacente (o genotipo) resultan ser extremadamente parecidos. Podemos poner a prueba esta idea examinando los genes que controlan funciones similares en especies muy dispares y observando el grado de semejanza o de diferencia entre ellos. Por ejemplo: ¿los genes responsables de los circuitos que controlan la marcha son similares en todos los animales terrestres? Eso es fácil de comprobar, ya que todos los animales terrestres proceden de un tetrápodo (animal de cuatro patas) común ancestral; y la respuesta es «sí».[9] Pero probablemente resulte más interesante comprobar las características comunes de especies que viven y se mueven en medios muy distintos: el terrestre y el marino.

Los genes que gobiernan la expresión de estos circuitos se conocen como «genes Hox», cuya función última es controlar la secuencia en la que aparecen los segmentos corporales durante el desarrollo embrionario. La similitud entre estos genes en diferentes especies es tan grande que, por ejemplo, se pueden implantar los genes Hox de un pollo en una mosca en desarrollo (eliminando a la vez los genes Hox de esta), y la mosca se desarrollará de manera perfectamente normal; y ello a pesar de que el último ancestro común de estas dos especies existió hace más de 600 millones de años.[10]

En un estudio pionero en este campo, un grupo de biólogos del desarrollo ha examinado las redes génicas que subyacen a las neuronas motoras de las aletas y las extremidades que controlan respectivamente el movimiento del pez *Leucoraja erinacea* (una raya marina de sangre fría con aletas bilaterales) y el ratón (obviamente, un mamífero terrestre de cuatro patas y sangre caliente).[11] Tanto el ratón como la raya deben resolver al menos algunos problemas similares, y uno especialmente importante es el de cómo ir de un lado a otro. Ambos animales tienen médula espinal y sendos conjuntos de músculos y huesos dispuestos de forma simétrica a lo largo de esta. Obviamente, el ratón carece de aletas, al tiempo que la raya carece de patas como las del ratón; pero ambos son capaces de moverse de manera fácil y fluida. El ratón camina por tierra, mientras que la raya usa sus aletas traseras para desplazarse por el fondo marino. La raya, al igual que el ratón (y, de hecho, al igual que los humanos), se desplaza mediante un movimiento alterno izquierda-derecha, además de utilizar el patrón de extensión y flexión requerido para caminar. Por lo tanto, es posible que exista algún programa genético subyacente que controle el movimiento común de estas dos especies, habida cuenta de que las patas y aletas montadas en la columna vertebral deben formar pares simétricos para que puedan ser de alguna utilidad para nadar o caminar.

Esta investigación ha demostrado que los genes en cuestión surgieron hace al menos 420 millones de años, la época en la que existió el último ancestro común del ratón y la raya. La red génica que sustenta la expresión de estos circuitos es común en el ratón, que tiene extremidades pareadas, y la raya, con aletas también pareadas. Dicha red génica es tan completa que codifica la expresión tanto de los músculos relevantes como de los nervios que irradian de la médula espinal para inervar dichos músculos. A la vez, sustenta y ejecuta la pauta de repetida excitación e inhibición recíproca necesaria para suscitar los movimientos acompasados de las aletas y de las patas que permiten desplazarse respectivamente por el fondo del mar y por el suelo. En la jerga de la disciplina se dice que estos circuitos se han «conservado» en especies separadas desde un tiempo evolutivo remoto. De una raya andante a un tetrápodo también andante que habita en la orilla del agua, luego a un ratón y luego a un humano, también dotados de la capacidad de andar: las mismas redes génicas nos unen en un entramado común, a través de periodos de tiempo casi inimaginables.

Podemos ver, pues, que los programas genéticos necesarios para caminar están presentes en dos especies muy diversas. Asimismo, la raya y el ratón comparten un programa genómico común que sustenta el movimiento del cuerpo a través de un mecanismo molecular también común: el programa regulador del gen Hox. Obviamente, hay algunas diferencias de expresión entre las distintas especies, dado que las aletas tienen músculos de tamaño y forma diversos de los que se encuentran en las extremidades de los ratones, si bien no existen diferencias en la cantidad de músculos ni en la disposición de los huesos relevantes de la médula espinal controlados por la red Hox. La conclusión de este estudio sugiere de manera inequívoca que las redes génicas que controlan el movimiento de las extremidades –ya sea caminando sobre el lecho oceánico o en tierra– son comunes a todos los animales que se desplazan utilizando miembros pareados (patas o aletas). De ello se deduce, pues, que las redes génicas necesarias para poder caminar en tierra de hecho surgieron inicialmente en el agua y antes de que la tierra fuera colonizada por tetrápodos. La sorprendente y maravillosa conclusión –contraria a lo que nos dictaría la intuición– es que los genes necesarios para caminar parecen haber evolucionado en gran parte bajo el agua, en lugar de surgir (como se creía) en especies de peces adaptadas a la vida en las orillas de los sistemas acuáticos, donde la selección podría haber favorecido la aparición de aletas capaces de propulsarse en el lodo anegado.

La lección general de la evolución es, pues, esta: la selección y la modificación de adaptaciones preexistentes, con la preservación de sus componentes clave en términos de morfología estructural, parece ser la regla antes que la excepción. La evolución no es solo, como dice Richard Dawkins, un «relojero ciego»; es también un relojero conservador, pues mantiene lo que funciona durante prolongados periodos de tiempo –que resultan difíciles de imaginar, pero que son ciertamente comprensibles, calculables y medibles–, reutilizando una y otra vez la misma receta en una especie tras otra.[12]

Hay otra increíble y maravillosa historia de nuestro pasado remoto que aúna todos estos elementos y que en este caso tiene que ver con un animal que vivió hace unos 380 millones de años. Los tetrápodos fueron los primeros vertebrados con cuatro extremidades existentes[13] (aclaremos que técnicamente sus extremidades posteriores se denominan *peds,* mientras que las anteriores se conocen como *mans).* Existe un cierto tipo de icnofósiles, conocidos en la jerga científica como «rastros de tetrápodos», o «caminos de tetrápodos», en los que se han preservado las huellas de la marcha de un tetrápodo de manera similar al modo como en los icnofósiles de la laguna de Langebaan (y en otros lugares de todo el mundo) se han preservado pisadas humanas. Los rastros de tetrápodos son muy raros; pero en 1992 un estudiante de geología suizo llamado Iwan Stössel descubrió uno en la isla de Valentia, frente a la costa de Kerry, Irlanda.[14] Las huellas que lo forman constituyen el conjunto más antiguo, ancho y extenso de todo el mundo; y, como se encuentran en Irlanda, estaba claro que tenía que ir a verlas por mí mismo.

Este rastro fósil está situado en un hermoso entorno, desde el que se divisan dos islitas conocidas como las Skellig (la mayor de las cuales, Skellig Michael, se utilizó como escondite de Luke Skywalker en dos recientes filmes de la serie *Star Wars).* El día que fuimos a verlo con mi familia, el Atlántico estaba embravecido y las olas se estrellaban con fuerza contra las rocas. Las huellas están rodeadas de una sencilla cerca de cable de acero, y el lugar está marcado con un letrero con un dibujo de un tetrápodo. Mi hija comentó que el dibujo le parecía una especie de cruce entre una iguana y un ornitorrinco, con su característico pico de pato y una cola vertical en lugar de horizontal. Sus extremidades anteriores son ciertamente más pequeñas que las posteriores, y su pauta de marcha debía de alternar la flexión y la extensión de las extremidades posteriores y anteriores de manera que el animal pudiera avanzar con rapidez.

Este rastro es algo digno de ver, ya que se prolonga a lo largo de varios metros en múltiples direcciones. La hipótesis es que se trata de las huellas de un tetrápodo que hace unos 380 millones de años caminó por el lecho de un río que se estaba secando. Diversos cálculos revelan que la criatura debía de medir aproximadamente un metro de longitud. El rastro del tetrápodo apenas da pistas acerca de cuál era su probable actividad en el momento en que dejó su impronta. Solo podemos especular con la posibilidad de que quizá estuviera deambulando ocioso bajo la luz del sol o tal vez anduviera rastreando sigilosamente a una presa. En cualquier caso, contemplar estas huellas de un remoto periodo geológico resulta aleccionador y aporta una cierta conciencia de la conexión que existe entre todas las especies del planeta. Resulta especialmente palpable la evidente similitud entre esta criatura y el resto de vertebrados que han caminado, saltado, paseado, vagado o corrido por la superficie terrestre. No se requiere un gran esfuerzo de la imaginación para concebir que en algún momento pudiera surgir un descendiente bípedo, especialmente sabiendo que hoy está claro que los genes necesarios para controlar nuestra locomoción ya estaban presentes en nuestros ancestros comunes más remotos.

De manera tan razonable como comprensible, los humanos sentimos fascinación por nuestros orígenes. Nos encanta saber quiénes son nuestros parientes, anhelamos conocer a nuestros antepasados y asimismo tenemos cierta tendencia a antropomorfizar a nuestros primos hermanos e identificarnos con ellos, en especial, con los chimpancés, los orangutanes y otros primates no humanos. Estamos muy estrechamente emparentados, sobre todo, con los chimpancés, cosa que reconocemos abiertamente, por ejemplo, aprobando leyes que impiden experimentar con ellos o darles caza. Al estudiar su anatomía y la nuestra, resulta evidente que existe una relación muy estrecha en la estructura y la función corporal de los chimpancés y los humanos, al igual que también existen variaciones y diferencias entre ambos. En el nivel genético más profundo, el genoma humano y el del chimpancé se diferencian apenas en un ínfimo porcentaje.

Pero, obviamente, existen numerosas diferencias significativas entre ambas especies. En la familia de los primates, los humanos son los únicos que presentan una bipedación «obligada». Todos nosotros, en una fase muy temprana de nuestra vida, realizamos la transición consistente en pasar de gatear en una postura estable a caminar en una postura erguida; lo hacemos en cuestión de meses y, en lo sucesivo, mantenemos esa postura incluso cuando sufrimos alguna lesión. En general se considera, acertadamente, que las lesiones que nos paralizan y nos hacen incapaces de controlar nuestra propia locomoción constituyen una limitación para las actividades normales de la vida cotidiana. De ahí la necesidad de tener en cuenta a la gente con movilidad reducida y garantizar su accesibilidad. Las políticas de diseño ambiental pueden mejorar la vida de las personas que ven reducida su movilidad: las que están en silla de ruedas o necesitan muletas; las que utilizan bastones o llevan prótesis, o las que sufren alteraciones neurológicas; dichas políticas deben garantizar que todo el mundo pueda participar al máximo en nuestras sociedades móviles, acrecentando en gran medida la dignidad y la libertad de todos.

Los seres humanos tenemos una forma única de bipedación animal: nos mantenemos erguidos, con las manos libres y móviles, y la columna vertebral más o menos vertical en relación con el suelo en el que apoyamos los pies. Nuestro linaje, en términos evolutivos, resulta extremadamente complejo y algo oscuro, aunque en las últimas décadas han empezado a surgir a ritmo acelerado una serie de respuestas a importantes cuestiones relativas a la evolución de la bipedación humana. Caminar nos conecta con nuestro viaje evolutivo: el trayecto que nos llevó a andar erguidos con las manos libres, la cabeza alta y la columna perpendicular al suelo.

Ninguno de nuestros parientes primates actualmente existentes camina erguido como nosotros. Los grandes simios –chimpancés, orangutanes y otros– no lo hacen, a pesar de que pueden incorporarse y de hecho se incorporan sobre sus extremidades traseras para exhibirse, otear u obtener alimentos.[15] Normalmente corren y caminan utilizando las cuatro extremidades. Esta es una forma de moverse menos eficaz que la bipedación y que además consume más energía. Un humano puede cubrir aproximadamente el doble de distancia que un chimpancé quemando el mismo número de calorías, y, por lo tanto, la extensión de terreno por la que puede deambular un humano para obtener una determinada cantidad de alimento es mucho mayor. Otra forma distinta de decir esto es que la bipedación humana es mucho más económica que las formas de locomoción que adoptan nuestros parientes primates más cercanos. Obviamente, nuestros primos hermanos están perfectamente adaptados al nicho ecológico que ocupan. Muchas especies tienen una extraordinaria habilidad para trepar a los árboles y son capaces de recolectar fruta en los extremos de las ramas donde los humanos no podemos acceder con facilidad. De manera similar, su característica postura inclinada hacia delante les confiere una gran ventaja a la hora de localizar comida en el suelo, donde pueden encontrar fruta caída, frutos secos y de vez en cuando algún pequeño animal con los que alimentarse.

Nosotros ocupamos un nicho intermedio: en cierta medida podemos recolectar alimentos del suelo y también fruta de los árboles. Sin embargo, estamos extremadamente adaptados a cazar otras especies, especialmente gracias a una adaptación conocida como «caza de persistencia», que nos permite perseguir y abatir animales, sobre todo presas herbívoras (es decir, que comen plantas). Otra importante adaptación de la bipedación es nuestra forma de correr: aunque de velocidad moderada, somos buenos corredores en distancias relativamente largas, especialmente cuando hace calor. Correr genera calor, requiere energía y, asimismo, el corredor necesita mucho líquido para su potencial refrigeración a través de la transpiración. En términos relativos, nosotros estamos bastante desprovistos de pelo (lo que facilita la pérdida de calor), y este hecho, combinado con nuestra forma de locomoción, nos permite recorrer grandes distancias con un coste relativamente bajo en términos de generación de calor y gasto energético. A fin de reducir el calor que producen al correr, la mayoría de las otras especies tienen que detenerse antes o después a descansar, inhalar y exhalar aire rápidamente para enfriarse (los caballos son una excepción, ya que pueden transpirar y jadear). Esta necesidad hace que dichas especies sean vulnerables a la actividad depredadora de un humano: cuando se tienden tratando de enfriarse, este las puede matar, descuartizar y transportar a su campamento para asarlas en una hoguera; algo que, obviamente, nuestros parientes cercanos los primates no humanos son incapaces de hacer.

Los humanos también somos excelentes recolectores de alimentos: podemos recolectar y transportar tubérculos, fruta, frutos secos o hamburguesas con tanto garbo como soltura, y hacerlo a través de largas distancias. También podemos comer mientras andamos: la posición relativa de nuestra garganta permite que los alimentos puedan bajar hasta el estómago mientras caminamos con la mirada fija en el horizonte lejano, una adaptación que poseen pocos animales. De hecho, como veremos, también hay una importante «pista fósil» evolutiva visible en el equilibrio que normalmente somos capaces de encontrar entre mantenernos activos y conservar energía.

Caminar y correr también son dos actividades estrechamente interrelacionadas. Los humanos no somos corredores especialmente rápidos: en las distancias relativamente cortas podemos vernos fácilmente superados por muchas otras especies (pensemos, por ejemplo, en los tigres y las gacelas), pero, en cambio, somos caminantes excepcionales, posiblemente los mejores de entre todas las especies. Y ese es el secreto que subyace a nuestra extensa dispersión por toda la faz de la Tierra. Los humanos somos la más dispersa de todas las especies animales: vivimos incluso en los extremos septentrional y meridional de nuestro planeta, y prácticamente en todos los rincones del globo situados entre ambos. Caminar nos permitió sondear y ampliar los límites de nuestro mundo, y, luego, de vez en cuando, emprender arriesgados viajes en barco, desplazándonos de isla en isla, que luego explorábamos a pie.

Además, en un primer momento colonizamos el planeta desplazándonos en pequeños grupos migratorios; es decir, que, para nosotros, caminar es una actividad esencialmente social. Hay un proverbio africano que refleja muy bien esta realidad: «Si quieres ir deprisa, viaja solo; si quieres llegar lejos, viaja acompañado.»[16] A paso lento, caminando, por ejemplo, unos cinco kilómetros diarios –lo que para un grupo familiar representa como máximo unas pocas horas– durante 300 días, se recorren nada menos que 1.500 kilómetros; y repitiéndolo durante unos pocos años se pueden llegar a cubrir muchos miles. La distancia terrestre más larga del globo es la que va desde la costa oeste de Liberia, en la vertiente atlántica de África, hasta la costa este de China, en el Pacífico: una distancia de 13.589 kilómetros, que representa aproximadamente nueve años andando a paso tranquilo; si aumentamos el ritmo a 20 kilómetros diarios durante 300 días, la distancia se cubre en poco más de dos años. Así, en el transcurso de unas pocas generaciones los humanos pueden llegar más o menos a cualquier lugar al que se pueda acceder cruzando puentes terrestres transitables o atravesando pequeños cursos de agua, o quizá incluso saltando de isla en isla en botes primitivos.

El *Homo sapiens* partió de África probablemente hace tan solo 60.000 años. Hay ciertos indicios, recogidos en Israel y en otros lugares, de la existencia de una dispersión o dispersiones anteriores; pero, dada la falta de pruebas fósiles completas, la posibilidad de que se produjeran múltiples dispersiones desde África y de que hubiera diversas poblaciones fundacionales humanas está siendo objeto de una activa investigación.[17] Apenas hay duda, por ejemplo, de que los humanos modernos se cruzaron con los neandertales, ya que nuestro genoma lleva su antigua firma.[18] Las modernas tecnologías genómicas, combinadas con las técnicas de búsqueda de fósiles y de reconstrucción anatómica, probablemente darán respuestas más rigurosas y precisas en los próximos años.

El registro fósil humano es sumamente diverso y sin duda resulta extremadamente incompleto. No se sabe con certeza dónde surgió la bipedación de manera plena y completa en lo más remoto de nuestra historia evolutiva, aunque, desde luego, esta es ya una característica de los fósiles que se han encontrado en África. Los especímenes fósiles localizados en Chad, Kenia y otros países africanos, y datados en unos 6-7 millones de años de antigüedad, parecen ser todos ellos bípedos. Un fósil de un homínido anterior encontrado en Etiopía y conocido como Ardi *(Ardipithecus ramidus)* también parece ser bípedo;[19] en este caso, se trata de un homínido de aproximadamente 1,3 metros de estatura. El celebérrimo fósil de mujer conocido como Lucy tiene entre 3,1 y 3,2 millones de años de antigüedad;[20] Lucy era una australopitecina y poseía una anatomía muy similar a la de los humanos, en particular en lo relativo a la forma de su pelvis. Probablemente el *Homo sapiens* surgió como especie netamente diferenciada hace tan solo unos 300.000 años.

La característica forma humana de bipedación requiere una serie de cambios anatómicos a través del largo eje corporal que va de la cabeza a los pies pasando por el cuello, la columna vertebral, la pelvis y las piernas. Estos diferentes componentes deben hallarse (aproximadamente) en posición vertical para posibilitar una bipedación eficaz. Cuando se piensa en la posición del cerebro y el cráneo, es útil pensar también en la posición y la orientación de la pelvis. El cerebro, el cráneo y la pelvis están conectados a través de la médula espinal, que a su vez está protegida por las vértebras de la espina dorsal. Los cambios producidos en la posición relativa de la médula espinal para que tenga una orientación más vertical también requieren otros cambios coordinados en la posición del cráneo y de la pelvis. En la base del cráneo existe una gran abertura de forma más o menos circular –el foramen magno– a través de la cual discurre la médula espinal, que desciende para inervar todo el cuerpo hasta terminar su recorrido en la matriz de los huesos pélvicos. La orientación aproximadamente vertical de esta abertura nos permite mantenernos erguidos en posición perpendicular al suelo. En otras especies el foramen magno ocupa una posición más retrasada. En los animales de cuatro patas cuya espina dorsal discurre paralela al suelo, el foramen magno se halla prácticamente en el extremo posterior del cráneo.

La posición relativa del foramen magno se ha modificado considerablemente en los primates y muy especialmente en los humanos. Sin este reposicionamiento del foramen magno, la postura erguida sería prácticamente imposible o, cuando menos, resultaría difícil de mantener durante largos periodos de tiempo. Y la bipedación rutinaria de los humanos sería una imposibilidad física. Por lo tanto, mantenerse erguido sobre dos pies y caminar implica una serie de cambios en la posición relativa de los huesos de la parte superior e inferior de la columna vertebral: en la parte superior, para permitir que la médula espinal discurra verticalmente desde la base del cerebro; en la inferior, para permitir que la espina dorsal se asiente en la apropiada posición vertical en el entramado de los huesos pélvicos. Obviamente, esto implica dos cosas: una cierta coherencia en el desarrollo y la selección de determinados planes corporales a lo largo del tiempo, y, a un nivel más profundo, una variación del diseño de los genes Hox que permita que esta modificación aparezca simultáneamente a lo largo de todo el eje de la médula espinal. Cuáles fueron exactamente las presiones selectivas que dieron origen a la bipedación en los humanos es una cuestión que sigue siendo objeto de debate e investigación; pero dichas presiones incluyen el tipo de recursos disponibles en el entorno, las demandas físicas planteadas por este –como la presencia de cursos de agua, arboledas, pastizales abiertos, montañas, valles...– y otros factores como el tipo de depredadores presentes o la abundancia relativa de presas. Estas presiones han llevado a la selección de la codificación génica necesaria para los diferentes aspectos de la bipedación.[21]

La bipedación humana difiere de la de aquellas pocas especies que son ocasionalmente bípedas (algunas especies de roedores, aves y marsupiales), puesto que los humanos pasan directamente de gatear a caminar sobre los dos pies de manera muy rápida y en una fase muy temprana de su vida; en consecuencia, el pie y el tobillo humanos han evolucionado para sustentar nuestra forma de bipedación. Nosotros no somos arborícolas, de modo que no necesitamos disponer de un pulgar oponible en los pies para ayudarnos a trepar a los árboles y demás. Obviamente, hay muchas otras especies que son transitoriamente bípedas. Los osos y los grandes simios, por ejemplo, a menudo se alzan sobre sus patas traseras con fines de exhibición o para prepararse para el ataque o la defensa. Otros animales se yerguen para recolectar alimentos, o bien, como hacen las suricatas y algunas otras especies, adoptan una postura erguida para detectar a posibles depredadores. Pero esas posturas no son ni habituales ni obligadas: la postura bípeda responde al reto que el animal experimenta en ese momento. En nuestro caso, en cambio, caminar nos ha permitido incluso capturar a otras especies y adaptarlas gradualmente a nuestras necesidades, como las vacas, los perros, las ovejas, los caballos o los camellos. Las vacas, en particular, presentan un patrón de coadaptación a lo largo del tiempo que refleja claramente las necesidades humanas (mientras que nosotros, por nuestra parte, hemos desarrollado tolerancia a la lactosa): actualmente producen mucha más leche y carne que sus antepasados ancestrales.[22]

La bipedación implica cambios a lo largo de nuestro eje corporal que van desde la forma y la posición de la cabeza hasta la longitud y las posiciones relativas de los dedos de los pies. Nuestros pies han modificado su forma, y ahora nuestros tobillos son capaces de soportar cargas mucho más pesadas. Diversas investigaciones científicas recientes sugieren que a lo largo de muchos miles de años el pie humano pasó de ser prensil (es decir, de tener propiedades similares a las de las manos, con un dedo de mayor tamaño situado en una posición oponible similar a la del pulgar) a disponer de una serie de adaptaciones que favorecen la capacidad de andar y de correr largas distancias (con el dedo pulgar orientado hacia delante y un arco que favorece un movimiento de avance elástico).[23] Las huellas de la Eva andante de la laguna de Langebaan parecen testimoniar una forma de bipedación similar a la de los humanos modernos.[24] El antropólogo y biólogo evolutivo Herman Pontzer sostiene que los primeros homínidos eran bípedos, pero tenían algunas características similares a las de los monos, que iban desde su fisonomía (su aspecto facial) hasta la estructura de sus miembros posteriores.[25] Esta visión resulta íntegramente coherente con el registro fósil del que actualmente disponemos, pero la datación exacta de la aparición de los primeros pies humanos modernos tendrá que esperar al descubrimiento de nuevos fósiles.

Una diferencia distintiva entre los humanos y los chimpancés es que los primeros pueden recorrer una mayor extensión a pie que los segundos y, de hecho, que *todos* nuestros otros parientes primates. Esta capacidad de desplazarnos a través de grandes distancias sugiere que existen cambios en la forma en que procesamos la energía mientras andamos y en cómo la conservamos cuando estamos en reposo. La cuestión, por supuesto, es cómo surgió esta adaptación y qué uso hicimos de esa capacidad a lo largo de nuestra gradual evolución. Sería un error creer que la bipedación y nuestro amplio radio de acción son dos hechos independientes entre sí. A medida que se desarrolló nuestra transición a la bipedación, también aumentó nuestro radio de acción, y, a su vez, esto vino a amplificar los efectos de la selección evolutiva en favor de la bipedación. El aumento de la extensión que podemos recorrer andando también ofrece mayores posibilidades a la hora de procurarnos alimento y buscar refugio, y permite disponer asimismo de un excedente de energía que se puede dedicar a otras cosas, lo cual, obviamente, facilita la prolongación de la infancia, el desarrollo de un cerebro muy grande tras el nacimiento, y la reproducción.

Las modificaciones de la expresión génica que nos permitieron llegar a ser bípedos han posibilitado que a lo largo de eones desarrolláramos una pauta única de dispersión partiendo de nuestro lugar de origen en el Gran Valle del Rift, en África Oriental. En un primer momento nos dispersamos por todo el extenso continente africano y luego a través de la masa continental eurasiática, para finalmente extendernos por toda América y la región de Asia-Pacífico, y, de allí, a Australasia. Es posible que hayamos emprendido este viaje varias veces, encontrándonos y cruzándonos con nuestros ancestros.

Nuestro trayecto evolutivo nos ha marcado de muchas formas. Nos hemos adaptado a caminar erguidos, y somos excelentes recolectores de comida gracias a que tenemos las manos libres y a que estas se hallan dotadas de una gran movilidad. Nuestro legado evolutivo forja un buen equilibrio entre la cantidad de actividad que realizamos y la forma en que conservamos la energía. Los humanos, como todos los demás animales, nos movemos por el mundo de un modo que aspira a ser energéticamente eficiente. Se trata de un delicado equilibrio evolutivo: obtener fuentes de energía (alimentos) a la vez consume parte de la energía almacenada;

por lo tanto, la capacidad de equilibrar el gasto energético, la conservación y la obtención de energía –minimizando el esfuerzo empleado en buscar y recolectar alimentos– tiene un importante valor adaptativo desde una perspectiva evolutiva, pese a que se adapta mal a nuestro mundo moderno. Hoy logramos un equilibrio a menudo precario entre gastar energía mediante el movimiento (principalmente caminando) y conservarla, por ejemplo, sentándonos o acostándonos. La relación entre actividad, consumo de alimento y peso es complicada, ya que el cuerpo dispone de numerosos mecanismos de realimentación para garantizar que el peso corporal, una vez alcanzado, se mantenga estable.

Los cazadores-recolectores (como los chimanes) van andando a todas partes, y a menudo recorren cada día distancias muy largas en busca de comida y agua al tiempo que transportan armas, herramientas y niños pequeños. Una forma de abordar la cuestión de cuál es la relación natural –o, en otras palabras, evolutiva– entre nuestro peso corporal y los niveles de actividad es intentar ver cuál es esa relación en los humanos que aún mantienen el estilo de vida de los cazadores-recolectores, con todas las horas de marcha que eso implica. Actualmente quedan relativamente pocos cazadores-recolectores en partes del mundo razonablemente accesibles. Examinar las vidas de los cazadores-recolectores contemporáneos podría abrirnos una ventana a lo que para la mayoría de nosotros son «formas ancestrales» de actividad. Hoy pocos de nosotros caminamos largas distancias para acechar y matar a nuestra presa, ni dedicamos varias horas al día a buscar y recolectar raíces y tubérculos o a encontrar agua potable.

Uno de estos grupos contemporáneos de cazadores-recolectores es el pueblo hadza del norte de Tanzania, que ha sido objeto de estudio por parte de diversos biólogos evolutivos.[26] Así, por ejemplo, un equipo de investigadores examinó la relación que existe en esta población de cazadores-recolectores entre distintas formas de actividad –entre ellas caminar–, por una parte, y el peso, por otra, comparándola con las de otros sujetos pertenecientes a grupos demográficos norteamericanos y europeos. Los datos de los cazadores-recolectores nos permiten investigar qué es lo que ha cambiado en las últimas décadas: ¿ha cambiado nuestra dieta, nuestro nivel de actividad, o ambas cosas?

Los hadzas llevan más o menos la vida de los cazadores-recolectores tradicionales. Los varones tienden a dedicarse a la caza por persistencia de grandes presas vivas con lanzas, arcos y flechas, mientras que las mujeres se dedican principalmente a la recolección de fruta, bayas, tubérculos y miel. En este estudio, un grupo de 30 sujetos de investigación del pueblo hadza llevaron durante un cierto tiempo un dispositivo de rastreo GPS; además, se midió su estatura, su peso y el número de calorías que ingerían y gastaban diariamente. Algunos de los resultados del estudio no deberían sorprendernos. Por ejemplo, los varones hadzas caminaban un promedio de aproximadamente 11 kilómetros diarios, mientras que en el caso de las mujeres la media era de unos seis. Su porcentaje de grasa corporal era de alrededor del 60 % de los niveles occidentales, y ninguno de los hadzas evaluados tenía obesidad. En cuanto a la medición del gasto diario de energía, teniendo en cuenta el peso y la grasa corporal de los participantes en el estudio, el gasto energético total de los hadzas resultaba similar al de los occidentales; eso era así tanto si se medía en función de los niveles de actividad como si se examinaba a los hombres y las mujeres por separado. Este último resultado era contrario a las expectativas: se suponía que el hadza medio gastaba mucha más energía durante el transcurso del día que el occidental medio; en lugar de ello, lo que hacían era ingerir menos energía (es decir, comer menos).

Moverse por el mundo, ya sea caminando, en bicicleta, corriendo, nadando o de la forma que sea, requiere energía. Para disponer de dicha energía, se necesita primero absorberla (a través de la comida y la digestión), y luego almacenarla y quemarla cuando sea necesario. Se puede decir que los humanos somos perezosos en el sentido concreto de que minimizamos la energía quemada para cualquier cantidad de movimiento dada. En términos generales, la bipedación humana minimiza automáticamente el gasto energético a la vez que maximiza la extensión de terreno cubierta. Desde una perspectiva experiencial, parece que tendemos a converger en aquellas velocidades de marcha que maximizan la cantidad de movimiento que podemos realizar para una cantidad dada de gasto energético. Pero ¿cómo podemos probar experimentalmente que esto es así?

Un método consiste en equipar a un humano con un exoesqueleto de piernas: una estructura mecánica que puede configurarse de manera que facilite o dificulte los movimientos necesarios para caminar. La forma en que nos adaptemos a las diferentes configuraciones del exoesqueleto permite comprobar si los humanos en general se acomodan o no a determinadas forma de andar que minimicen la cantidad de energía que tienen que gastar para caminar. Si el exoesqueleto ayuda a caminar, podríamos adoptar rápidamente una forma de andar que no nos suponga un gran esfuerzo y dejar que la máquina haga el trabajo; de manera similar, si el exoesqueleto se resiste a nuestros movimientos, podríamos intentar caminar con esfuerzo, pero adaptarnos al menor esfuerzo posible para seguir andando.

La neuroingeniera Jessica Selinger y un grupo de colegas de la Universidad de Stanford adoptaron exactamente este tipo de enfoque.[27] Equiparon a un grupo de sujetos humanos con exoesqueletos articulados montados en las piernas, lo que les permitía dificultar de manera sistemática el método más eficaz que los humanos podían adoptar para caminar. Los sujetos también llevaban máscaras de oxígeno, lo que permitía medir la cantidad máxima de oxígeno absorbido y procesado en un tiempo determinado (lo que se conoce como VO_2 máx). Los exoesqueletos se diseñaron para proporcionar diferentes grados de resistencia al movimiento de las piernas en función de la frecuencia de los pasos del sujeto. Asimismo, los participantes caminaban en cintas de correr, cuya velocidad también podía variarse.

Resultó que los sujetos se adaptaban con rapidez a los cambios forzados en sus patrones de marcha, generalmente en cuestión de minutos; y, una vez adaptados a su nueva marcha óptima, podían readaptarse muy deprisa a un ritmo anterior que optimizara la quema de energía (medida en función de su VO_2 máx). La lección general que cabe extraer aquí es que a los humanos se les da muy bien adoptar la forma de andar más económica, la que les facilita un ritmo óptimo, y lo hacen de una manera que les permite ahorrar la mayor cantidad de gasto energético posible. Estas adaptaciones son muy rápidas; mucho más de lo que podría predecirse a partir de los cambios producidos en los niveles de oxígeno en sangre u otros indicadores internos como los cambios musculares. Por otras investigaciones independientes se sabe que estos últimos cambios son lentos; en cambio, parece ser que los humanos realizan activamente una serie de predicciones basadas en impulsos sensoriales periféricos y utilizan esas predicciones para modular directamente su marcha.

Aunque llevar un exoesqueleto robótico que nos facilite la marcha hace que minimicemos el gasto energético, aquí se plantea un problema más general: uno va al gimnasio, recorre una gran distancia en la cinta de correr y, luego, como recompensa, se relaja en el sofá de casa sintiéndose muy contento por haber hecho ejercicio, ignorando que sus niveles generales de actividad son más bajos de lo que podrían haber sido si no hubiera ido al gimnasio. En la práctica, en términos evolutivos, podemos decir que su cuerpo se relaja después de haberse dedicado a la caza de persistencia. Esa inactividad inducida por el ejercicio confunde nuestro pensamiento estándar, que básicamente sugiere que las calorías entrantes, más el ejercicio, más el mantenimiento corporal, deben de equivaler a las calorías salientes; si las calorías entrantes superan a las necesarias para el ejercicio y el mantenimiento, aumentamos de peso.

La lección importante de estos y otros estudios es la siguiente: el mero hecho de incrementar los niveles de ejercicio por sí solo no es la solución a la obesidad, ya que hemos desarrollado mecanismos conductuales y fisiológicos que compensan los incrementos de actividad reduciendo la actividad posterior como resultado del propio esfuerzo. Aumentar el gasto energético no se traducirá necesariamente en una pérdida de peso sustancial y sostenida; lo que se requiere es tener en cuenta la entrada y salida total de energía, es decir, que necesitamos saber cómo el cuerpo equilibra la ingesta de energía, su almacenamiento (es decir, la acumulación de grasa) y su consumo. Los humanos somos una especie extremadamente omnívora. Recolectamos, cazamos y preparamos una gama única de alimentos. Ser flexible en cuanto a las fuentes de alimento y ser capaz de obtener y preparar alimentos de múltiples formas distintas confiere numerosas ventajas adaptativas: puedes comer allí donde encuentres comida (rebuscando en la basura o acudiendo a tu restaurante local), puedes comer mientras caminas (después de haber pasado por tu garito de comida rápida) o puedes llevarte la comida a tu refugio para prepararla de diferentes maneras (transportando, con tus compañeros cazadores, alguna desafortunada bestia que habéis cazado y matado, o bien dirigiéndote a tu supermercado local para acceder a la deslumbrante variedad de alimentos que aparecen al final de una cadena de suministro logística extremadamente compleja).

En las economías de mercado occidentales es fácil disponer de alimentos ricos en grasa, con un alto contenido de azúcar y energéticamente densos, pero no ocurre así en el caso de los hadzas. De ahí que incrementar nuestros niveles de actividad para hacerlos coincidir con los suyos no constituya en absoluto la tan ansiada solución simple y directa para poner freno a la epidemia de obesidad que afecta a una gran parte del mundo. Lejos de ello, si se pretende controlar los múltiples problemas relacionados con la obesidad, las políticas públicas deberían centrarse como principal objetivo en modificar el tipo, la calidad y la cantidad de las calorías que consumimos.[28] Para que quede claro: no estoy argumentando aquí en contra de la actividad en general ni en contra de la necesidad de incrementar los niveles de actividad. Resulta evidente y palpable que estar activo es mejor para todos y cada uno de los sistemas orgánicos de nuestro cuerpo que estar inactivo. Y es mejor aún que esa actividad se realice en dosis altas y regulares, día tras día, semana tras semana y año tras año, durante toda la vida. La actividad es básica y vital para el control de la obesidad, pero representa solo una parte del panorama general: también la ingesta de energía constituye un elemento importante.

Entonces, ¿constituye la actividad regular una forma de medicina fácilmente autoadministrable debido a que el movimiento es intrínsecamente bueno para nosotros? El biólogo evolutivo Daniel E. Lieberman, de la Universidad de Harvard, ofrece una significativa perspectiva evolucionista de nuestra extraña relación con la actividad física: es buena para nosotros, pero tendemos a evitarla para conservar energía por la sencilla razón de que así es como hemos evolucionado. Hasta hace relativamente poco la actividad física era obligatoria y las fuentes de alimentos escaseaban. En palabras de Lieberman, «los humanos evolucionaron para adaptarse a cantidades moderadas y regulares de resistencia, [y de] actividad física, hasta una edad avanzada [...] dado que la energía de los alimentos era limitada, los humanos también fueron seleccionados para evitar esfuerzos innecesarios».[29]

Considere el siguiente ejemplo: muchas instituciones nacionales de salud y dietética recomiendan una dieta diaria media de hasta 2.000 calorías para las mujeres adultas y 2.500 para los hombres adultos.[30] Pongamos que sean 2.400 para facilitar los cálculos: eso implicaría que el ritmo al que habría que quemarlas sería de 100 calorías por hora como media (es decir, haciendo un promedio de las horas de vigilia y las de sueño). Esas calorías consumidas deben satisfacer todas las necesidades corporales: respirar, caminar, pensar, digerir, secretar, etc. Ante todo, es necesario digerir la comida, y luego transportar los nutrientes por todo el cuerpo, desde las raíces del cabello en la parte superior de la cabeza hasta las plantas de los pies. Digerir los alimentos que comemos requiere energía (calorías); los alimentos ricos en fibra, con una baja densidad energética, resultan más costosos de digerir que los ricos en calorías. Asimismo, nuestro cuerpo debe producir suficiente calor para mantener la vida (no olvidemos que somos seres de sangre caliente) y debe transportar los desechos corporales tanto de manera activa como pasiva (por ejemplo, hay que exhalar el dióxido de carbono de la respiración, vaciar los residuos alimenticios de la digestión y secretar el exceso de líquido a través del sudor y la orina). Ingerir más calorías de las necesarias implica que el exceso de energía debe almacenarse en algún lugar, y eso se hace en forma de grasa.

Salvo en casos como los de los hadzas o los chimanes, no puede decirse que pasemos muchas horas deambulando de un lado a otro en busca del pan nuestro de cada día. Los datos de seguimiento de las aplicaciones para móvil revelan que actualmente realizamos una cantidad limitada de movimiento: una media de unos pocos miles de pasos al día. Podríamos y deberíamos hacer mucho más que esos miserables pasos. Es evidente que no existe una relación directa entre las calorías consumidas, el ejercicio y el peso corporal, pero lo que sí está claro es que la actividad es clave para superar los problemas de salud causados por nuestro estilo de vida sedentario; y, de hecho, una de las conclusiones principales de este libro es que hay que salir a andar mucho a lo largo del día y hacerlo todos los días. Si lo hace, se verá recompensado en más formas de las que imagina.

3. CÓMO CAMINAMOS: LA MECÁNICA DE LA MARCHA

Es lo más natural del mundo. Pero ¿cómo hacemos realmente para poner un pie delante del otro de una manera tan fiable, regular y rítmica?

La decisión de caminar, correr, escabullirse, retroceder... en suma, de moverse, se origina en el cerebro. Es un proceso descendente –es decir, que va «de arriba abajo»– derivado de una señal de urgencia externa («¡Hay peligro: muévete y escóndete!») o bien de alguna señal interna («He comido demasiado: necesito estirar las piernas»). En el caso de caminar, el impulso de entrada *(input)* descendente originado en los sistemas y circuitos cerebrales responsables de la toma de decisiones y la actividad motora proporciona la instrucción de moverse e indica asimismo el tipo de movimiento requerido. Luego, el circuito local generador de patrones de la médula espinal –cuya tarea consiste en producir un impulso de salida *(output)* rítmico– se encarga de gestionar las instrucciones desde allí. Piense en ello como la señal que envían las llaves de su coche: estas activan el motor, pero no participan en el movimiento del automóvil ni en el funcionamiento del motor hasta que llega el momento de apagarlo de nuevo.

Aquí está en juego la coordinación de un complejo conjunto de mecanismos, que requieren un amplio entrenamiento y mucha práctica. Debido a ello, normalmente los niños pasan un largo periodo gateando, tratando de ponerse de pie y de mantener el equilibrio, y no empiezan a andar de forma independiente hasta los once o doce meses. Aprender a caminar se considera, acertadamente, un hito importante en la autonomía individual, pero también lo es en el desarrollo cerebral.

No venimos al mundo listos para echar a andar. Un potrillo recién nacido no tardará en ponerse en pie trastabillando porque muchos animales poseen una prodigiosa capacidad de andar en comparación con nosotros los humanos. Y por fuerza debe ser así. Una gacela recién nacida es una presa fácil para un león hambriento y perezoso, a menos que sea capaz de moverse y lo haga con rapidez. En términos evolutivos, las que no lo hacían, las que eran incapaces de moverse, de caminar, trastabillar y luego echar a correr, se convertían en un alimento fácil de conseguir para los leones perezosos y hambrientos, mientras que por regla general las que resultaban ser capaces de moverse al poco de nacer no eran devoradas, de manera que podían transmitir sus ventajosos genes. Así el engranaje evolutivo daba otra vuelta de tuerca.

Los humanos, en cambio, nacemos con la propensión a caminar, pero no con la capacidad de hacerlo. Debemos aprender, mediante la experiencia, a esculpir los maravillosos circuitos que nos permitirán caminar durante toda la vida. Aprender a andar –como aprender a hablar, a ver o a oír– es una de esas asombrosas habilidades humanas con respecto a las que nuestra memoria no nos proporciona ninguna información precisa. Casi con certeza ninguno de nosotros tiene recuerdos de cuando aprendió a caminar. Puede que recuerde alguna caída especialmente desagradable o, más probablemente, que le hayan hablado de ello. Pero aparte de eso, aprender a caminar es –para la mayoría de quienes podemos hacerlo– algo que simplemente resulta que somos capaces de hacer.

Los textos académicos y los manuales para padres sobre desarrollo infantil nos dicen poco acerca de cómo aprenden a caminar los niños. Aunque se nos informa sobre las edades a las que empiezan a andar y se nos explica que el niño debe alcanzar determinados hitos de desarrollo a ciertas edades (sentarse erguidos, gatear sin ayuda o intentar mantenerse de pie), apenas se habla sobre las transiciones existentes entre estas etapas y acerca de por qué un niño que es capaz de gatear de forma fluida y estable querría pasar a avanzar dando traspiés en una postura intrínsecamente más inestable.

La psicóloga del desarrollo Karen Adolph y un equipo de colegas han estudiado con gran detalle la cuestión de cómo los niños realizan la transición de gatear a andar con soltura en un periodo de tiempo relativamente breve. Los investigadores plantean una pregunta bastante simple: «¿Cómo aprendemos a caminar?», a la que dan una elegante y hermosa respuesta que transmite todo un mundo de complejidad: aprendemos a andar dando miles de pasos y sufriendo docenas de caídas por día.

Imagínese tratando de enseñar a andar a un niño mediante instrucciones verbales: «Cada día tienes que dar muchos miles de pasos y sufrir muchas caídas. ¡Ah!, y has de utilizar esas caídas para aprender a no caer»; resulta inconcebible. O imagínese intentando escribir un programa de ordenador para hacer que camine un robot. De nuevo, una endiablada tarea: no está claro por dónde habría que empezar ni cuál podría ser la estrategia de aprendizaje correcta. Pero hay pistas. A lo largo de nuestra trayectoria evolutiva ha habido un sesgo selectivo en favor de aquellos individuos que han logrado aprender con éxito esta peculiar forma de locomoción. Los que se mostraban torpes, resbalaban, se caían o quedaban atrapados por falta de atención dejaban menos descendientes. En términos evolutivos existe un «sesgo de supervivencia» en favor de aquellos individuos que se adaptan mejor; de manera que con el tiempo la facultad de andar de manera eficiente y eficaz se fue extendiendo gradualmente a toda la población.

Adolph y sus colegas partieron de la base de que, tanto desde un punto de vista cuantitativo como cualitativo, sabemos relativamente poco acerca de cómo se desplazan los bebés; cuánto tiempo pasan gateando y cuánto caminando; de hecho, cómo hacen la transición de gatear a caminar; cuánto perseveran, y cuán intrínsecamente gratificante y satisfactorio les resulta aprender a andar. Apenas conocemos poco más que un puñado de reglas básicas, y lo que sabemos de los procesos temporales guarda más relación con los trastornos de la marcha y la locomoción que con el comportamiento natural ligado a la capacidad de andar.

Hay aquí una cuestión aún más esencial que debemos considerar. Un niño que gatea apoyándose en las manos y las rodillas mantiene una postura estable que minimiza las lesiones si se cae, dado que de la altura de las manos y las rodillas al suelo no hay mucha distancia. ¿Por qué abandonar esta postura estable por otra que conllevará caídas? Recuerde que en un primer momento los niños son excelentes «gateadores» y muy malos andarines. Entonces, ¿cómo realizan la transición de gatear a caminar tan bien y de una forma tan segura? La capacidad de andar resulta muy peculiar como habilidad aprendida. Para adquirir un lenguaje, los niños necesitan una exposición sustancial y constante a un entorno lingüístico; en otras palabras, deben formar parte de una comunidad lingüística. Pero los niños salvajes, o aquellos a los que se ha maltratado exponiéndolos a entornos restringidos, en general siguen andando erguidos. Esto sugiere que el proceso de aprender a andar puede obedecer más al desarrollo de programas motores subyacentes, quizá inherentes al propio diseño de los circuitos motores de la médula espinal y el cerebro, que al aprendizaje del lenguaje.

En uno de sus estudios, Adolph y sus colegas grabaron en vídeo la actividad de tres grupos de niños que jugaban en un laboratorio bajo la supervisión de su cuidador:[1] el primer grupo estaba formado por niños de doce meses que eran expertos en gatear, pero que todavía no habían realizado la transición a caminar; el segundo lo integraban caminantes «novatos» de doce a catorce meses, y el tercero, «consumados» caminantes de diecinueve. Los investigadores utilizaron un complejo laboratorio integrado por una sala de juegos dotada de una alfombra sensible a la presión que permitía tomar una serie de mediciones relativas tanto a la actividad de gatear como de caminar, además de una gran variedad de juguetes, una rampa escalonada y otros estímulos. Esta estrategia experimental generó vastas cantidades de registros de datos visuales relativos al comportamiento de los bebés mientras gateaban, caminaban, caían, trastabillaban y exploraban.

Hubo varios descubrimientos. Para empezar, los bebés muestran variaciones en cuanto a su pericia tanto al gatear como al andar: sencillamente, unos son mejores que otros. Los que tienen mayor habilidad para gatear cubren más terreno en menos tiempo. Lo que importa a la hora de gatear –o de andar– no es el nivel de actividad general en sí: lo más importante es la cantidad de terreno cubierto y la eficacia con la que lo cubre el bebé. Y resulta que a los que muestran más pericia al gatear también se les da mejor caminar: se caen menos, se estabilizan más deprisa cuando están de pie y son capaces de recorrer distancias más largas. Probablemente ello se deba a que un mayor dominio de la capacidad de gatear ayuda a desarrollar diversos grupos musculares que luego resultan ser también importantes para caminar. Gatear apoyándose en las cuatro extremidades implica realizar movimientos secuenciales de los brazos y las piernas, y esos movimientos deben coordinarse a través de toda la extensión del tronco. Por otra parte, apoyar el peso en las manos y las rodillas proporciona una forma de constante entrenamiento de resistencia para las caderas y los hombros, y muy probablemente contribuye asimismo a desarrollar los movimientos rotatorios que luego las piernas y especialmente los brazos serán capaces de realizar durante toda la vida.

Sin embargo, lo más importante aquí es que el movimiento coordinado de piernas y brazos requiere que los músculos se activen en secuencias y grupos muy precisos (lo que se conoce técnicamente como «sinergias musculares») impulsados por una señal de mando del cerebro; a su vez, la realimentación derivada del movimiento ayuda a incrementar la precisión del movimiento en sí.[2] Ello fortalece asimismo los músculos de las caderas, los hombros y la espalda, haciéndolos más capaces de soportar el peso del cuerpo, lo que a su vez permite que el cerebro y la médula espinal articulen la posición extremadamente precisa de las piernas, el tronco y la cabeza que requiere la marcha. En el estudio se observó que eran frecuentes las caídas: uno de los bebés llegó a caer hasta 69 veces en el curso de una hora. En general, no había diferencias en la habilidad locomotora entre los niños que gateaban y los que andaban siempre que se desplazaran a lo largo de un trayecto recto y uniforme.

Otra cosa que también confirma el estudio es el hallazgo casi centenario de que la habilidad para caminar (medida en función de la longitud y la anchura de los pasos) mejora con la edad. Caminar es un comportamiento que tiene una función concreta: te permite ir de un sitio a otro a tu propio ritmo, a tu propia velocidad. Esto se refleja en el descubrimiento de que la «habilidad funcional» tenía un papel esencial en los niveles de actividad. Los bebés que daban más pasos y recorrían mayores distancias eran también los que sufrían menos caídas. En otras palabras: cuán bien aprendas a caminar –esto es, a realizar la compleja tarea de integrar los impulsos de entrada de los sentidos y los impulsos de salida de las extremidades (la integración «sensoriomotriz») que todos damos por sentado– predice con qué frecuencia caerás y cuán lejos llegarás. Cuanto mejor se te dé andar sin caerte, mayor será la distancia que recorrerás y menos probabilidades reales tendrás de caídas. Dicho de otro modo: en la marcha, como en muchas otras facetas de la vida, la perfección viene de la mano de una práctica esforzada y atenta.

Como media, un niño pequeño que empieza a andar da unos 2.368 pasos, recorre 701 metros y se cae 17 veces cada hora. Caminar, como tantas otras habilidades, se aprende mejor si se utiliza un programa de práctica variable e intermitente. En el transcurso de 300 o 400 días los bebés pueden dar muchos cientos de miles de pasos y quizá sufrir muchos miles de caídas; la frecuencia de estas últimas disminuirá con la edad, la práctica y las lecciones extraídas de los propios fallos. Asimismo, los bebés y los niños pequeños duermen mucho, una actividad necesaria para consolidar el aprendizaje realizado durante el día.

Enterrada en estas cifras está también la razón por la que los enfoques para enseñar a caminar a los robots basados en la computación intensiva han fracasado durante tanto tiempo. El prolongado periodo del que disponemos cuando somos niños –jugando en terrenos complejos con pendientes, superficies duras, superficies blandas y objetos de dimensiones variables en términos de peso, textura y facilidad de transporte– nos proporciona las oportunidades de entrenamiento necesarias para caminar con niveles de habilidad adulta completamente inconscientes.

Pero no somos meras mentes inmóviles en la silenciosa tina de nuestros cráneos: somos mentes en movimiento, y este nos resulta intrínsecamente gratificante y motivador. Por lo tanto, la transición –ligada a nuestro propio desarrollo– que nos lleva de gatear a caminar ilustra de manera profunda el hecho de que para nosotros la movilidad cognitiva es un elemento necesario para comprender nuestros mundos físico y social y participar plenamente en ellos. La experiencia de la marcha, del movimiento, es la experiencia de un cerebro y una mente que se mueven por el mundo. Y ese movimiento, a su vez, modifica nuestra experiencia del mundo en la medida en que, gracias a él, los mecanismos del cerebro y la mente se engranan de una forma más plena.

El niño que se agarra a los muebles para ponerse de pie experimenta de inmediato un mundo nuevo. Podrá coger cosas que hasta entonces eran inaccesibles para él. Luego aprenderá a trepar a los árboles, a subir escaleras, a pasear por el jardín, a deambular por la escuela... Lo hará siempre con la cabeza alta y, al mismo tiempo, verá el mundo de una forma nueva y cognitivamente móvil. Las cosas ya no serán objetos distantes: podrá caminar hacia ellas, las cogerá, las inspeccionará, tal vez se las lleve y las rompa... De ahí que sea mejor mantener nuestra colección de porcelana china y las cacerolas calientes fuera de su alcance: ahora son cosas hacia las que el niño puede dirigirse andando y coger, romper o derramar. Y los peligros asociados a andar no tardan en hacerse patentes, de modo que los niños tendrán que aprender por dónde pueden caminar con seguridad y por dónde no. Y ahí, obviamente, es donde los adultos pueden proporcionar una instrucción y una enseñanza explícitas acerca de cómo esta nueva y maravillosa habilidad puede causales problemas, pero también de cómo, con la misma facilidad, ahora podrán alejarse de ellos.

Una vez hemos aprendido a caminar, lo hacemos erguidos, con la cabeza alta, dejando las manos y la mente libres, lo que nos permite explorar horizontes lejanos. La postura erguida requiere equilibrio: caminamos por la tierra con un movimiento y una dirección coherentes, manteniéndonos perpendiculares a la superficie sobre la que andamos y adaptándonos a los cambios producidos en esta y en la consiguiente tracción. Por ejemplo, cuando caminamos sobre hielo nos adaptamos deslizándonos y patinando, y nuestro sistema de equilibrio y dirección sigue haciendo su trabajo. ¿Por qué no nos caemos? ¿Cómo hacemos para poner una pierna delante de la otra de una forma tan rítmicamente coherente? La ciencia inesperadamente compleja que estudia *cómo* caminamos erguidos apenas está empezando a desarrollarse.

La clave está en esta palabra: «rítmicamente». Caminar obedece a un ritmo; un ritmo del que apenas somos conscientes a menos que prestemos una gran atención. Nuestras piernas cambian de posición de manera absolutamente coherente: una avanza, la otra se estira; luego avanza la otra y se estira la anterior, y, mientras tanto, nos desplazamos al tiempo que nos mantenemos erguidos. Más adelante volveremos a la cuestión del ritmo. Por ahora limitémonos a convenir que caminar constituye una asombrosa hazaña neuromusculoesquelética que requiere una rápida coordinación de la actividad del cerebro y los nervios a fin de obtener sucesivas secuencias en las que diversos músculos y grupos musculares se contraen y se relajan. Hay al menos diez de ellos en cada pierna, unidos a nuestro rígido esqueleto a través de tendones. Y no olvidemos que también el corazón es un músculo, al que la actividad de caminar plantea asimismo diversas exigencias.

¿Cómo controla el cerebro nuestra forma de andar? Para hacerlo debe lograr al menos dos cosas distintas: mantenernos en equilibrio en una postura erguida y luego posibilitar que nos desplacemos por el suelo. Pero la diferencia entre pensarlo y hacerlo resulta más compleja y mucho menos nítida de lo que cabría suponer. Recuerde el caso de nuestra extraña amiga la ascidia, que consume su propio protocerebro cuando ya no lo necesita y se vuelve sésil. Una posible interpretación, pues, es que el movimiento requiere un cerebro; un cerebro capaz de predecir de forma rápida y automática –e incluso imaginar– los posibles movimientos que podríamos realizar. Ello implica que los circuitos cerebrales utilizados en esa caminata imaginaria –en la que nos imaginamos recorriendo un trayecto concreto dando pasos concretos– son más o menos los mismos que se usan para caminar de verdad. Un importante estudio descubrió que en el cerebro humano existe una red de locomoción básica que permanece activa tanto en la marcha real como en la imaginaria;[3] lo que cambia cuando andamos de verdad es que en este caso se activan varias regiones adicionales del cerebro relacionadas con la actividad motora.

Esto ofrece una significativa visión de cómo imaginamos las cosas; los actos de imaginación son exactamente eso: *actos.* Son actos neuronales que implican activaciones cerebrales que pueden detectarse. Imagine una rosa: sustentar la imagen de la rosa que ahora tiene en el «ojo de la mente» requiere un aumento de la actividad en las áreas visuales del cerebro. Imagine que coge la rosa y la huele: eso activará las áreas motoras del cerebro, así como las relacionadas con el olfato. Imagine ahora que señala hacia un pájaro en vuelo: de nuevo, se activarán todas las áreas motoras del cerebro involucradas en la acción de señalar, así como las áreas visuales necesarias para formar la imagen del pájaro. Por último, imagine que va andando al trabajo, que pasea por el parque o va de tiendas. La actividad se producirá en las áreas motoras del cerebro involucradas en la planificación de los pasos que dará; pero hay algo más: ahora también habrá actividad en aquellas partes del cerebro (la denominada formación hipocampal extensa) que sustentan la memoria, la imaginación e incluso el viaje mental en el tiempo.

Obviamente, hay ciertos elementos ausentes: para empezar, el comportamiento real en sí mismo (en este caso, la contemplación de la rosa o del pájaro, puesto que no están ahí, o el acto de caminar, puesto que solo estamos imaginando el paisaje que recorremos); pero tampoco hay actividad en las regiones cerebrales responsables de la ejecución y el control de la conducta (coger la rosa, señalar al pájaro, caminar hacia las tiendas). Actualmente la cuestión de si la actividad de esas regiones cerebrales se inhibe o se reprime de una forma activa, o si, por el contrario, en esos actos de imaginación el cerebro se limita a no involucrarlas plenamente, es objeto de debate. Puede que ocurran ambas cosas. Pero lo más trascendental es que tanto el acto de imaginar que hacemos algo como el de hacerlo físicamente en el mundo real se sustentan ambos en una determinada actividad que tiene lugar en las mismas regiones del cerebro.

Pero, obviamente, una cosa es imaginar que andamos y otra andar de verdad. ¿Qué ocurre cuando «hacemos» realmente algo? Desde la perspectiva de nuestro cerebro, nuestro cuerpo se «descuelga» desde la cabeza hasta que hace contacto con el suelo a través de los pies. No estamos construidos partiendo de la planta de los pies en sentido ascendente; es más bien como si la cabeza fuera un «castillo en el aire», sobre un andamio que llega hasta el suelo. Estar de pie requiere el control de la postura corporal: hacen falta señales transmitidas desde el cerebro a través de la médula espinal para mantener el control muscular adecuado, asegurando que no nos vengamos abajo. Se trata de un constante proceso de monitorización, dado que normalmente nuestro centro de gravedad se sitúa ligeramente por delante de los tobillos y las rodillas, como una plomada que colgara desde la barbilla hasta los pies. Al andar, el centro de gravedad se desplaza hacia delante y hacia atrás en función de nuestros movimientos.

Por lo tanto, desde la perspectiva del cerebro, el primer

imperativo es mantenerse a sí mismo y al resto del cuerpo estables en el espacio, tanto si permanecemos de pie inmóviles como si andamos a zancadas de un lado a otro. Si nos caemos o tenemos la sensación de que vamos a caernos cada vez que nos levantamos, no llegaremos muy lejos, y lo más probable es que acabemos lastimándonos. La cabeza actúa aquí como una «plataforma de referencia inercial», una plataforma estabilizada para el movimiento de forma tal que mantiene una posición relativamente plana y paralela al suelo pese a los cambios en el terreno. Este tipo de dispositivos se utilizan ampliamente en aeronaves, submarinos y automóviles: de manera similar, nuestro cerebro podría utilizar una silla de ruedas o una bicicleta para desplazarse con la misma facilidad. Pero sea cual sea el medio de transporte, el cerebro debe estabilizar la cabeza en el espacio durante el movimiento, ya que de lo contrario nos resultaría imposible caminar, conducir o montar en bicicleta.

¿Cómo se realiza ese trabajo de mantener el equilibrio mientras nos movemos, esa «referencia inercial»? Trace una línea imaginaria desde el rabillo o ángulo externo del ojo –el punto en el que se encuentran los párpados– hasta el canal auditivo. Por muy activos que estemos, el cerebro siempre intentará mantener esta línea imaginaria más o menos paralela al suelo.[4] Esta estabilidad de la posición de la cabeza se logra mediante un complejo mecanismo que utiliza estímulos derivados del propio acto de moverse y las señales que transmiten las diversas partes del cuerpo en movimiento. Sorprendentemente, el sistema no utiliza ni necesita ningún estímulo de referencia externo, como la vista o el oído, lo que elimina la necesidad de estar monitorizando e interpretando constantemente el mundo exterior. Es decir, que no tenemos que evaluar cada paso que estamos a punto de dar observando atentamente el suelo; en lugar de ello, la velocidad, la dirección del movimiento y la realimentación del propio cuerpo proporcionan todas las señales necesarias. De ahí que las personas con discapacidades visuales, por ejemplo, puedan seguir andando con gran facilidad.

La vista y el oído se utilizan únicamente para calibrar o corregir errores cometidos por el sistema interno. En cierta forma (limitada), caminar es similar a conducir un coche dotado de un mecanismo regulador de velocidad: el automóvil mantiene una determinada velocidad no guiándose por lo rápido que fluye el mundo visual externo, sino asegurándose de que la fuerza de rotación (par motor) gire las ruedas a una velocidad constante. La señal de movimiento se origina en el propio interior del vehículo: en la posición del pedal del acelerador que controla la transmisión del motor. El movimiento no se controla mediante ningún estímulo externo. Y además, como todos sabemos, esos estímulos pueden resultar ambiguos a la hora de proporcionar información sobre la velocidad, la altitud o el movimiento: en condiciones de mala visibilidad, los humanos somos notoriamente malos a la hora de decir qué camino sube y cuál baja, lo cerca o lejos que están las cosas o de dónde vienen los sonidos. Cerrar los ojos y percibir las señales de nuestro propio cuerpo puede ayudar a reducir esa ambigüedad.

En los humanos y en todos los demás animales dotados de médula espinal, el mecanismo para estabilizar la posición de la cabeza y el movimiento se basa en el oído interno; es lo que se conoce con el nombre de «sistema vestibular» (derivado del término *vestíbulo,* que define la «sala de un edificio o pieza de una casa inmediata a la puerta principal de entrada»).[5] Si fuéramos lo bastante imprudentes como para introducir un bolígrafo uno o dos centímetros a través del tímpano, le causaríamos un daño permanente; de modo que más vale resistirse a la tentación de hacerlo.

El sistema vestibular puede verse temporalmente alterado, por ejemplo, girando en círculos o consumiendo demasiado alcohol. La sensación de dar vueltas que experimenta una persona ebria cuando se acuesta generalmente puede aliviarse poniendo un pie en el suelo. El contacto con el suelo constituye un estímulo externo que estabiliza el sistema vestibular –y, por lo tanto, hace que nos deje de dar vueltas la cabeza– al proporcionar las señales «propioceptivas» necesarias para ello (partiendo de la posición relativa de las articulaciones involucradas en el movimiento: cadera, rodilla y tobillo). Lo mismo vale para los coches: levantar un automóvil del suelo y encender el motor hará girar las ruedas, pero el vehículo no se moverá a ningún lado; es el contacto con la carretera el que proporciona la resistencia necesaria para avanzar.

El mecanismo del sistema vestibular es un auténtico milagro de microingeniería. Consta de dos grandes componentes: el sistema de canales semicirculares y los denominados órganos otolíticos; por ambos circula un fluido. En los canales semicirculares hay unos pelillos, o cilios, que sobresalen de su superficie interna y tienen unos pequeños cristales de calcio llamados otolitos en sus extremos, mientras que en su base están unidos a receptores de movimiento, o «mecanorreceptores». Los cilios se mueven al hacerlo el fluido que los rodea. Piense en ellos como una especie de tulipanes meciéndose con el viento en el extremo del tallo. Los diminutos tirones que dan al moverse modifican ligeramente la forma de los receptores, al igual que el viento que mueve los tulipanes tensa sus raíces bajo el suelo. Esa tensión, a su vez, provoca un cambio en el estado eléctrico de los receptores y transmite una señal al cerebro a través del nervio vestibular. En conjunto, todo ello constituye una forma sencilla, fiable y sólida de convertir una señal de movimiento en una señal eléctrica.

Los otolitos, por su parte, se unen entre sí formando ángulos rectos, dando lugar a masas en forma de colmena de cilios unidos a cristales de calcio que se sincronizan en función del movimiento lineal: hacia delante, hacia atrás y hacia los lados (izquierda o derecha). Esas masas cristalinas se mueven cuando lo hace la cabeza; piense, por ejemplo, en un tubo con cojinetes de bolas que se sacudiera hacia delante y hacia atrás o de un lado a otro. Y dado que la posición de estos sensores siempre activos se mantiene fija dentro de la cabeza, el cerebro dispone de una constante señal de referencia proporcionada por los canales semicirculares y los otolitos que permite al propio cerebro y al resto del cuerpo orientarse en tres dimensiones: arriba/abajo, de un lado a otro, y adelante/atrás, además de rotar en función de esas mismas tres dimensiones.

El sistema vestibular está encerrado en lo más profundo del cráneo, procesando información acerca de lo que debe de estar ocurriendo en el mundo exterior, pero sin interactuar directamente con él. Se trata de un sistema sensorial fijo, unido a la posición de la cabeza. Imagine que tuviera un tubo con cojinetes de bolas pegado a la mano: los cojinetes se moverían con cada movimiento de su mano, exactamente tal como sucede con el sistema vestibular. Imagine ahora un conjunto de tubos un poco más elaborado pegado a su mano: un tubo discurre paralelo a los dedos, otro atraviesa la palma de la mano y un tercero rodea los nudillos. Cuando mueva la mano en cualquier dirección, los cojinetes de bolas golpetearán de un lado a otro, reflejando fielmente la velocidad y la dirección de los movimientos de su mano, pero sin llegar a tocarla nunca. Conecte los tubos para medir de algún modo el movimiento de los cojinetes y, en principio, habrá creado algo que funcionará de forma muy parecida al sistema vestibular: el movimiento de los cojinetes le informará sobre el movimiento de la mano sin que de hecho estos lleguen a tocarla nunca.

Aunque el sistema vestibular nos proporciona una realimentación directa y no visual con respecto a nuestros movimientos, no siempre funciona de manera perfecta. Es sabido que, cuando los montañeros se ven atrapados en avalanchas, tienen grandes dificultades para salir a la superficie. Ello se debe a que no disponen de estímulos externos fiables, mientras que los estímulos autogenerados pueden resultar insuficientes por el hecho de estar atrapados o experimentar dolor. A veces los montañeros cavan en la dirección equivocada, convencidos de que es la correcta. El truco para saber dónde es arriba y dónde abajo, en caso de necesitarlo, es expulsar un poco de saliva de la boca: si se le mete en la nariz es que está boca abajo; si, en cambio, se desliza por la barbilla, se halla en la posición vertical correcta, independientemente de que realmente perciba o no que está en la orientación adecuada, con la cabeza arriba y los pies abajo. A la gravedad eso le da igual: pase lo que pase, la saliva descenderá hacia el centro de la Tierra. La misma regla se aplica si ve que la saliva corre de lado a través de su mejilla: cave en la dirección opuesta.

Como base de nuestro sentido del equilibrio, el sistema vestibular garantiza la estabilidad del cuerpo en diferentes superficies, lo que constituye una considerable hazaña para el cerebro. Es un sentido discreto, pero que siempre está activo, incluso cuando estamos descansando o dormidos.[6] Hay muchas formas de comprobarlo. Nuestros parientes cercanos los monos, por ejemplo, son perfectamente capaces de dormir en los árboles; de vez en cuando se los ve deslizarse o moverse, pero de inmediato se enderezan y, con un poco de suerte, se agarran a una rama para no caer.[7] Obviamente, la forma más rápida de despertar a alguien, incluso en lo más profundo del sueño, es empujarlo cruelmente fuera de la cama: dará manotazos descontrolados tratando de aferrarse al aire o a las sábanas. La persistente actividad presente en el sistema vestibular se conoce como «activación tónica», y, de manera similar a la conexión de nuestro hogar a la red eléctrica, siempre está activa: solo somos conscientes de la pérdida de electricidad cuando se produce un corte de energía, o de la pérdida del sistema vestibular si este se daña de algún modo. Esa actividad proporciona un estímulo constante a numerosas regiones cerebrales distintas, especialmente aquellas relacionadas con el movimiento y el estado de alerta. Cuando el sistema vestibular se activa de forma brusca y repentina durante el sueño, uno se despierta. Pero, en general, solo le despertarán los movimientos impuestos a su cuerpo: normalmente sus propias patadas, movimientos o cambios de postura realizados durante el sueño no es probable que le despierten (otra cosa completamente distinta son los movimientos que haga su pareja mientras duerme). Resulta obvio el enorme valor evolutivo de despertarse rápidamente cuando hay un terremoto o de poder dormir en los árboles para evitar a los depredadores terrestres. Sin embargo, la clave aquí es la velocidad e inmediatez con la que actúa el sistema vestibular, más deprisa de lo que somos conscientes.

La velocidad de acción del sistema vestibular también resulta evidente al andar: imagine que sale a pasear en un día helado. Está avanzando a grandes zancadas; de repente se topa con un trozo de hielo, y de inmediato intenta estabilizarse. Tras haber conseguido mantener el equilibrio sin caerse, reproduce mentalmente la secuencia de los acontecimientos. Iba andando cómodamente a buen paso y, de pronto, sus pies han encontrado hielo y ha resbalado. Seguramente lo primero que habrá hecho habrá sido tensar todo su cuerpo: todos los músculos de las piernas y, luego, el tronco, han actuado rápidamente en sincronía, intentando evitar que su cuerpo siguiera resbalando o moviéndose sin control. Luego, tras haberse enderezado con éxito, ha empezado a caminar de nuevo, esta vez prestando atención al suelo. Lo realmente llamativo es que este rápido estado de tensión muscular se produce de forma absolutamente automática y refleja.[8] Precede a la percepción consciente de que nuestros pies están resbalando bajo nuestro cuerpo. ¿Cómo ocurre esto y, además, en cuestión de milisegundos? Las señales del sistema vestibular, que es extremadamente sensible, se traducen en varios tipos de información: «Estoy resbalando», seguido de la orden «Tensar rápidamente los músculos», seguido de «No me he caído», seguido de «Bien, reanuda la marcha, pero ten cuidado».

A veces caminamos en entornos inusuales que resultan inestables bajo nuestros pies, como cuando vamos a bordo de un barco en el mar o de un avión que atraviesa turbulencias. Caminar cuando el suelo se mueve –algo extremadamente antinatural y perturbador– puede servir para demostrar cómo se adapta el sistema vestibular a los estímulos que recibe. La sensación de mareo debida al movimiento (cinetosis) surge de la disparidad existente entre el movimiento percibido por el sistema visual y el percibido por el sistema vestibular.[9] Aunque la cinetosis resulta desagradable, generalmente desaparece cuando los sistemas visual y vestibular se informan y sincronizan mutuamente. Ello ocurre porque el sistema vestibular no es «fijo», sino que puede aprender gracias a la plasticidad del sistema nervioso, y el mareo debido al movimiento revela que el aprendizaje y la plasticidad han fallado. Una rara y dramática variante del mareo debido al movimiento es un síndrome del que sabemos muy poco y que se conoce como *mal de débarquement* (MdD), o «mal de desembarco».[10] En el MdD, la persona experimenta una intensa sensación de movimiento cuando desciende de una embarcación e intenta caminar sobre tierra firme. Es habitual que durante unos minutos se produzca cierta sensación de movimiento al bajarse de un bote o de una cinta de correr o al salir de una escalera mecánica; en cambio, en el caso del MdD la sensación de movimiento dura mucho más tiempo, aunque a menudo se alivia cuando el cuerpo experimenta un movimiento pasivo, como viajar en automóvil. En este caso, no se trata de un problema del sistema vestibular y, por ende, de carácter periférico, sino central: es decir, que se origina en el propio cerebro. Es posible que la recalibración que este realiza como resultado del movimiento producido en un barco no se repita de nuevo al volver a tierra firme. Nuestro cerebro se adapta al movimiento del mar, pero se «olvida» de readaptarse al regresar a tierra: de ahí que a menudo la sensación de mareo se alivie cuando el cuerpo reanuda un movimiento pasivo. El sistema vestibular vuelve a sentir el mundo tal como era, y no tal como es, firmemente bajo sus pies. Dicho sistema constituye un auténtico milagro de ingeniería evolutiva que interviene silenciosamente en todos los aspectos de nuestra vida ambulatoria, mientras nosotros (por regla general) somos completamente inconscientes de ello.

Tenemos otros sentidos que podrían contribuir a nuestra forma de andar. La vista resulta especialmente evidente. ¿Afecta el modo en que vemos el mundo, en su aspecto más básico –el flujo de luz que atraviesa nuestros ojos–, a la mecánica de la marcha? Cuando avanzamos, nuestros ojos le dicen al cerebro que estamos en movimiento en relación con el mundo exterior. Esto se conoce como «flujo óptico»: cuando estamos en movimiento –en una bicicleta, a pie, en un automóvil, en un tren–, el mundo visual parece deslizarse o «fluir» a nuestro lado en la medida en que nosotros nos movemos a través de él. Imagine que avanza por un estrecho pasillo flanqueado a ambos lados por sendas paredes: desde su perspectiva, y más concretamente desde la perspectiva de la retina, las paredes parecerán desplazarse hacia atrás. El flujo óptico es una consecuencia natural del hecho de avanzar. Normalmente no somos conscientes de ello, excepto en esos peculiares momentos de transición en los que pasamos de andar sobre un terreno firme a caminar, por ejemplo, por un pasillo rodante. Al entrar y salir del pasillo se produce un cambio repentino en el flujo óptico, que se acelera o ralentiza repentinamente en relación con la velocidad a la que andamos. Esa sensación de desequilibrio, de desorientación, surge debido a la disyunción existente entre los movimientos que hacemos con nuestro cuerpo, el movimiento impuesto a este por el pasillo rodante y el mundo visual que estamos experimentando. Pero esa misma disyunción se puede utilizar para descubrir cómo la visión contribuye al movimiento.

Así pues, ¿cómo usamos el flujo óptico para regular nuestra marcha? Comprenderlo requiere combinar la experiencia de movimiento en el espacio con las variaciones sistemáticas del flujo óptico. Podemos percibir algunos elementos de este efecto en los pasillos rodantes, especialmente si tienen vallas publicitarias brillantes y dotadas de iluminación lateral, y si cuentan con interrupciones intermitentes para suavizar el movimiento. Pero en el laboratorio, la combinación de la marcha sobre cintas rodantes con pantallas de realidad virtual a gran escala proporciona un estímulo visual controlado, ya sea en sincronía con la velocidad de marcha u, ocasionalmente, en discrepancia con ella.[11] La cuestión que abordan muchos estudios es cuán rápidamente pasamos de la marcha regulada por generadores centrales de patrones (como ya hemos mencionado) a la marcha controlada visualmente, y viceversa. Los cambios repentinos en el flujo óptico proporcionan una señal descendente (es decir, que va «de arriba abajo» desde el cerebro) que nos informa de que algo ha cambiado en el entorno visual; algo así como las señales de advertencia que requieren una acción inmediata al conducir. En otras palabras, el estímulo visual generado por el flujo óptico ejerce una importante influencia descendente en la marcha. Puede cambiar la mayor o menor velocidad a la que andamos momento a momento, de modo que adaptemos nuestra velocidad de marcha a la velocidad visual aparente del entorno que nos rodea.

Ahora sabemos cómo nos mantenemos en equilibrio cuando caminamos y cómo nos ayuda el flujo del mundo que se desliza a través de la retina, pero la cuestión sigue siendo: ¿cómo nos movemos de hecho? La respuesta está en el ritmo, que es intrínseco a la marcha. Un metrónomo, el dispositivo que se utiliza para mantener el ritmo, es un péndulo invertido que realiza un movimiento oscilatorio de un lado a otro, mientras que la forma clásica de concebir la marcha bípeda humana es pensar en ella como un «doble péndulo invertido» en el que el cuerpo oscila sobre una extremidad rígida en cada paso que da.[12] Al caminar siempre hay un pie apoyado en el suelo, a diferencia de cuando corremos, en cuyo caso los dos pies pueden estar separados del suelo a la vez. Caminar es el resultado de una extraordinaria colaboración entre el control descendente del cerebro, la información ascendente de los pies y las piernas, y un sistema de control rítmico de nivel intermedio ubicado en la médula espinal que actúa como un «generador central de patrones»[13] (para entender este concepto pensemos que el péndulo de un reloj es también un tipo de generador de patrones: se mueve de un lado a otro de manera sistemática y predecible, creando un ritmo definible que se utiliza para impulsar la acción del reloj). Un generador central de patrones es un circuito del sistema nervioso que produce patrones motores rítmicos regulares; otros ejemplos son la respiración, los lentos y constantes movimientos peristálticos que impulsan los alimentos a través del intestino, y los latidos del corazón.

Los generadores centrales de patrones de la médula espinal demuestran que en realidad el cerebro no controla todos los detalles de la actividad corporal: los pollos descabezados siguen corriendo, y también las tortugas descabezadas siguen nadando durante un tiempo; por supuesto, finalmente se detienen debido al paro cardiaco y la pérdida de sangre, pero la persistencia del movimiento prueba que los movimientos motores rítmicos están controlados por la médula espinal, situada por debajo del nivel del cerebro. El hecho de que existan esos generadores centrales de patrones en la médula espinal también podría resultar una gran ventaja en el tratamiento de la parálisis debida a lesiones de esta última en el caso de que se pudieran desarrollar circuitos electrónicos que en la práctica «se salten» la zona dañada.

El movimiento rítmico estable es la base de la marcha, pero otro elemento crucial es el sistema que nos permite colocar los pies sin que tengamos que prestarles una constante atención. ¿Cómo resuelve el cerebro el problema de saber dónde tenemos los pies, apoyarlos en el suelo e impulsarnos haciendo palanca sobre ellos? Tal como veremos dentro de poco, el cerebro posee un agudo sentido de la extensión espacial, un «mapa cognitivo» que nos permite orientarnos en el mundo, pero también posee un agudo sentido del cuerpo al que da vida. El cerebro realiza tanto una actividad «exteroceptiva» (procesamiento de información sobre el mundo exterior procedente de la vista y el oído) como «interoceptiva» (procesamiento de información sobre, por ejemplo, el hambre, la sed o el dolor procedente de los propios órganos internos del cuerpo). También tenemos un sentido muy desarrollado de la posición en el espacio de las articulaciones de los tobillos, las rodillas y las caderas, así como de las señales procedentes de los músculos y ligamentos: ese es nuestro «sexto sentido», la propiocepción.[14] Poner a prueba el sentido propioceptivo es el objetivo de numerosos juegos infantiles y pruebas neurológicas. Una sencilla prueba consiste en tocarse la nariz con la punta del dedo con los ojos cerrados: el margen de error debería ser inferior a más o menos un centímetro. Otra es caminar a oscuras o con los ojos cerrados: en un entorno sin obstáculos resulta sorprendentemente fácil. Por último, pruebe a mantenerse de pie sobre una sola pierna con los ojos abiertos, y luego repita la operación con los ojos cerrados. Al intentar mantener una postura erguida nos hacemos especialmente conscientes de hasta qué punto se integran los estímulos visuales en nuestra percepción de las articulaciones. Este último experimento muestra cómo el sentido visual y el propioceptivo pueden unirse para mantener una posición vertical.

Normalmente andamos con los ojos abiertos, de modo que la información propioceptiva y la información visual (el flujo óptico) se integran fácilmente. Esto nos proporciona lo que constituye nuestra experiencia normal del mundo visual al caminar (al fin y al cabo, raramente caminamos hacia atrás en largas distancias). Cuando caminamos normalmente –hacia delante–, la sensación de que el mundo se desliza detrás de nosotros se conoce como flujo de «expansión», mientras que cuando andamos hacia atrás la sensación de que el mundo se desliza por delante se conoce como flujo de «contracción». Al caminar hacia atrás, el horizonte se encoge, se contrae, mientras que al avanzar en dirección hacia él se expande. ¿Se modifica nuestra experiencia del flujo óptico cuando iniciamos la transición de gatear a caminar y, por consiguiente, cambia la orientación de la cabeza y los ojos? Un importante estudio realizado por los psicólogos experimentales Nobu Shirai y Tomoku Imura abordó esta cuestión, y demostró que los niños a los que mejor se les daba andar preferían los estímulos ligados al flujo de expansión y que esa preferencia se hacía más intensa a medida que los niños crecían.[15] Eso tiene sentido. El hecho de que de un modo u otro a los niños les resulte más interesante y gratificante el flujo de expansión constituye una adaptación beneficiosa de cara al desarrollo de la ambulación independiente.

Los investigadores también descubrieron que los bebés a los que se colocaba en andadores tenían una experiencia distinta del flujo óptico en comparación con los que aprendían a caminar sin esa ayuda. Los bebés que caminan con andadores se desplazan presionando los pies hacia abajo, y normalmente terminan impulsándose hacia atrás, por lo que su experiencia al moverse en los primeros meses es de flujo de contracción en lugar de expansión. Otros estudios sugieren que los niños que pasan mucho tiempo con andadores aprenden a caminar más despacio que los que gatean normalmente y luego hacen directamente la transición a andar erguidos.[16] Aparte de eso, una cuestión más general ligada al desarrollo es si aprender a caminar favorece otros cambios psicológicos vitales, especialmente la forma en que los niños interactúan entre sí. Caminar no es un logro solitario: en su esencia, evolucionó en un contexto social, que involucraba una serie de interacciones tanto en reducidos núcleos familiares como en otros grupos más extensos.

Sabemos que caminar confiere movilidad cognitiva, pero los hallazgos mencionados revelan que también modifica cualitativamente las interacciones sociales del niño. El hecho de ser capaces de desplazarnos sobre los dos pies de forma independiente, autónoma y autosuficiente resulta tan vital para nuestro desarrollo locomotor como para nuestro desarrollo cognitivo y social. La transición de gatear a caminar modifica sutilmente casi todas las facetas de nuestro funcionamiento psicológico. Los niños aprenden a orientarse y transitar por su hogar, su jardín, su calle, su escuela, su patio de recreo... Gran parte de esa exploración la realizarán a pie, y lo harán sin recibir apenas entrenamiento ni instrucción explícitos. Aprenden dónde están y adónde quieren ir sobre la marcha. ¿Cómo llegan a conocer su mundo? ¿Acaso los niños –y, para el caso, los adultos– tienen algo parecido a un GPS integrado en el cerebro? ¿Lo tienen también otros animales? A continuación, veremos cómo el cerebro cartografía el mundo mientras andamos.

4. CÓMO CAMINAMOS: ¿ADÓNDE TE DIRIGES?

Permítame que retrocedamos unos cuantos años: acabo de mudarme a la maravillosa, cautivadora, espaciosa, multitudinaria, polifónica y policéntrica Londres. Apenas empiezo a conocer la ciudad. Eso ocurre antes de que todos tengamos teléfono móvil. He quedado con mi amigo Ted en la estación de metro de Highgate para dar un paseo por Highgate Hill y quizá explorar el cementerio. Tomo el tren desde Streatham y luego la Línea Norte hasta Highgate. Espero, pero él no aparece y no puede ponerse en contacto conmigo, así que decido volver andando a casa. Es una hermosa y soleada tarde de domingo. No llevo ningún mapa encima, de manera que tengo que encontrar el camino guiándome por los nombres de las calles y empleando la navegación por estima. Es un recorrido de unos 18 kilómetros, que incluye cruzar el Támesis: alrededor de tres horas y tres cuartos. ¿Qué probabilidades tengo de llegar a casa?

La navegación por estima –estimar dónde es probable que te encuentres basándote en tu velocidad y en tu dirección de movimiento a partir de un punto fijo conocido– es un procedimiento utilizado por pilotos y marineros desde tiempo inmemorial. Además de los humanos, lo utilizan también las hormigas, las palomas mensajeras y otras especies. En biología se conoce como «integración de ruta», y, si uno es capaz de seguir el rastro de su velocidad y de su dirección de movimiento, le permite tanto llegar a su objetivo como volver al punto de partida.[1] Pero este no es un procedimiento perfecto, y a veces se producen errores.

Saber que debo ir cuesta abajo me ayuda a encontrar la ruta. Camino de Highgate a Charing Cross Road. Deambulo por las librerías de segunda mano, me dirijo al sur hacia Pimlico para cruzar el río en Vauxhall, y luego atravieso Brixton en dirección a Streatham Hill y Streatham Common. Al llegar a mi destino, tengo los pies cansados y doloridos, pero estoy eufórico. A pesar de que estuve transitando por zonas de Londres que por aquel entonces no me resultaban nada familiares, no me perdí. ¿Por qué? Porque tenía una idea aproximada de hacia dónde me dirigía, conocía vagamente los lugares que debía encontrar en el camino y podía determinar mi posición guiándome por los nombres de las calles. ¿Y si hubiera sido de noche, sin alumbrado público, letreros en las calles ni navegación por satélite? Entonces, habría tenido que depender exclusivamente de la navegación por estima, un proceso que va acumulando errores de navegación o direccionales a menos que se recalibre regularmente mediante estímulos del entorno. De haber sido así, a estas alturas todavía podría seguir dando vueltas.

Es fácil ver cómo funciona la integración de ruta cuando nos abrimos paso en una habitación que se ha quedado repentinamente a oscuras y en la que conocemos nuestra posición y sabemos dónde se encuentran algunos de los obstáculos, como las sillas. Tras hacer una estimación de la ubicación de la puerta, nos desplazamos con rapidez desde un marco de referencia centrado en nosotros mismos («dónde estoy») a otro centrado en el entorno («dónde está la puerta de la habitación»). Ese proceso se fundamenta en el sistema vestibular, que nos mantiene erguidos, en sincronía con el sistema propioceptivo, que actúa como nuestro «sexto sentido», construyendo y actualizando un mapa del espacio. Pero también se basa especialmente en la memoria, puesto que debemos recordar la ubicación de la puerta –nuestro objetivo– y evitar los obstáculos que podría haber esparcidos por la habitación.

Ya hemos descrito cómo una serie de ingeniosos sistemas corporales se combinan para permitirnos poner un pie delante del otro de una manera regular, fiable y rítmica para llegar adonde queremos ir. Viajemos ahora a los recovecos más profundos del cerebro para descubrir cómo encontramos nuestro camino dondequiera que vayamos, cómo nos perdemos y cómo representamos mentalmente el mundo exterior.

¿Cómo logramos ir andando a cualquier sitio? El sentido común nos dice que caminar implica una combinación de funciones visuales y motoras; pero eso pasa por alto el hecho obvio de que las personas ciegas (incluso las ciegas de nacimiento) o con discapacidades visuales pueden caminar hacia un objetivo y en una dirección concretos. Pueden orientarse y transitar por un espacio tridimensional complejo sin tener la posibilidad de ver ese espacio. Pueden encontrar su camino en entornos complejos y regresar al punto de partida. Y las personas sin discapacidad visual pueden hacer lo mismo con los ojos vendados.

De camino a mi trabajo, a menudo me encuentro con personas con discapacidad visual (generalmente con bastón) que viajan en autobús o en tren al centro de Dublín. Siempre me siento impresionado. ¿Cómo pueden las personas con discapacidad visual realizar esos complicados trayectos con poca o ninguna visión y una mínima asistencia técnica? Los vados de las aceras en los pasos cebra, las diferentes superficies detectadas en el suelo y los sonidos en los semáforos actúan todos ellos como útiles señales ambientales. Pero se requieren sofisticados experimentos realizados tanto con personas con visión normal como con discapacidad visual para comprender plenamente cómo es posible este tipo de orientación no visual.

Algunos de estos experimentos implican hacer caminar a una persona con visión normal y los ojos vendados a lo largo de una ruta compleja y pedirle que regrese al punto de partida, a veces a través de una ruta concreta. Se pueden introducir complicaciones: sonidos procedentes de direcciones distintas, cambios en la superficie del suelo, rotaciones del cuerpo para alterar el sistema vestibular... Esta última manipulación quizá es la más crucial, ya que la pérdida de la estabilidad y el sentido de la orientación que proporciona el sistema vestibular tiene un efecto devastador en la capacidad de realizar la sencilla tarea de encontrar el punto de partida. Nuestra percepción del mundo espacial nos lleva a creer erróneamente que somos seres de naturaleza esencialmente visual. En realidad, por lo que respecta al cerebro, la visión es meramente uno de los sentidos que contribuyen a nuestra comprensión del espacio, importante, ciertamente, pero tan solo uno de ellos. Y sabemos eso porque somos capaces de abrirnos paso a oscuras tanto en entornos familiares como no familiares. Esta percepción del espacio (que actualmente se conoce como «mapa cognitivo») se puede considerar una especie de «sentido silencioso»: se constituye en gran parte sin que seamos conscientes de ello y solo lo percibimos cuando nos falla.

A lo largo de varias décadas se han realizado diversos estudios de notable importancia sobre la percepción espacial (o mapeo cognitivo) en personas que o bien son ciegas de nacimiento o bien se han quedado ciegas más tarde. En dichos estudios se ha comparado su rendimiento en diversas pruebas relacionadas con la actividad de andar con el de grupos de control integrados por personas de la misma edad con visión normal y a las que se ha vendado los ojos; para ello se utilizan diversas tareas de integración de ruta con el fin de determinar si las habilidades espaciales normales de base locomotriz requieren o no de la visión. Así, se pide a los participantes que caminen por ciertos trayectos determinados, y, luego, deben reproducir la ruta para regresar al punto de partida o, alternativamente, encontrar el camino de regreso más corto.

Si creemos que el desarrollo de habilidades espaciales normales requiere de la visión, cabría predecir que las personas con visión normal tendrán un mejor rendimiento que las que se han quedado ciegas en algún momento después de nacer (es decir, las que tienen ceguera adquirida); y, asimismo, las personas con ceguera adquirida deberían rendir mejor que las que son ciegas de nacimiento (es decir, con ceguera congénita). Cada grupo tiene una experiencia distinta del mundo visual, que va desde una experiencia total, en el grupo de visión normal, hasta ninguna en absoluto, en el grupo de ceguera congénita, pasando por una experiencia parcial e histórica en el de ceguera adquirida. En un estudio particularmente esclarecedor se realizaron una serie de experimentos con estos distintos grupos que requerían que los participantes elaboraran, reprodujeran o estimaran trayectos cortos de marcha que implicaran tan solo un giro corporal. En otros experimentos más complejos, los participantes recorrieron trayectos divididos en múltiples segmentos y luego tuvieron que volver sobre sus pasos, encontrar atajos para regresar al punto de partida o señalar un lugar infiriendo su ubicación a partir de la posición conocida de algún otro objeto.[2]

La asombrosa revelación de estos estudios es que aprender a caminar y orientarse en un espacio tridimensional extenso no requiere de la visión normal. En general, el rendimiento en tareas sencillas era aproximadamente el mismo en cada uno de los tres grupos. Ya fueran personas con visión normal y los ojos vendados, con ceguera adquirida o congénita, todos los participantes lograron cubrir las cortas distancias que tenían que recorrer, reproduciéndolas o estimándolas con aproximadamente el mismo nivel de precisión. También en las tareas más complejas los tres grupos mostraron un nivel de rendimiento similar. Quizá las personas con ceguera congénita tenían un rendimiento algo inferior, pero en general existía una destacable concordancia entre los resultados de las personas ciegas y aquellas con visión normal.

Lo que también queda claro aquí es que se necesita tener una amplia experiencia del mundo espacial para construir mapas cognitivos utilizables. Puede que la visión predomine en esta percepción espacial, pero dicha percepción se basa en nuestra experiencia de caminar por el mundo y, en gran medida, es independiente de cualquier sentido concreto que utilicemos para interactuar con él. Nuestra percepción espacial es solo relativamente similar a nuestra percepción visual o a nuestra percepción auditiva o del movimiento, pero resulta más abstracta y menos inmediata que cualquiera de ellas en la medida en que se constituye básicamente a partir de los estímulos que proporcionan esos otros sentidos. Nos proporciona un mapa de las posibilidades de movimiento en el mundo, brindándonos constantemente el «qué está dónde» que necesitamos conforme nos desplazamos.

Es más: el hecho de poder andar por el mundo, aun sin ver, nos garantiza la posibilidad de conocer nuestro entorno. Sabemos que la formación hipocampal del cerebro, en la que se inscribe el mapa cognitivo del mundo, recibe estímulos de *todos* nuestros sentidos, además de la realimentación del sistema motor. Aunque normalmente no somos conscientes de lo potente que es realmente nuestra percepción espacial, el hecho es que está ahí y se activa de la manera más eficaz en función de la velocidad a la que andamos. La percepción espacial vendría a ser como el sistema operativo de los otros sentidos: la arquitectura invisible que subyace a los documentos que vemos en la pantalla del ordenador; sin él, apenas funciona nada.

Pero aunque ahora sabemos que la visión no es necesaria para movernos con precisión por nuestro entorno y que de hecho constituye tan solo un ingrediente más de todos los que configuran nuestra percepción espacial, las grandes preguntas siguen siendo: ¿cómo sabemos dónde estamos? y ¿cómo conocemos los caminos por los que transitamos?

La respuesta reside en el trabajo realizado hace unos setenta años por el psicólogo Edward Chace Tolman, de la Universidad de California en Berkeley, que fue quien formuló por primera vez el concepto de «mapa cognitivo», el mapa abstracto del entorno creado por el cerebro que nos permite transitar por el mundo tridimensional.[3] Tolman estudió el comportamiento de ratas de laboratorio cuando se las colocaba en el interior de laberintos, interesándose especialmente en un fenómeno conocido como «aprendizaje latente» («latente» porque lo que la rata ha aprendido no resulta inmediatamente visible en su comportamiento). Para ello, eligió una estrategia sencilla pero reveladora: dejó a las ratas deambular a su antojo por laberintos complejos, donde de vez en cuando se tropezaban con un buen bocado de comida en una ubicación concreta, a la que se accedía por una ruta concreta, que involucraba movimientos motores concretos como, por ejemplo, únicamente giros a la izquierda. Luego bloqueó ciertas rutas en el laberinto. ¿Qué harían las ratas al encontrar que su ruta resultaba inaccesible? ¿Realizarían de nuevo la secuencia anterior de movimientos motores que les había proporcionado una recompensa?[4] Por aquel entonces estaba teniendo lugar un acalorado debate en el ámbito de la psicología –que hoy parece difícil de creer– acerca de si nosotros (o las ratas, los ratones y los monos) nos comportamos como lo hacemos única y exclusivamente porque las recompensas o los castigos del pasado han configurado de manera explícita nuestro comportamiento. En ese contexto, los intentos de comprender y predecir el comportamiento debían entenderse meramente en términos de estímulos que suscitaban respuestas; un marco conceptual que a veces se denominaba «conductismo estímulo-respuesta» (o E-R).

Tolman adoptó una perspectiva distinta, influenciada por la psicología de la Gestalt, una importante corriente de la psicología de mediados del siglo XX que se centraba en cómo percibimos el mundo más o menos instantáneamente como un todo, en lugar de un conjunto de componentes que deben ensamblarse uno a uno. Aunque discrepaba de la interpretación que se le había dado al traducirla a otras lenguas, la famosa frase «el todo es mayor que la suma de sus partes» se debe justamente a un psicólogo de la Gestalt, el alemán Kurt Koffka.[5] No sería muy aventurado decir que Tolman pudo haberse preguntado si las ratas eran «gestaltistas»: ¿las ratas que veían frustrado su recorrido –habría especulado– percibirían la situación del laberinto como un todo y basarían sus acciones futuras en lo que habían aprendido de su experiencia previa sobre las propiedades generales de aquel?

Si los conductistas tenían razón, las ratas intentarían repetidamente tomar los mismos caminos que previamente les habían reportado recompensas y quedarían perplejas ante la nueva obstrucción. En cambio, si la visión de la psicología de la Gestalt era correcta, las ratas no tardarían en descubrir una ruta alternativa a la comida. Y resultó que, en efecto, la psicología de la Gestalt estaba en lo cierto. Mientras exploraban libremente el laberinto, las ratas de Tolman habían estado aprendiendo algo de manera incidental y automática sobre el diseño de este en su conjunto: habían estado aprendiendo, deduciendo o infiriendo algo así como un «mapa topográfico» del laberinto. Y, además, eran capaces de utilizar ese mapa para resolver problemas. En consecuencia, Tolman sugirió que las ratas, y los humanos, poseemos un «mapa cognitivo» que constituye la base de nuestra comprensión del extenso espacio tridimensional en el que habitamos.

Este experimento aparentemente simple marcó un hito en nuestra comprensión de cómo nos orientamos y transitamos por el mundo. Venía a decirnos que los animales (y presumiblemente los humanos) desarrollan con gran rapidez mapas internos del mundo que guían de manera flexible el comportamiento dirigido hacia un objetivo. Ahora bien, ¿en qué parte del cerebro reside ese mapa?

Para orientarnos y transitar por nuestro mundo resulta esencial primero saber dónde estamos y adónde queremos ir, y, luego, ir allí. Si no somos capaces de aunar todos estos elementos, nos perderemos. Si es cierto que dondequiera que vayamos llevamos un mapa mental con nosotros, ¿qué sucede cuando todos los signos indicadores desaparecen?

Un experimento abordó directamente esta cuestión.[6] Se pidió a los participantes que caminaran o bien a través de un denso y extenso bosque, o bien por el desierto del Sahara. Su tarea era sencilla: andar en línea recta durante un tiempo mínimo establecido, generalmente unas pocas horas. Algunos lo hicieron de día; otros de noche. Y todos llevaban dispositivos de rastreo GPS. Cuando caminaban sin disponer de señales visuales fiables en medio de la niebla, o bajo un cielo cubierto de nubes, los sujetos giraban regularmente hacia la izquierda o hacia la derecha y, a la larga, acababan cruzando la ruta por la que habían transitado. Cuando lo hacían a plena luz del día, a veces se desviaban del camino recto, pero nadie caminaba sistemáticamente en círculo ni cruzaba repetidamente su propia ruta. El mismo resultado se repetía a la luz de la luna. En otras palabras: la presencia de una referencia de gran tamaño y relativamente constante en el cielo, ya fuera el sol o la luna, les permitía andar trazando una línea recta relativamente constante y manteniendo un ángulo relativamente constante entre ellos y cualquiera de los dos astros.

En otros experimentos posteriores se puso a prueba a varios participantes con los ojos vendados en un campo de aviación. Sin un estímulo visual externo constante que les permitiera recalibrar su ruta, después de los primeros cien metros aproximadamente la gente empezaba a caminar en círculos de unos veinte metros de diámetro. La lección es fácil de deducir: los humanos poseemos un sentido direccional interno que funciona bien al recorrer distancias cortas de decenas de metros, pero, en distancias más largas y sin pautas fijas que nos permitan recalibrar nuestra posición, nos desviamos sistemáticamente del camino recto y a menudo terminamos caminando en círculo.

Podemos investigar cómo se producen esos errores de navegación utilizando la realidad virtual, que hoy se ha convertido en una bendición para la psicología experimental y la neurociencia. La realidad virtual nos permite construir ciudades virtuales complejas y luego pedir a los participantes que las exploren para observar cómo surgen los errores. Y resulta que lo que da origen a esos errores es la discrepancia existente entre nuestro mapa cognitivo (nuestra «mirada cerebral» del mundo) y la realidad: el mundo implacable tal como es.

Para llegar a dondequiera que vayamos se requieren siempre dos tipos de estimaciones: una es una estimación de la distancia en *línea recta,* o a vuelo de pájaro, que nos separa de nuestro destino; la otra es una estimación *sobre el terreno,* que puede incluir distancias adicionales debidas a la presencia de obstáculos. Hasta los trayectos más directos pueden requerir un cierto grado de circunnavegación que implique seguir inicialmente una línea recta, pero más adelante girar a la izquierda o a la derecha.

En un reciente estudio, un equipo de científicos se preguntó si hay sesgos en nuestra estimación del tiempo que podemos tardar en llegar a un sitio concreto, de la distancia que nos separa de un sitio concreto, o una combinación de ambas cosas.[7] Para responder a esta pregunta crearon una ciudad virtual y pidieron a los participantes que actuaran como si fueran repartidores de *pizza.* Su tarea consistía en conducir a una velocidad constante de 35 kilómetros por hora hacia diversos destinos a los que podían llegar directamente con un mínimo rodeo, o que, por el contrario, requerían un considerable grado de circunnavegación. Las rutas sencillas tenían forma de ele e implicaban un solo giro, mientras que las más complejas tenían forma de *U,* lo que obligaba a los repartidores a regresar casi al punto de partida. En general, los participantes subestimaron constantemente el tiempo que tardarían en llegar a su destino y sobrestimaron constantemente la distancia en línea recta que los separaba de este. Ello no hace sino confirmar la existencia de la típica falacia de «No tardaremos mucho en llegar»: subestimamos los tiempos de viaje porque cometemos errores a la hora de calibrar la distancia, y esos errores surgen porque subestimamos la complejidad de las rutas por las que tenemos que transitar.

Aunque la diversidad de formas en las que podemos perdernos resulta considerable, también somos capaces de lograr un nivel de orientación sorprendente. ¿Qué aptitud interna es la que nos permite hacer eso? Todos hemos experimentado la satisfacción de encontrar nuestro destino sobre la marcha pese a no conocer la ruta exacta y usar solo pistas derivadas de puntos de referencia, señales e instintos que resultan difíciles de articular de una forma precisa, o de regresar a algún lugar en el que no hemos estado desde hace años y descubrir que todavía podemos movernos por allí. ¿Cómo es posible? En realidad, el cerebro dispone de su propio sistema, similar al GPS, y aquí exploraremos los numerosos y espectaculares descubrimientos que se han hecho al respecto.

Pero el factor adicional que nos ayuda a encontrar nuestro camino es el hecho de que a los humanos se nos da bien cavilar sobre nuestro pasado e imaginar futuros alternativos, una capacidad que probablemente solo tenemos nosotros. El sistema GPS del cerebro se sirve de esta aptitud y nos permite realizar viajes mentales en el tiempo, bien sea a través de los recuerdos o bien imaginando futuros alternativos. Lo que interviene en este caso es un mapa del tiempo, más que del espacio, pero este resulta igualmente esencial. Las personas que sufren daños en el sistema GPS del cerebro suelen perder el acceso a su pasado, les resulta difícil almacenar recuerdos actuales y tampoco pueden imaginar el futuro. En la elegante expresión de la neurocientífica Suzanne Corkin, pionera en el estudio de la amnesia, su vida se enmarca en un «permanente tiempo presente».[8]

La percepción del paso del tiempo está vinculada no solo a nuestra memoria, sino también a nuestra imaginación. Curiosamente, los amnésicos no muestran una especial aflicción ante ese permanente tiempo presente que al resto de nosotros nos parecería una especie de purgatorio. Es casi como si la pérdida de su propia cronología personal y de la capacidad de imaginar alternativas futuras fuera acompañada de una recalibración del modo de experimentar su mundo. Y ello parece sugerir que el dolor que sentimos ante cualquier acontecimiento capaz de alterar nuestra vida (como la muerte de un ser querido) podría deberse en parte no a la propia pérdida ocurrida en el presente, sino también a la pérdida de posibles futuros imaginados.

Además de simular distintos futuros y pasados, también podemos simular diferentes rutas y trayectos para llegar a un destino concreto. Y la clave del misterio de cómo nos involucramos en nuestra rica e imaginativa vida mental podría residir en parte en la actividad de las regiones cerebrales que planifican y sustentan nuestra orientación en el mundo real pero no participan directamente en su materialización. La formación hipocampal, por ejemplo, no controla los movimientos de las piernas, pero crea el mapa del mundo que permite a otras regiones del cerebro dirigir dichos movimientos para que estas nos lleven adonde queremos ir.

Para guiarnos a través de aquellas partes del cerebro que estamos a punto de explorar, necesitamos una forma sencilla de concebir la anatomía cerebral. Para ello, invito al lector a que alce la mano derecha, cierre el puño y mantenga el antebrazo en posición vertical con el codo doblado; luego coloque la mano izquierda sobre la otra de manera que el pulgar de la mano izquierda apunte hacia la derecha y viceversa. Imagine ahora que la muñeca y el antebrazo derechos forman la médula espinal: el puño cerrado es el tálamo y la mano izquierda es el neocórtex. Esta es una aproximación muy rudimentaria; tenga en cuenta que, entre otras cosas, en realidad el cerebro se divide netamente en dos mitades casi especularmente exactas. Aun así, podemos considerar que el pulgar derecho representa una estructura con la que aquí nos tropezaremos una y otra vez: la formación hipocampal izquierda; tenemos dos de ellas, aunque en condiciones normales están recubiertas de tejido cerebral. Dichas formaciones discurren aproximadamente desde detrás de la oreja hacia la sien. El sistema de cognición espacial del cerebro corresponde aproximadamente a diversas partes del tálamo (donde se encuentran los nudillos de la mano derecha, cubiertos por la izquierda), la formación hipocampal y varias otras estructuras corticales (representadas por los nudillos y los dedos de la mano izquierda).

Se pueden comprobar las funciones de estas regiones cerebrales utilizando diversos métodos. El más antiguo se basa en los accidentes: accidentes afortunados para los científicos que estudian el cerebro, pero, lamentablemente, no tanto para quien los sufre. Los pacientes pueden requerir atención médica porque han padecido una apoplejía, un tumor cerebral o una infección que ha destruido parte del cerebro. Puede que hayan sufrido una lesión inusual en la cabeza como consecuencia de una caída o de un objeto extraño que ha penetrado en el cerebro. O lo que resulta más infrecuente aún: también es posible que, por alguna razón, haya una región cerebral entera que no se ha desarrollado en absoluto. Estos últimos pacientes padecen «agenesia» y pueden ofrecer pistas importantes acerca de las funciones que realizan determinadas regiones cerebrales concretas.

Es raro que un paciente sufra un daño limitado a una región concreta que comprometa de forma diferenciada un determinado conjunto de funciones. Pero recopilando cuidadosamente casos de pacientes con determinados tipos de lesiones es posible llegar a atribuir algunas funciones a regiones cerebrales concretas. Recientemente los científicos han pasado a disponer también de otros métodos, que incluyen toda una serie de técnicas de obtención de neuroimágenes, o imágenes cerebrales, además de otras que permiten medir la actividad eléctrica subyacente del cerebro, especialmente el electroencefalograma (EEG). La combinación de estas técnicas con los métodos experimentales utilizados en psicología ha dado lugar a la denominada «neurociencia cognitiva», que constituye el intento de establecer una correspondencia entre determinadas funciones psíquicas y determinadas regiones y redes cerebrales concretas.

Un paciente especialmente famoso, conocido por sus iniciales HM, de niño sufrió un accidente de tráfico que le provocó una grave epilepsia. Aparentemente, el foco epiléptico se localizaba en la formación hipocampal de ambos hemisferios cerebrales, que le fue extirpada quirúrgicamente en 1953, en lo que su cirujano, William Scoville, calificó como una «operación francamente experimental». El resultado fue que la epilepsia de HM se alivió, pero le quedó una grave amnesia permanente que no respondía a ningún tratamiento. La historia se ha contado muchas veces, por lo que no nos detendremos aquí en detallar todas las deficiencias que afectaban al paciente. Pero una de ellas resulta sorprendente. Tras la operación, HM empezó a sufrir una grave agnosia topográfica: se perdía con facilidad y no podía aprender nuevas rutas en nuevos entornos. Nuestras formas habituales de conocer el mundo le estaban vedadas.

La formación hipocampal es necesaria para saber dónde estamos situados en el espacio, y, como veremos, caminar o moverse voluntariamente de cualquier otra forma la activa, generando un ritmo eléctrico sistemático y repetitivo en el cerebro. En las ratas, este ritmo se conoce como ritmo «theta», y el aprendizaje espacial requiere su activación mediante la marcha. El movimiento resulta esencial para configurar nuestro conocimiento del mundo, y la mejor forma de movimiento de cara a configurar ese conocimiento es la locomoción física; caminar es probablemente la mejor de todas las variantes de esta última, puesto que las escalas de tiempo asociadas a la marcha son también las asociadas a nuestra evolución y aquellas en las que resulta más fácil recopilar información del entorno.

El ritmo theta constituye una importante e interesante firma biológica del movimiento activo, al menos en la formación hipocampal de la rata. Durante mucho tiempo, el hecho de que se observara en ratas en movimiento llevó a predecir que también estaría presente en el cerebro humano.[9] Sin embargo, no era posible reproducir el mismo tipo de experimentos en humanos, de modo que su detección dependía de que surgieran determinadas circunstancias neuroquirúrgicas específicas. Los métodos estándar emplean el registro de la señal EEG presente en el cuero cabelludo, pero el emplazamiento de la formación hipocampal hace que la detección del ritmo theta en el hipocampo resulte extremadamente difícil: podría estar ahí, pero encontrar el ritmo theta, *si es que está presente,* constituye un auténtico reto.

Sin embargo, la última generación de sistemas de registro neurofisiológico miniaturizado permite justamente esta posibilidad en pacientes humanos utilizando electrodos implantados con el fin de evaluar su idoneidad para la cirugía de la epilepsia.[10] Lo que han revelado estos estudios es que, en efecto, el ritmo theta está presente y a todos los efectos difiere poco del observado en las ratas cuando estas se mueven y exploran a su antojo. Los humanos, como todas las demás especies de mamíferos estudiadas, expresan su propio ritmo theta en la formación hipocampal cuando deambulan por su entorno. En otras palabras: el ritmo theta constituye una especie de universal biológico; es una señal, conservada en todas las especies, de que el cerebro está involucrado en la exploración activa y el movimiento en un entorno determinado.

La ambulación es posible porque determinadas coaliciones de áreas cerebrales organizan temporalmente grupos de músculos que nos permiten caminar. A continuación, vamos a explorar cómo deambulan las ratas por los laberintos creando mapas cognitivos sobre la marcha. ¿Qué ocurre en sus cerebros mientras lo hacen?

Fascinado por las importantes ideas aportadas por Tolman en relación con el mapa cognitivo, el neurocientífico John O'Keefe realizó diversos experimentos en el University College de Londres que marcarían el comienzo de la revolución moderna en nuestra comprensión del sistema GPS del cerebro. O'Keefe implantó microelectrodos en el hipocampo de una serie de ratas de laboratorio y registró las señales eléctricas que exhibía ese grupo de células cerebrales mientras las ratas deambulaban por sencillos laberintos en busca de alimento.[11] Las señales eléctricas que produce cada célula cerebral individual son tan pequeñas que tienen que amplificarse

10.000 veces para poder detectarlas. Normalmente las señales se introducen en un ordenador y se reproducen mediante un altavoz, mientras que el seguimiento de la ubicación de la rata se realiza por medio de una videocámara. Luego se procesan los datos para producir mapas conductuales compuestos en los que se combina la ubicación de la célula que se activa con la posición de la rata en el laberinto.

Las células cerebrales emiten unos sonidos característicos cuando se reproducen a través de un altavoz (en Internet hay muchas grabaciones disponibles). Algunos suenan como abejas enfurecidas, algo así como «ZZ-ZZZ-ZZZZ-ZZ-ZZ», mientras que otros recuerdan más bien a una avispa moribunda, algo parecido a «zzzZZZZZZZZZZzzz», y después se interrumpen para reanudarse repentinamente. Escuchar esta charla neuronal constituye una experiencia aleccionadora y sorprendente a la vez. Sabes que estás oyendo a una célula cerebral situada cerca del extremo del electrodo y que esta está conversando con sus vecinas tanto cercanas como alejadas: estás experimentando algo –escuchando algo– normalmente inaccesible en medio del profundo y oscuro silencio del cerebro. Decodificar estos sonidos y señales es el camino para comprender lo que hace el cerebro, célula a célula, neurona a neurona.

O'Keefe hizo un asombroso descubrimiento que le valdría el Premio Nobel: las células individuales del hipocampo permanecían en su mayoría silenciosas, salvo cuando la rata exploraba una región determinada del laberinto. Las células se activaban en un *lugar* concreto; es decir, que lo que les interesaba era *dónde estás,* no qué estás haciendo. La rata se dirigía hacia una parte concreta del entorno, y una célula silenciosa cobraba vida. Si permanecía en esa ubicación, la célula se mantenía activa, transmitiendo la ubicación de la rata a sus amigas y vecinas celulares. El registro de la actividad de muchas de esas células hipocampales utilizando varios electrodos a la vez revela un patrón en el que la activación de las células se sucede de unas a otras: conforme la rata se va desplazando, una célula se queda en silencio, otra se activa, y así sucesivamente. La imagen completa de la actividad del hipocampo cubre todo el entorno en cuestión. Y caminar es la clave: las ratas transportadas en pequeños carritos muestran una actividad drásticamente reducida en el hipocampo.

Mediante el uso de microelectrodos implantados en el cerebro humano hemos descubierto que también nosotros tenemos «células de lugar».[12] Actualmente se las considera los elementos esenciales del mapa cognitivo: nos dicen dónde estamos situados en el mundo y, cuando estamos andando, funcionan mejor y adquieren más información.

A veces las células de lugar también pueden codificar la dirección hacia la que apunta la rata. En las ratas de laboratorio, las células de lugar suelen detectarse en «laberintos radiales», una configuración experimental con un punto central en la que la tarea de la rata consiste en recorrer hasta el final los diversos pasillos del laberinto para obtener bolitas de comida. En tales circunstancias, las células de lugar muestran preferencias direccionales: se activan en una dirección, pero no en otra. Parte del problema que surge cuando nos perdemos, ya sea caminando por la montaña o en una parte de la ciudad que desconocemos, es que probablemente hemos estado desplazándonos en una sola dirección. Nuestras células de lugar se activan cuando caminamos en una dirección, pero no en otra. Y cuando nos damos cuenta de que nos hemos perdido es porque hemos dejado de recibir la constante señal que proporcionan las células de lugar del hipocampo.

La actividad de estas células de lugar también se puede comprobar en los experimentos que utilizan imágenes cerebrales, donde se observa un enorme nivel de actividad del hipocampo durante la exploración de laberintos virtuales.[13]

Muchos de los primeros experimentos destinados a obtener imágenes de la actividad cerebral mientras se realizaba una tarea de orientación y exploración se basaban en una fuente inesperada: el desarrollo de videojuegos de tipo «matamarcianos» tridimensionales y ricos en imágenes visuales; juegos como *Soldier of Fortune* o *Doom,* que requieren transitar extensamente a través de terrenos difíciles con una iluminación deliberadamente pobre, callejones sin salida y otros desafíos. Casualmente, resulta que estos juegos también ofrecen una ventana casi perfecta para observar la capacidad de orientación y aprendizaje latente necesaria para resolver laberintos complejos. El realismo añadido implícito en la posibilidad ocasional de morir incluso podría recordarnos a los tiempos en que acechábamos a bestias salvajes hace ya muchos milenios... En este tipo de experimentos se coloca al sujeto en el interior de un escáner de IRMf mientras juega a una versión reducida del videojuego; se mide una a una la actividad en diferentes regiones cerebrales e, invariablemente, se detecta una señal en una red de regiones interconectadas en torno al hipocampo.

La descripción inicial que hizo O'Keefe de las células de lugar debió de parecer casi milagrosa en aquel momento. Había células en lo más profundo del cerebro cuya actividad se podía registrar, escuchar y observar en tiempo real. Cuando O'Keefe llevó a cabo sus experimentos, pocos laboratorios del mundo estaban capacitados para registrar la actividad de células cerebrales aisladas en un animal o, de hecho, un humano consciente y activo: por regla general, estos experimentos tenían que realizarse con animales profundamente anestesiados. Durante algunos años, probablemente hubo quienes contemplaron el trabajo de O'Keefe con poco más que una benigna indiferencia y desinterés. Pero, poco a poco, los indicios que reveló llevaron a otros científicos a seguir sus pasos.

James B. Ranck Jr., que trabajaba en Nueva York, fue uno de ellos. Ranck también había registrado la actividad de la formación hipocampal, pero había pasado por alto la existencia de células de lugar porque había llevado a cabo sus experimentos en entornos pequeños y restringidos tipo «caja», que ofrecían a la rata relativamente poco espacio para caminar y explorar.[14] Sin embargo, posteriormente realizó su propio y sorprendente descubrimiento al describir lo que pasaría a conocerse como células «de dirección de la cabeza».[15] Son células situadas en otra región distinta del cerebro, el presubículo dorsal, que es adyacente a la formación hipocampal, pero no forma parte anatómicamente de ella. Las células de dirección de la cabeza transmitían información direccional sobre la posición de la cabeza de la rata, de manera similar a como actúa una brújula. Estas células son asimismo independientes del comportamiento, exactamente igual que las células de lugar, y se activan en función de la orientación del animal, y no de los movimientos de rotación o traslación de su cabeza. Dicho de otro modo: no les interesa lo que estás haciendo, sino hacia dónde te orientas en tu entorno.

Finalmente, pues, estamos empezando a reunir los elementos necesarios para elaborar un mapa cognitivo del cerebro propiamente dicho. Las células de lugar codifican dónde estamos ubicados en relación con nuestro entorno, mientras que las células de dirección de la cabeza hacen lo propio con nuestra orientación en dicho entorno. En otras palabras: hay dos poblaciones de células cerebrales que contribuyen directamente a que sepamos dónde estamos y hacia dónde nos dirigimos. Aparte de eso, desde principios de la década de 2000 se ha descrito una asombrosa variedad de células en lo que podría definirse como el sistema de la formación hipocampal extensa. En la corteza entorrinal, por ejemplo, los investigadores noruegos Edvard Moser y May Britt Moser descubrieron unas células que han pasado a conocerse como «células de red», o «células rejilla». Estas responden a la antigua cuestión de cómo el cerebro conoce las dimensiones del espacio: al menos en distancias reducidas, las células de red de la corteza entorrinal parecen proporcionar un indicador que el cerebro utiliza para codificar la distancia. O'Keefe y los dos Moser compartieron el premio Nobel por su trabajo en el sistema GPS del cerebro.[16]

Hoy sabemos que el sistema GPS del cerebro está distribuido en múltiples regiones cerebrales interconectadas. Además, hay muchos otros tipos de células que contribuyen a nuestra percepción del espacio: las células de lugar señalan dónde estamos; las de dirección de la cabeza indican hacia dónde nos dirigimos; las células limítrofes del subículo, el tálamo anterior y el claustro nos informan sobre los límites del entorno, y las células de red proporcionan un indicador del espacio. Además del sistema GPS central, hay otras células que indican la distancia a los objetos, la velocidad del movimiento de la cabeza y el cuerpo, y nuestra posición vertical relativa. De modo que nuestra imagen del mapa cognitivo se está haciendo cada vez más compleja. En los últimos años se han descrito muchos otros tipos de células, y un reciente estudio sugiere que existen células de dirección de la cabeza en al menos nueve regiones cerebrales distintas.[17] Además, el cerebro también tiene múltiples representaciones de los perímetros de los diversos entornos, células que solo se activan cuando el animal está junto a un límite infranqueable: paredes verticales o desniveles verticales por los que no se puede transitar.[18]

En mi propia investigación, me he centrado en estudiar las células que señalan hacia dónde nos dirigimos mientras nos desplazamos, la posición de los límites en contextos laberínticos y la presencia de objetos inamovibles en el entorno. Hemos descubierto células perimetrales (que señalan la presencia de límites) en dos regiones cerebrales distintas: una es el tálamo rostral, que se halla extensamente conectada a la formación hipocampal; la otra es el claustro, una misteriosa y fina lámina celular orientada hacia la parte frontal del cerebro.[19] También se han encontrado células que responden a la presencia de objetos en el entorno: estas combinan la información de la vista, el tacto y la ubicación para codificar objetos concretos; es decir, que son células multisensoriales. Otras células, detectadas en ratas, responden a los objetivos hacia los que estas podrían dirigirse: por ejemplo, se activan cuando una rata se acerca a una recompensa alimenticia en un laberinto.

La red GPS del cerebro hace posible ese movimiento coherente y dirigido del cuerpo que conocemos como caminar. Ese sistema GPS cerebral se encuentra en especies ampliamente divergentes: está «conservado» por la evolución. Aparte de ampliar los límites de lo que sabemos de nuestro cerebro, estos descubrimientos también han llevado al desarrollo de robots «biológicamente plausibles» que intentan resolver los problemas asociados a la orientación espacial de maneras similares a los cerebros biológicos. Los sistemas de orientación, cartografía y memoria del cerebro se hallan tan interrelacionados que son casi lo mismo. La capacidad de dirigirse andando a algún sitio depende del sistema de orientación cerebral, y, por otra parte, la propia actividad de andar proporciona una gran cantidad de información constante a los sistemas de cartografiado y orientación del cerebro. Se trata de sistemas que se enriquecen y refuerzan mutuamente.

Lo que aún no podemos adivinar es si existe toda una serie de otras células aguardando a ser descritas por los cartógrafos neuronales. Como ya hemos dicho, las células de dirección de la cabeza se hallan en al menos nueve regiones cerebrales distintas; en cambio, las células de lugar solo se han descrito en tres, mientras que las de red solo se han encontrado en dos. No tenemos una buena teoría que explique por qué el cerebro debe mantener esas múltiples codificaciones relativas a la dirección de la cabeza en tantos lugares distintos. Mi opinión es que la neurociencia ha subestimado la importancia de las señales relativas a la dirección de la cabeza y que estas desempeñan un papel sutil que aún no hemos logrado comprender plenamente en nuestra cognición cuando nos movemos. Si observamos a un grupo de ratas jugando, buscando comida o peleando en un determinado entorno, una de las cosas que notaremos es que mueven más o menos continuamente la cabeza: están realizando lo que podría describirse como una constante recopilación de información sobre lo que sucede a su alrededor.

¿Y qué hay de nuestra cabeza? Los humanos tenemos una cabeza extremadamente móvil, y nuestros ojos se mueven independientemente de ella. Si dedicamos un poco de tiempo a ver interactuar a nuestros congéneres, de inmediato nos resulta evidente que nuestra cabeza experimenta constantes y sutiles cambios de orientación, mientras que los ojos también se mueven constantemente, lo que permite una exploración continua del entorno. Tanto los humanos como los primates no humanos poseen un sistema especialmente complejo que controla el movimiento de los ojos en la cabeza y que permite centrar la atención en cualquier cosa interesante que ocurra en el entorno independientemente de la posición de los ojos en ese momento. Desde esta perspectiva, pues, la multiplicidad de señales que codifican la dirección de la cabeza no resulta tan sorprendente. Si la información relativa a la dirección de la cabeza está presente en tantas regiones del cerebro, probablemente sea para posibilitar un rápido movimiento primero de los ojos y, luego, de la propia cabeza en sí, a fin de alejarnos o acercarnos de aquello que ha suscitado nuestro interés y permitirnos tomar rápidamente decisiones al respecto.

El trabajo de O'Keefe, así como el de los experimentadores que lo siguieron, revela una comprensión a la vez profunda e intelectualmente satisfactoria de cómo el cerebro codifica la posición tridimensional en el espacio. Para empezar, el cerebro *posee,* en efecto, un sistema similar al GPS. Este GPS cerebral codifica nuestra posición en el mundo, independientemente de lo que estemos haciendo en ese espacio, y permite a los animales y los humanos resolver problemas que resultan absolutamente cruciales para la supervivencia: por ejemplo, encontrar y recordar lugares seguros donde refugiarse o localizar fuentes fiables de alimento. Este sistema se activa con el movimiento, como cuando caminamos o corremos. En el caso de los humanos, también se aprovecha para permitirnos realizar viajes mentales en el tiempo, además de sustentar los viajes físicos en el espacio. Incluso nos posibilita abordar los problemas planteados por los depredadores en el entorno: aprendemos dónde están los posibles refugios y determinamos dónde están los límites de dichos refugios gracias al «aprendizaje latente» realizado durante la exploración, y también aprendemos a utilizar esa información de manera rápida y eficaz para no convertirnos en la comida de otro.

Hasta ahora, nuestro recorrido nos ha llevado a descubrir cómo encontramos nuestro camino, cómo nos perdemos y cómo construimos nuestros mapas internos del mundo que habitamos, pero ese mundo es cada vez más urbano y, también, más complejo. Nuestro espacio urbano es un mundo artificial, completamente distinto de todo lo que se encuentra en el mundo natural en el que evolucionamos. Hoy la mayoría de los humanos vivimos y, por lo tanto, caminamos en un entorno construido, ya sea una aldea, un pueblo o, sobre todo, una ciudad. Pasemos a recorrer ahora las calles de esa ciudad, y veamos cómo esta moldea nuestra marcha.

5. CAMINAR POR LA CIUDAD

Recorrer una ciudad andando es la mejor manera de conocerla. No se puede captar la atmósfera de un lugar, su energía y su ritmo cuando conduces un vehículo o te llevan en él. Yendo a pie entras en contacto directo con la vida de la ciudad, con todas sus luces y sus sombras: los olores, las vistas, el rumor de pasos en las aceras, los codazos para abrirse paso y conseguir los mejores sitios, las luces de las calles, los retazos de conversación...

No soy el único a quien le encanta una buena ciudad. Probablemente el urbanita más famoso de la literatura sea el *flâneur* de Charles Baudelaire: un despreocupado paseante, a la vez observador y reportero del París del siglo XIX. Obviamente, nuestras ciudades han cambiado mucho desde entonces: para empezar, hoy están dominadas por el tráfico rodado, de manera que ahora el *flâneur* se ve obligado a esperar a que el semáforo se ponga verde en los pasos de peatones. Pero lo que resulta aún más dramático es que actualmente más de la mitad de la población mundial vive en áreas urbanas y las estimaciones de futuro indican que esta tendencia no hará sino crecer. Las últimas proyecciones de Naciones Unidas calculan que en las próximas tres décadas la población mundial crecerá en 2.900 millones de personas y posiblemente para finales de siglo se habrá incrementado en otros 3.000 millones. Para el año 2050 es probable que seamos ya una especie mayoritariamente urbana, con un 80-90 % de la población viviendo en ciudades.

Siendo así, ¿qué consecuencias tiene esta drástica urbanización para nuestra capacidad de recorrer una ciudad andando? ¿Cuán fácil resulta ir a pie por un entorno urbano? ¿Cuál es la experiencia real de caminar por la ciudad? Obviamente, caminar por nuestras ciudades, grandes y pequeñas, plantea una serie de retos distintos de caminar por el campo. Cuando haces senderismo, a menudo sigues caminos que se han creado por millones de pisadas a lo largo de muchas generaciones. No ocurre lo mismo con nuestras ciudades modernas. El lugar por donde caminamos y las superficies sobre las que transitamos no son el fruto de un movimiento humano natural anterior, sino de un diseño y una construcción deliberados. Los pavimentos varían en su textura y diseño: algunos son de alquitrán o de cemento; otros están formados por adoquines o grandes losas... Alguien tiene que sentarse a pensar en ellos, diseñarlos y colocarlos de tal manera que, con un poco de suerte, se conviertan en una hermosa parte de nuestro entorno de marcha. ¿Deben ser antideslizantes en los climas helados? ¿Incluirá el camino alguna fuente de agua para facilitar la marcha o la resistencia? Y, obviamente, también habrá que pagarlos, lo que significa que habrá de recaudar impuestos y luego gastar apropiadamente el dinero recaudado.

Sin embargo, en demasiadas ciudades, la prioridad de los urbanistas es la gestión del tráfico rodado, de manera que garantizar que nuestras ciudades sean caminables –esto es, transitables a pie– pasa a ser un mero añadido. Es como si los ingenieros y otros profesionales concibieran nuestra vida como si estuviera contenida en cajas: cajas móviles (coches) y cajas estáticas (edificios), de manera que la caminabilidad se ve reducida a las breves zonas de transición que existen entre esas cajas. En algunos aspectos tienen razón. Pasamos la mayor parte de nuestra vida metidos en automóviles, autobuses, trenes o edificios, y relativamente poco tiempo al aire libre y con el rostro bañado por la luz natural. Esta falta de exposición a la naturaleza es algo que surge de manera espontánea a consecuencia del diseño de nuestro entorno construido, a menos que tomemos medidas conscientes para contrarrestarlo.

Los urbanistas acorralan a los caminantes en pasos de peatones que restringen el movimiento natural, y, debido a ello, a menudo estos terminan forjando sus propios caminos, que se contraponen a los que han sido diseñados para ellos. Esos senderos y atajos se conocen como «caminos del deseo», según la expresión del diseñador y arquitecto Andrew Furman, mientras que el escritor Robert Macfarlane los denomina «rutas de libre albedrío». Macfarlane los define como los «caminos y trayectos forjados a lo largo del tiempo por los deseos y los pies de los caminantes, especialmente aquellos caminos que discurren en contra del diseño o la planificación».[1]

Todavía estamos aprendiendo las lecciones de la urbanización y el modo como esta afecta a todos y cada uno de los aspectos de nuestra vida. Pese a ello, el diseño urbano es coto y práctica exclusivos de los arquitectos y urbanistas, en lugar de involucrar a neurocientíficos o psicólogos. Esto es una verdadera lástima, algo lamentable, ya que, como veremos, la psicología y la neurociencia pueden aportar una importante perspectiva científica y una sensibilidad especial al diseño urbano de cara a mejorar la habitabilidad y la caminabilidad de las ciudades. Un diseño urbano que tenga en cuenta de forma plena y adecuada las necesidades de los caminantes hará que las ciudades sean lugares mucho más atractivos para vivir y trabajar. Churchill dijo, en una conocida frase, que «Nosotros damos forma a nuestros edificios y, luego, ellos nos dan forma a nosotros»;[2] de manera similar, primero damos forma a nuestras ciudades y, luego, estas nos dan forma a nosotros. Ampliando la metáfora, podríamos decir que nuestras ciudades «caminan en nosotros», en la medida en que la forma de las urbes que creamos determina, para bien o para mal, nuestra forma de caminar por ellas.

Las ciudades encierran grandes futuros potenciales para todos nosotros en lo relativo a su transitabilidad peatonal. Lo que necesitamos son actos de imaginación que fusionen las necesidades de los caminantes con los conocimientos técnicos de los urbanistas, por una parte, y los psicólogos y neurocientíficos, por otra. A su vez, la ciencia, la imaginación y las pruebas científicas deben transformarse en políticas públicas y, a partir de ahí, traducirse en calles a la vez hermosas e interesantes, cómodas, variadas y de calidad. El diseño de los pasos de peatones, el mobiliario urbano, la textura y el tipo de las aceras y pavimentos, la presencia de coches y autobuses... todos estos elementos actúan a favor o en contra de nuestra capacidad de caminar por las ciudades.

Algunas ciudades exhiben una porosidad y una fluidez que hacen que caminar por ellas sea una gozada; otras resultan difíciles, incómodas, agotadoras e, incluso, peligrosas para el caminante. Una herramienta útil para calibrar cómo podemos caminar por nuestro entorno y, en particular, cómo podemos comparar un entorno con otro, es crear un «índice de caminabilidad».[3] Este puede diseñarse de diversas formas, pero una manera sencilla de concebirlo es considerar que debería medir la facilidad con la que es posible realizar a pie todas las tareas ligadas a la vida cotidiana, en comparación con otros tipos de transporte.

Desde esta perspectiva, una ciudad muy caminable será aquella en la que, cuando sales a la calle por la puerta de tu casa o la entrada de tu hotel, encuentras todos los servicios en un radio de solo unos minutos a pie. Si el clima lo permite, puedes ir paseando a la escuela o al restaurante locales. Un elevado índice de caminabilidad te permite realizar andando el mayor número posible de actividades de la vida cotidiana en lugar de tener que recurrir al coche. En algunas ciudades, o en ciertas partes de algunas ciudades, esto resulta mucho más factible que en otras. La ciudad italiana de Bolonia –una ciudad maravillosamente caminable– fue elogiada por el célebre escritor Umberto Eco por ser «toda textura y sin excrecencias [...] una ciudad de espacios comunitarios, soportales, bares, tiendas, una ciudad cuyas líneas de visión están diseñadas para encontrarse con los escaparates, las mesas de los cafés y los ojos del prójimo».[4]

En el otro extremo del espectro se sitúan las ciudades totalmente dependientes del automóvil, donde casi todas las actividades requieren del uso del coche. En un estudio realizado con una selección de diversas ciudades se puso de manifiesto que, cuanto mayor era el nivel de caminabilidad de una ciudad, menor resultaba ser su «desigualdad de actividad» (un indicador comparativo de cuánto caminan las personas en un determinado territorio; se trata de una medida similar a la desigualdad de renta, que indica en qué grado las rentas individuales son iguales o distintas en una determinada población), lo que, a su vez, implicaba que también era menor el nivel de obesidad de la población en su conjunto.[5] Una comparación realizada solo en California reprodujo los mismos resultados: tres ciudades de este estado (San Francisco, San José y Fremont) tienen un clima parecido, unos niveles de riqueza no muy distintos y una demografía relativamente similar; pero San Francisco resulta ser una ciudad mucho más caminable que San José o Fremont y, al mismo tiempo, su desigualdad de actividad es la más baja de las tres. Por otra parte, si analizamos todo el conjunto del territorio estadounidense, no resulta sorprendente que Nueva York, Boston y San Francisco se cuenten entre las ciudades más caminables del país y, en consecuencia, sean, como media, las urbes donde la gente anda más y los niveles de obesidad son menores. Obviamente, en las ciudades con un reducido nivel de caminabilidad ocurre justo lo contrario.

«La caminabilidad es lo que más funciona en las mejores ciudades», sostiene el renombrado urbanista Jeff Speck,[6] que afirma que las mejores caminatas por la ciudad son aquellas que resultan ser a la vez útiles, seguras, cómodas e interesantes. Según Speck, caminar resultará útil cuando «la mayoría de los aspectos de la vida cotidiana se encuentran al alcance de la mano y se organizan de tal manera que posibilitan caminar». Que caminar ha de ser seguro es algo que resulta evidente, aunque a veces se ignore: hay que impedir que la circulación de vehículos a gran velocidad ponga en riesgo a los peatones, y, por otra parte, los ingenieros urbanos deben tratar a estos al menos con el mismo respeto que al tráfico rodado (¡imagine que invirtiéramos tanto en caminar por nuestras ciudades como invertimos en conducir por ellas!). Caminar también debe ser cómodo, y aquí Speck esboza una potente idea: que los urbanistas y diseñadores urbanos deberían concebir las calles de la ciudad como espacios similares a «salas de estar al aire libre». Para nosotros, los usuarios y caminantes de las ciudades, el paisaje urbano debería resultar acogedor y disponer de elementos de entretenimiento, descanso, refrigerio y diversión. Por último, caminar tiene que resultar interesante. Y aquí Speck sugiere que, para ser interesantes, nuestras calles deben tener «edificios únicos con fachadas agradables y con abundantes signos de humanidad».

Los espacios más obvios y, a menudo, más agradables para caminar en la ciudad, y los que por regla general cumplen estos cuatro requisitos, son las zonas verdes. ¿Acaso hay mejores espacios urbanos para disfrutar que el Hyde Park de Londres, el Phoenix Park de Dublín, el Central Park de Nueva York, los Jardines de Luxemburgo en París, el Parque

Cubbon de Bangalore o los Jardines de Villa Borghese en Roma, por nombrar solo algunos? Sin embargo, dado que la urbanización parece ser una vía de sentido único, existe el temor común y razonable de que el desarrollo urbano siga invadiendo áreas que históricamente corresponden a zonas verdes, lo que implica la pérdida de árboles y setos que reducen el efecto de «isla de calor» característico de los entornos urbanos. Europa occidental tiene una tradición urbana de grandes parques que se ha desarrollado durante siglos y que se ha mantenido a pesar de hambrunas, guerras y epidemias. ¿Se ven hoy amenazadas esas zonas verdes por una oleada de hormigón y alquitrán?

En un estudio que examinó diversas zonas verdes de 366 ciudades europeas, con una población total de 171 millones de personas, los investigadores encontraron que existía una drástica variación en la cantidad de zonas verdes disponibles entre unas urbes y otras.[7] En Reggio de Calabria, en Italia, las zonas verdes representan alrededor del 2 % de todo el espacio urbano, mientras que en la población española del Ferrol constituyen el 46 % del espacio disponible. ¿Se debe este hecho a que, al expandirse, algunas ciudades también amplían sus zonas verdes? ¿O es que las zonas verdes poseen una cierta «adherencia» que hace que, cuando una zona verde se convierte en tal, tiende a mantenerse así? Según el estudio, lo que parece ocurrir es que se acrecienta la intensidad del uso constructivo (edificando en el espacio ya existente) en lugar de construir en áreas adicionales (lo que aumentaría la cantidad de espacio edificado), y ello implica que las zonas verdes se mantengan relativamente estables pese a los cambios demográficos. Esa es una buena noticia en la medida en que disponer de un fácil acceso a la naturaleza es un elemento vital para favorecer y sustentar nuestra salud mental. Sin embargo, al crecer la población urbana, la extensión de zona verde disponible por persona se reduce necesariamente.

Además del desplazamiento masivo a las ciudades, probablemente otro de los cambios demográficos actuales más importantes es el envejecimiento de la población. En general, hoy las personas viven más que en cualquier otra época de la historia: a escala mundial, la esperanza de vida media es actualmente de 71,5 años, mientras que, por ejemplo, en el Imperio romano la cifra se reducía a tan solo unos 25.[8] La mayoría de esta población de edad cada vez más avanzada querrá o deberá vivir en ciudades, pero ¿las ciudades serán *seguras* para ella? Nuestro cuerpo y nuestro cerebro cambian al envejecer, y entre esos cambios se incluye una disminución de la velocidad de marcha y de los tiempos de reacción. Tener en cuenta la inevitable fragilidad que conlleva el envejecimiento humano debería ser un imperativo a la hora de diseñar nuestras ciudades, grandes y pequeñas. Es posible que los nuevos ancianos no puedan cruzar las calles lo bastante rápido o no puedan acudir a las tiendas; puede que necesiten andadores u otras tecnologías que faciliten su movilidad. También es posible que esta se vea obstaculizada por simples problemas de diseño, como, por ejemplo, cuando en los pasos de peatones no se rebaja la acera para facilitarles cruzar las calles. Descubriremos entonces que hemos condenado a toda una generación, y a las generaciones siguientes, a quedar atrapadas en sus propios hogares, con la pérdida de autonomía, dignidad personal y bienestar individual y social que ello comporta.

Un importante estudio realizado en el Reino Unido con 3.145 adultos de sesenta y cinco años y más se planteó comprobar el posible deterioro de la velocidad de marcha para investigar si determinadas tareas sencillas como cruzar la calle en pasos de peatones con semáforo podían resultar difíciles o imposibles de realizar debido al envejecimiento.[9] El estudio reveló que el 84% de los hombres y el 94% de las mujeres examinados tenían un deterioro ambulatorio. Normalmente los semáforos de los pasos de peatones se programan para personas que pueden caminar al menos 1,2 metros por segundo. Sin embargo, la gran mayoría de los adultos mayores examinados caminaban a una velocidad inferior. Eso significaba que solo podían cruzar las calles de forma segura si el volumen de tráfico era lo bastante bajo. Como cabría esperar, en la franja de edad de la población correspondiente a las personas mayores aumenta la probabilidad de sufrir accidentes de tráfico.

Se espera que en 2050 la proporción de personas de sesenta años o más se incremente de la cifra actual, una de cada diez, a una de cada cinco (lo que representará 2.000 millones de personas en cifras absolutas).[10] No cabe duda de que el envejecimiento de la sociedad supone un reto para el diseño urbano, pero realizar una serie de adaptaciones pequeñas, marginales y constantes en los diseños relativos a la caminabilidad de nuestras ciudades puede reportar enormes dividendos tanto para el conjunto de la sociedad como para las personas a título individual. Los cambios que facilitan la vida ambulatoria a los ancianos y discapacitados también nos la facilitan al resto de nosotros. Construir rampas y rebajar las aceras ayuda igualmente a las personas que usan muletas, sillas de ruedas u otros dispositivos de movilidad, además de a los niños que van en cochecito o sillita de paseo. Una ciudad más caminable, en suma, es una ciudad que nos beneficia a todos en muchos aspectos, ya sean manifiestos o implícitos: manifiestos, en tanto que la caminabilidad incrementa nuestra salud y bienestar; implícitos, en la medida en que esta presenta asimismo numerosos beneficios ocultos para la creatividad, la productividad y el enriquecimiento de nuestras sociedades.

Hacer caminables nuestras ciudades no es útil solo por la facilidad de moverse sin tener que coger el coche: también tiene muchos efectos secundarios positivos, aunque no inmediatamente obvios, en el conjunto de nuestras sociedades. Las ciudades densamente pobladas pero caminables que minimizan la expansión urbana resultan más sostenibles tanto desde el punto de vista económico como medioambiental. Reducen los costes y los tiempos de transporte y, de paso, garantizan que sus habitantes caminen más. A su vez, esta actividad en sí tiene el maravilloso beneficio de mantener e incluso aumentar la salud del cerebro y del corazón y, como hemos visto, disminuye las posibilidades de padecer obesidad. Por otra parte, se puede correlacionar asimismo con un mayor bienestar general de los residentes urbanos, una disminución de los índices de delincuencia y una mayor cohesión social.

Hemos recorrido un largo camino en el desarrollo de nuestros entornos urbanos. Hace un siglo y medio, más o menos, las calles de nuestras ciudades planteaban grave riesgo para la salud pública. Eran habituales las cloacas abiertas, apenas había retretes en las viviendas, y la gestión de los desechos humanos y las aguas residuales resultaba bastante deficitaria. Observando situaciones de necesidad que hoy nos horrorizarían, John Gay, en su poema de 1716 «Trivialidades, o El arte de caminar por las calles de Londres», advertía de los peligros que entrañaba la costumbre de vaciar los orinales por las ventanas de las casas cuando pasaba gente por debajo, en una urbe donde «las bóvedas chorreantes destilan gotas insalubres / antes de que las baldosas resuenen con la ducha humeante / y los canalones viertan sus torrentes sobre hombres incautos».[11] Los efluvios y miasmas de la época debían de ser espantosos; ello se reflejaba en el diseño de los hogares: en las puertas de las viviendas era habitual que hubiera limpiabarros, y, de hecho, todavía hoy están presentes en las entradas de muchas casas de la época georgiana y victoriana.[12]

Como cabría esperar, las enfermedades eran comunes, y el cólera y la fiebre tifoidea se cobraron incontables víctimas durante años. Charles Dickens, que hacía largas y arriesgadas caminatas nocturnas para aliviar su insomnio crónico, escribió en *Oliver Twist* que las callejuelas londinenses eran «las más asquerosas, extrañas y extraordinarias de las numerosas vecindades que se ocultan en Londres». También escribió, esta vez en *La pequeña Dorrit,* que en el «corazón de la ciudad fluía y refluía una cloaca letal en lugar de un bonito río de aguas limpias». Se refería a la cloaca abierta que por aquel entonces era el largo y vasto río Támesis, desprovisto de vida y terriblemente contaminado. Con el tiempo, las cloacas abiertas dieron paso a un sistema de alcantarillado cubierto y se dio mayor prioridad a la gestión de residuos, lo que supuso una asombrosa hazaña de ingeniería de la mayor importancia. En lo sucesivo, las ciudades se diseñarían para eliminar la amenaza invisible, pero real, que representaban los microscópicos agentes patógenos presentes en la atmósfera y en nuestros residuos.

Hoy nadie osaría argumentar que deberíamos volver a los peligrosos días de aquellas pestilentes cloacas abiertas para ahorrar dinero en los costes de construcción. Muchos países en desarrollo intentan hacer esa transición a una gestión segura de los residuos, a menudo con grandes dificultades; la costumbre que existe en algunos de estos países de quitarse los zapatos al entrar en las viviendas particulares constituye una forma de afrontar los problemas derivados de la suciedad de las calles. La próxima frontera del diseño urbano seguramente consista en integrar en el diseño de nuestras ciudades todo lo que hoy sabemos sobre la salud física y mental, lo que implica convertir el nivel de caminabilidad en una de nuestras prioridades. Se trata de un avance en materia de diseño urbano que se ha demostrado que aporta una serie de importantes mejoras en la vida de los habitantes urbanos: esta resulta más sana, limpia y placentera, y, sin duda, ello hace que nuestras ciudades sean más agradables y, por lo tanto, mejores lugares para llevar una vida más saludable y feliz.

El nivel de caminabilidad también se traduce en el carácter social de nuestras ciudades, de sus barrios y de los diversos lugares que configuran esos barrios. Imagine que se acaba de mudar a una nueva ciudad, una que tiene una gran expansión urbana pero carece de un buen transporte público, de modo que para ir de un lado a otro hay que coger el coche. Debido al diseño del sistema de transporte, las oportunidades de interacción social aleatoria son escasas. Meterse en un coche dificulta la interacción cara a cara y la conversación casual, ya que la visión del prójimo se ve mediada por el cristal de la ventanilla. Por el contrario, en un barrio densamente poblado, donde es fácil cruzarse con otros al azar en las esquinas, en los cafés o en las tiendas, la gente puede construir una red social de manera más rápida y fácil.

Además de incrementar la sociabilidad, hacer que las ciudades sean caminables tiene otro efecto a la vez profundo e importante: intensifica la actividad económica. La facilidad de acceder a pie a las tiendas y oficinas del centro urbano puede suponer una ventaja sustancial en comparación con los centros comerciales periféricos.[13] Hay numerosas razones a su favor, pero un argumento claro es que ir andando nos permite disponer de un tiempo para determinadas experiencias de consumo personal que no tendríamos en el caso de ir en coche. Además, en este caso, el dinero que gastamos permanece en la economía local, mientras que el dinero que se gasta en gasolina para el transporte, así como el dinero que cuesta el propio automóvil, se suele canalizar fuera de dicha economía.

En otras palabras: la caminabilidad de las ciudades produce «efectos acumulativos»: hace que resulte más fácil que se produzcan encuentros e interacciones sociales de naturaleza comercial, social o simplemente aleatoria en la medida en que los posibilita la proximidad espacial. Algunos economistas incluso han sugerido que, cuanto más dependemos del automóvil, menos productivos somos económicamente.[14] Por el contrario, los beneficios aquí mencionados –sociales, económicos, de salud y otros– son fácilmente alcanzables cuando podemos hacer lo que resulta connatural a nosotros: caminar.

En general, parece que, cuanto más grande y más rica es una ciudad, y, en particular, cuanto mayor es su tasa de crecimiento económico, más deprisa caminan sus habitantes. En 1974, los psicólogos Bornstein y Bornstein midieron la velocidad de marcha de los peatones en 15 ciudades grandes y pequeñas de Europa, Asia y Norteamérica,[15] y descubrieron que el ritmo de vida varía en función del tamaño de la población local, fuera cual fuese su cultura concreta. En general, en las ciudades más grandes –independientemente de los diferentes países y culturas– se andaba más deprisa. Estos experimentos se han repetido varias veces desde aquellas observaciones originales, intentando determinar qué hay en la vida de las diferentes ciudades que modifica la velocidad de la marcha. ¿Acaso es que en las urbes más grandes hay una mayor densidad de recompensas (restaurantes, asientos en el metro o autobús, o lo que sea) y la mayor competencia por esas recompensas incrementa el ritmo de vida? En 1989, los geógrafos Jim Walmsley y Gareth Lewis sugirieron que en las ciudades «economizar tiempo se hace más urgente y la vida se vuelve más apresurada y agobiante» porque aumentan los ingresos y el coste de la vida y, en consecuencia, el tiempo de sus habitantes es mayor.[16] Esto refleja la idea de que la mayor competencia por los recursos modifica nuestro comportamiento de muchas y sutiles maneras, de modo que aceleramos nuestra marcha compitiendo inconscientemente con otros que aspiran a los mismos recursos.

Posteriormente, el trabajo de Bornstein y Bornstein sería célebre y ampliamente citado, pero es poco probable que represente la última palabra en la materia. Presumiblemente existen también factores específicos de cada ciudad que influyen en las diferentes velocidades a las que caminan las personas. Cabría imaginar, por ejemplo, que en ciudades con una densidad de población extremadamente alta, como Bombay, las velocidades de marcha pueden ser bastante lentas simplemente por el riesgo de colisión con otros peatones. Asimismo, cabe en lo posible que en determinados lugares específicos haya velocidades de marcha bastante altas: por ejemplo, en las ciudades extremadamente frías o calurosas es probable que la gente recorra muy deprisa la distancia que separa su automóvil de un edificio simplemente para huir de las temperaturas extremas. Los biólogos Peter Wirtz y Gregor Ries han argumentado que los resultados de Bornstein y Bornstein estuvieron condicionados por el hecho de que estos investigadores no tuvieron en cuenta la edad o la composición de género de las ciudades en las que se centraron.[17] Dicho de otro modo: en igualdad de condiciones, las grandes ciudades tienden a tener poblaciones más jóvenes y, como media, las personas más jóvenes caminan más deprisa que las mayores, y, de manera similar, como media los hombres tienden a caminar algo más rápido que las mujeres; por lo tanto, cualquier diferencia aparente entre ciudades grandes y pequeñas podría reflejar simplemente el hecho de que las grandes ciudades cuentan entre su población con un mayor número de varones jóvenes –que caminan más deprisa– que las ciudades pequeñas y los pueblos. Wirtz y Ries realizaron una serie de estudios propios con un tamaño de muestra mucho mayor y, tras incorporar a su análisis los factores del sexo y la edad estimada, llegaron a la conclusión de que en realidad los habitantes de las grandes ciudades, como media, no caminaban más deprisa que los de las ciudades pequeñas o los pueblos.

Pero tampoco esta sería la última palabra, ya que la cuestión ha seguido siendo objeto de investigación. En 1999 se llevó a cabo uno de los mayores estudios jamás realizados sobre el ritmo de vida utilizando datos de las mayores ciudades de 31 países.[18] El estudio investigó qué otros factores, aparte de la población, originan diferencias en el ritmo de vida, y qué efecto tiene este último en el bienestar de los residentes urbanos. Se examinaron tres postulados distintos que podían predecir cuál era el ritmo de vida de una urbe. El primero era la vitalidad económica: cuanto más rápida es la tasa de crecimiento económico y más vital la economía, mayor podría ser el ritmo de vida. El segundo era que las ciudades que, como media, tienen un clima más cálido también tenderían a ser aquellas en las que la gente camina más despacio; y el tercero, que los países con culturas relativamente individualistas tendrían un ritmo de vida más rápido que aquellos otros caracterizados por una cultura colectivista.

Centrándose en ciudades tan distintas como Dublín, Hong Kong o San Salvador, los investigadores midieron la velocidad de marcha (concretamente, cuánto tardaba la gente en recorrer una distancia de unos 20 metros en dos zonas distintas del centro de la ciudad) lo que denominaron la «velocidad postal» (esto es, cuánto se tardaba en comprar un sello en la principal oficina de correos) y, por último, la precisión horaria. También se recopiló otra información de diversas bases de datos públicas en relación con el clima, indicadores económicos, indicadores del grado de individualismo, tamaño de la población, enfermedades coronarias, niveles de tabaquismo y bienestar subjetivo. Todo ello se combinó para crear un índice general del ritmo de vida. Según los resultados, el país con un ritmo de vida más rápido era Suiza, seguida de cerca por Irlanda (que en aquel momento experimentaba de lleno una gran expansión económica que duraría una década y media) y, luego, por Alemania y Japón (mientras que Italia, Inglaterra, Suecia, Austria, los Países Bajos y Hong Kong, en ese orden, completaron la lista de los diez primeros). México ocupaba el último lugar. A escala global, se reveló que Japón y el bloque de países de Europa occidental no relacionados con la antigua Unión Soviética eran lo que tenían el ritmo de vida más elevado, al tiempo que la población de Irlanda era la que registraba la velocidad de marcha individual más alta. Suiza estuvo a la altura de su fama, ocupando el número uno en precisión horaria.

Un problema que no queda plenamente resuelto en estos estudios es el de la relación existente entre la población en cifras absolutas y la densidad de población en relación con cómo esta afecta a la velocidad de marcha. Por ejemplo, en las horas punta, el área londinense de Oxford Circus está asombrosamente concurrida y, por consiguiente, resulta difícil de atravesar; sin embargo, un par de calles más allá la gente se mueve con relativa facilidad. La nueva generación de podómetros y aplicaciones de salud para móviles debería ayudar a resolver este problema: posiblemente haya una densidad óptima de personas que maximiza la velocidad de marcha, de manera que superar con mucho esta cifra hace que dicha velocidad disminuya.

Aceptemos por un momento que el ritmo de vida en las grandes ciudades es más rápido y que eso no tiene tanto que ver con la demografía como con la vitalidad económica y la densidad de población. ¿Qué hay en nosotros como individuos que hace que, cuando se nos saca de un determinado entorno –por ejemplo, una pequeña y tranquila población de provincias– y se nos mete en otro –una grande y populosa ciudad–, aumentamos nuestro ritmo de marcha? Algunos investigadores han sugerido que la razón podría estar en la mayor disponibilidad de recompensas económicas propia de la gran ciudad. Supongamos que adoptamos el punto de vista (nada irrazonable) de que el cerebro calcula siempre la relación entre esfuerzo y recompensa, y, asimismo, intenta equilibrar ambas cosas de modo que se minimice el primero y se maximice la segunda (piense en ello como una respuesta evolutiva del cerebro que equilibra la pereza y el esfuerzo, tal como veíamos en el capítulo 2). Esto plantea la cuestión de cómo el cerebro procesa las recompensas y, en particular, la cantidad de esfuerzo que se requiere para lograr un resultado. Imaginemos que en la calle de al lado hay un nuevo restaurante de moda que tiene la política de no aceptar reservas. Probablemente andaremos más deprisa para llegar allí y quizá aún más porque estamos compitiendo con otras personas que quieren la misma recompensa (tal vez la mejor mesa o la única mesa libre). Si tenemos dos opciones, es probable que elijamos la más gratificante o, al menos, la que requiera un menor esfuerzo. Parece que en la ciudad caminamos más deprisa: probablemente porque las ciudades tienen muchos recursos y recompensas, pero también porque debemos competir con otros para obtener esas recompensas. En el curso de la vida cotidiana hacemos diferentes tipos de esfuerzos, ya sea para tratar de conseguir algo o caminar en dirección hacia algo. Parece que en las diferentes categorías de esfuerzos la energía empleada en lograr un objetivo se eleva hasta un máximo y luego desaparece.[19] El neurocientífico Reza Shadmehr nos invita a imaginar que estamos en un aeropuerto. Nos hallamos en el vestíbulo de llegadas, escudriñando las caras en busca de un determinado pasajero concreto. Mientras observamos los sucesivos rostros de las personas que van llegando, detectamos a la que estamos esperando. Ahora pregúntese: ¿en qué caso andaría más deprisa para acudir al encuentro de esa persona: si se trata de un colega o de su hijo? La respuesta debería ser obvia. La recompensa intrínseca resultante de reunirse con su hijo sería especialmente grande. Esa recompensa intrínseca, a su vez, modula directamente su velocidad de marcha, de modo que usted hará el esfuerzo de acudir más deprisa al encuentro de su hijo. Caminamos más deprisa cuando hay en juego mayores recompensas. Por lo tanto, el esfuerzo y la perspectiva de la recompensa se suman.

He aquí una base para comprender cómo varía nuestra velocidad de marcha en diferentes ciudades. Es probable que la riqueza de recursos de la ciudad implique que la gente está dispuesta a hacer un esfuerzo para obtenerlos. Al mismo tiempo, existe una mayor competencia para obtener esas recompensas: no solo tenemos que llegar deprisa a ese nuevo restaurante de moda, sino que tenemos que hacerlo más deprisa que otras personas. Por otra parte, existe un estrecho vínculo entre los sistemas cerebrales que gestionan el esfuerzo y los que estiman las posibles recompensas. Cuanto mayor sea el esfuerzo, mayor será la probable recompensa derivada de él. Así pues, andaremos más despacio para obtener cosas que aporten pocas recompensas, y viceversa. Y eso es justo lo que hacemos en la gran ciudad: caminamos deprisa para coger asiento en el metro o mesa en el restaurante, porque estamos compitiendo con otras personas por las recompensas que ofrece la urbe.

Obviamente, en una ciudad concurrida y bulliciosa, donde competimos por las recompensas, la otra gente constituye un importante obstáculo físico. Para evitar colisiones, debemos ser capaces de estimar de forma rápida y precisa la velocidad de marcha de los demás. Cuando caminamos juntos en grupos de dos o tres personas, sincronizamos el paso de una forma natural e inconsciente. Moderamos el ritmo para poder mantener la misma velocidad: *coordinamos* nuestra velocidad de marcha con la de los demás.

Cuando caminamos por la ciudad, puede ser habitual sentir frustración o irritación: hay gente que anda más deprisa que nosotros, gente que anda más despacio, gente que camina hacia nosotros, gente que se cruza con nosotros... El psicólogo

Leon James, que califica esa irritación de «furia andante»,* sugiere que aquellos «que obstaculizan el libre avance de otros exhiben una furia peatonal pasivo-agresiva, mientras que quienes se ven obstaculizados por ellos exhiben una furia peatonal activa y circulan con intolerancia y desaprobación».[20] Observar durante unos minutos a los peatones que van o vuelven del trabajo intentando esquivar a una multitud de turistas que deambulan sin rumbo parece sugerir que, en efecto, este es un fenómeno real, aunque generalmente reprimido: la estrecha proximidad física posibilita a la vez que imposibilita la confrontación. La vida social solo es realmente posible porque inhibimos de manera constante nuestros impulsos más malignos. En cambio, viajar en un vehículo escudados tras el parabrisas permite dar rienda suelta a una furia vial que no se podría expresar sin riesgo cara a cara.[21]

La mayoría de las veces podemos utilizar lo que en ocasiones da la impresión de ser una especie de campo de fuerza invisible para evitar chocar o entrar en contacto inadvertidamente con otros. Nosotros tratamos de evitarlos a ellos y ellos tratan de evitarnos a nosotros. Pero ¿cómo conseguimos transitar por espacios abarrotados con tanta facilidad y soltura?, ¿qué mecanismos subyacen a esta habilidad?

Para predecir hacia dónde es probable que se muevan los demás, necesitamos recopilar información con rapidez a partir

* Conviene aclarar algunos términos para entender plenamente este párrafo. Por mantener una cierta coherencia, traducimos literalmente por «furia andante» el término inglés *walking rage,* derivado de *road rage* (que aquí traducimos por «furia vial»), del que a su vez se deriva asimismo *sidewalk rage* (o «furia peatonal»). *Road rage* (literalmente «furia en la carretera») define lo que en español suele traducirse como «conducción agresiva» (cuando uno va al volante), de modo que *sidewalk rage* hace referencia a ese mismo comportamiento cuando uno va por la acera *(sidewalk),* y *walking rage,* simplemente cuando uno va andando *(walking).* *(N. del T.)*

de sus movimientos, y dicha información procede de muchas fuentes distintas. Puede que nos fijemos en la posición y la velocidad de movimiento de sus pies y sus piernas; puede que observemos el tronco y la posición de sus hombros o puede que usemos como referencia la posición general y la dirección de su cabeza y, además, observemos la posición de sus ojos y la dirección de la mirada. Cuando las personas que se nos aproximan llevan gafas de sol, o tienen los ojos bajos porque concentran la mirada en un dispositivo que llevan en la mano, nuestras predicciones con respecto a hacia dónde podrían encaminar sus pasos empiezan a venirse abajo. Pero todavía resulta más embarazoso caminar detrás de alguien que se desplaza de un lado a otro: obviamente, esa persona no sabe que estamos ahí, y nuestra única posibilidad es hacer inferencias a partir de la posición momentánea de sus hombros vistos desde atrás. A su vez, puede que esa persona camine guiándose por el movimiento de alguien que se dirige hacia ella, cuyos ojos posiblemente tampoco veamos o de cuya presencia puede que seamos completamente inconscientes.

Para verificar la hipótesis de que la mirada resulta de vital importancia en estas situaciones, hay que evaluar la reacción de un grupo de sujetos de estudio frente a una serie de peatones que se aproximan a ellos y en los que la posición de los ojos varía de manera sistemática y coherente. Actualmente esto resulta bastante fácil de hacer empleando tecnología móvil, en particular unas gafas de realidad virtual. Las figuras virtuales se acercan a los participantes a distintas velocidades al tiempo que o bien les miran a los ojos, o bien desvían la mirada (de manera que los participantes pueden ver aproximadamente hacia dónde mira la persona que se les acerca).[22] Los experimentos basados en imágenes cerebrales en combinación con realidad virtual revelan que, cuando la posición de los ojos de la persona que se aproxima transmite una señal inequívoca con respecto de la dirección de su marcha, se desarrolla una cierta actividad cerebral que apresta al cuerpo a corregir su trayectoria. En este pequeño acto de orientación existe una rápida y constante oscilación entre diferentes estados mentales. Observamos la posición de los ojos de la otra persona para averiguar hacia dónde mira y hacia dónde es probable que se desplace; luego hacemos una rápida corrección de nuestra trayectoria con el fin de minimizar el contacto, al tiempo que la otra persona hace lo mismo. Si todo sale bien, no se producirán embarazosos codazos y, por consiguiente, no habrá necesidad de murmurar una disculpa.

Este tipo de experimentos han revelado qué redes cerebrales probablemente están activas cuando se producen esas formas de interacción social. En estas situaciones, dos áreas cerebrales concretas, el surco temporal superior y el giro fusiforme, muestran una intensa actividad, aunque de manera diferenciada. El surco temporal superior es un trozo de tejido cerebral del tamaño aproximado de un dedo meñique situado en ambos lados de la cabeza, más o menos desde el nivel de la punta de la oreja hacia delante. Por su parte, el giro fusiforme está ubicado aproximadamente al nivel de la región central del oído, bajo la capa superficial del cerebro, de nuevo en ambos lados de la cabeza. El surco temporal superior se activa especialmente en el hemisferio cerebral derecho tanto si el avatar que camina hacia el participante desvía su mirada hacia el participante como si aparta la vista: cuando el avatar y el participante se miran directamente a los ojos, se produce una intensa activación de esta región cerebral, mientras que si el primero desvía la mirada, dicha actividad se reduce. En cambio, el giro fusiforme responde de manera aproximadamente equivalente en ambos casos. La conclusión, pues, es que el surco temporal superior está involucrado en el procesamiento de información social –la trayectoria de los movimientos de la marcha– cuando esa información se transmite mediante cambios en la posición de los ojos de la persona que camina hacia nosotros. Los humanos somos una especie social: aprendemos unos de otros, incluyendo qué correcciones de trayectoria hemos de realizar cuando nos desorientamos al caminar. Incorporar un estímulo de origen social a nuestros mapas cognitivos nos permite aprender de los demás mediante el conocimiento compartido. Anatómicamente, el giro fusiforme aporta un importante estímulo a la formación hipocampal;[23] otra forma de interpretarlo es decir que ese estímulo del giro fusiforme es el medio por el que la presencia de otros puede modular nuestro mapa cognitivo.[24]

Como hemos visto, nuestras pautas naturales de marcha están controladas por generadores centrales de patrones de nivel intermedio situados en la médula espinal. Estos generan nuestra constante pauta de marcha sin que exista demasiada supervisión por parte del cerebro. Sin embargo, esos generadores de patrones pueden verse rápida y abruptamente interrumpidos por una señal de mando del cerebro que proporcione información sobre la presunta intención de movimiento de otras personas inferida en función de hacia dónde están mirando. En este caso, se produce una rápida intrusión «desde arriba» por parte de los sistemas cerebrales relacionados con la interacción social, que interrumpe el trabajo que realizan los generadores centrales de patrones. Esa señal de mando redirecciona la actividad de estos últimos, haciendo que, por ejemplo, nos detengamos por un momento, giremos los hombros, nos ladeemos o movamos el bolso o la cartera... todo ello para intentar evitar una colisión. Y es probable que, con un poco de suerte, la otra persona trate de hacer lo mismo: de ahí la relativa soltura con la que caminamos entre multitudes.

Si observamos las cosas con una cierta perspectiva, veremos que aquí tenemos dos mentes en movimiento que interactúan entre sí: dos cerebros que captan momentáneamente información acerca de hacia dónde miran los ojos del otro y utilizan esa información para realizar una predicción rápida acerca de hacia dónde está a punto de dirigir sus pasos.

En cierta ocasión, hace ya unos cuantos años, caminaba a última hora de la tarde por el amplio vestíbulo central de una estación de tren. Dos hombres un tanto ruidosos y claramente bebidos iban andando por el mismo sitio. Yo atravesaba el vestíbulo en diagonal y, de pronto, uno de ellos se apartó del otro y empezó a andar hacia mí. Me miró de forma agresiva, aceleró el paso y movió el hombro izquierdo ligeramente hacia atrás. Vi que se disponía a golpearme el hombro izquierdo con el suyo lo más fuerte que pudiera en el momento en que nos cruzáramos. Cuando estábamos a punto de entrar en contacto yo aparté mi hombro izquierdo en un rápido movimiento y, tal como había predicho, él intentó golpearme con el suyo, pero al hacerlo se encontró con que mi hombro ya no estaba ahí, de manera que giró en el vacío y cayó torpemente al suelo. Eso no era lo que él esperaba, puesto que no era lo que había previsto su cerebro. Por mi parte, una combinación de factores –la predicción de lo que probablemente iba a hacer él, junto con el hecho de que estuvo mirándome a los ojos durante demasiado tiempo, acompañado del movimiento de su hombro– me permitió evitar lo que de otra manera habría sido un encuentro desagradable.

Detrás de estas capacidades se halla un complejo circuito neuronal que es capaz de responder rápidamente a las predicciones relativas al posible comportamiento de otras personas y de hacerlo en una fracción de segundo, sin descuidar todas las demás funciones vitales de las que el cerebro también debe preocuparse: la respiración, el ritmo cardiaco, la digestión, la conciencia...

Nuestro cerebro es profundamente social. A menudo podemos leer lo que otras personas están a punto de hacer con solo mirarlas. Hay montones de posibles sencillas reglas heurísticas que podríamos usar para guiar nuestro comportamiento cuando nos movemos entre multitudes. Podría ser, por ejemplo, «Haz lo mismo que hace la persona más cercana a ti», «Desplázate siempre hacia el centro de la multitud» o «Huye de la dirección hacia la que está mirando ese pequeño grupo de personas, pero solo mientras muestren miedo». Cualquiera de estas reglas, o todas ellas, podrían ser potentes factores predictivos de la conducta individual en entornos multitudinarios, además de revelarnos cómo se combinan esas conductas individuales para crear el tipo de comportamiento colectivo que surge cuando las personas caminan entre multitudes.

El renombrado psicólogo social Stanley Milgram ideó un sencillo método para examinar el contagio conductual en los viandantes.[25] Reunió a un grupo de personas en una esquina, en Nueva York, e hizo que miraran hacia al cielo y, a continuación, observó cómo ese sencillo comportamiento afectaba a los transeúntes que estaban a su alrededor. Descubrió que, a medida que el grupo iba aumentando de tamaño, la probabilidad de que otras personas se detuvieran junto a él y miraran también hacia el cielo se hacía mucho mayor. Aquí vemos otro ejemplo de cómo el contagio social afecta a nuestra trayectoria de marcha individual: vemos a otras personas haciendo algo que indica que podría estar pasando algo importante; nos detenemos, observamos y empezamos a recopilar información, y lo hacemos de forma rápida e inconsciente.

Recientemente se ha repetido el experimento de Milgram utilizando la moderna tecnología de captura de imágenes digitales, que posibilita una precisión de análisis con la que aquel solo podría haber soñado. En estos modernos experimentos se ha analizado tanto la dirección de la marcha como la posición de la cabeza de un total de 3.325 peatones en diversas multitudes producidas de forma espontánea, ya fuera en una calle transitada o en el concurrido vestíbulo de una estación de tren.[26] En uno de ellos, por ejemplo, los investigadores situaron a los participantes en una de las calles más concurridas de Europa –Oxford Street, en Londres– y les dieron instrucciones de que miraran hacia una cámara montada en lo alto de un edificio. Así observaron el comportamiento de un total de 2.822 transeúntes y descubrieron –como hiciera Milgram– que, cuanto mayor es el número de personas que integran el grupo de las que miran hacia arriba, más probable es que otras se detengan también a hacer lo propio. De hecho, más de una cuarta parte de los transeúntes adoptaron la posición y la visual del grupo de estímulo. He aquí un ejemplo de cognición móvil en acción en el mundo real: vemos una oportunidad para recabar lo que podría ser una información importante y nos volcamos en ella con rapidez emulando a otros mediante la acción de una compleja maquinaria neuronal de la que no somos conscientes.

También observaron lo que parecía ser un «efecto de corte» de cierta importancia: los transeúntes que pasaban a una distancia mayor de aproximadamente dos metros del grupo no se detenían a mirar hacia arriba. Asimismo, la probabilidad de detenerse a mirar hacia arriba era mayor si los viandantes se acercaban al grupo de estímulo por detrás. Mirar hacia arriba y, por ende, imitar lo que está haciendo otra persona no es aquí un simple efecto de conformidad social: la persona que mira hacia arriba ignora por completo que hay alguien detrás de ella haciendo lo mismo. Para captar la atención visual de un transeúnte basta, al menos en parte, con que este advierta la posición y orientación o dirección de la parte posterior de la cabeza del observador.

Para un transeúnte, mirar hacia el cielo es un acto relativamente inocuo: es posible que estés mirando un pájaro, una ventana, un ornamento arquitectónico... Sin embargo, nuestros mapas cognitivos también deben tener en cuenta otros tipos de información: no solo estamos alerta ante posibles recompensas, sino que asimismo debemos incorporar rápidamente a nuestro mapa del mundo cualquier potencial amenaza o peligro. Esto se ha detectado en otros experimentos independientes en los que se pedía a dos hombres que se comportaran o bien de manera «natural», o bien de forma «sospechosa». En el primer caso, permanecían de pie durante sesenta segundos en el vestíbulo de una concurrida estación de tren como si estuvieran esperando a alguien; en el segundo, se comportaban de la misma forma, pero, mientras tanto, hacían un dibujo del plano de la estación o simulaban filmar el entorno con una cámara que sujetaban a la altura de la cintura. Cuanto más cerca pasaban los transeúntes, más probabilidades había de que se fijaran tanto en los individuos sospechosos como en los no sospechosos. En la estación, la gente miraba al pasar y acto seguido ignoraba a los hombres que se comportaban de forma natural, no sospechosa; en cambio, cuando pasaban junto a los hombres de comportamiento sospechoso, apartaban visiblemente la mirada, tal vez como una forma de evitar la confrontación.

Las personas asimilan rápidamente las potenciales amenazas mientras caminan y corrigen rápidamente su trayectoria para evitarlas. Nuestro mapa cognitivo del mundo no es un mapa estático: incorpora información ofrecida por otros; registra posibles amenazas y lugares de refugio, y lo hace de forma dinámica sin que nosotros seamos conscientes de ello. En otras palabras, nuestros mapas cognitivos nos brindan una forma flexible de interactuar con el mundo mientras nos desplazamos a través de él.

¿Qué es lo que proporciona a nuestras ciudades su vitalidad, su atractivo, sus ventajas y desventajas? ¿Cómo las urbes con un mayor nivel de caminabilidad adquieren su carácter sociable? ¿Qué es lo que tienen las ciudades que atrae a la gente a vivir en ellas a pesar de sus desventajas? Apiñar a la gente en espacios urbanos compactos posibilita una mayor densidad de interacción social. Las ciudades nos cambian, y ni siquiera nos damos cuenta de ello. La vida que llevamos, nuestra forma de concebir el futuro y el pasado, cambiarán si vivimos en la ciudad. La mayor competencia por los recursos altera sutilmente nuestro comportamiento de formas de las que apenas somos conscientes, incluido el ritmo al que caminamos. La gente deja la ciudad para disfrutar de un ritmo de vida más pausado y acude a ella para que esta le estimule.

He recorrido a pie varias ciudades grandes y pequeñas de Italia y siempre me ha sorprendido la maravillosa tradición de la *passeggiata:* un sociable paseo vespertino por las calles de la población, saludando a amigos y vecinos, y deteniéndose a conversar con ellos. Este hábito del paseo urbano resume todo lo bueno que aporta caminar por la ciudad y demuestra lo fácil que resulta convertirlo en una actividad diaria si las ciudades se construyen con miras a ello. Para ayudar a nuestros diseñadores urbanos en ese objetivo propongo utilizar el acrónimo FASE: a fin de posibilitar la *passeggiata,* nuestras ciudades deben ser *fáciles* (de recorrer a pie), *accesibles* (a todos), *seguras* (para todo el mundo) y *estimulantes* (para todos). Los pasos necesarios para hacer ciudades caminables –o remodelarlas para que lo sean– son sencillos. Solo hace falta darlos.

6. UN BÁLSAMO PARA EL CUERPO Y EL CEREBRO

Desplazarse por el mundo es una parte esencial de la experiencia de ser humano. Moverse, y, sobre todo, andar mucho de manera regular, es bueno –de hecho excelente– tanto para el cuerpo en general como para el cerebro en particular. Pero en este capítulo pretendo ir mucho más allá de estas sencillas y relativamente poco controvertidas afirmaciones e investigar los posibles beneficios de carácter más amplio que proporciona la actividad de andar; plantear cómo caminar afecta al estado de ánimo, la salud mental y el funcionamiento del cerebro. Las personas que caminan con regularidad (incluyéndome a mí mismo) afirman que, cuando se ven privadas de la oportunidad de hacerlo, aunque sea durante unos pocos días, se sienten torpes y cansadas y, con frecuencia, incluso un poco deprimidas, y que la cura que se administran a sí mismas es muy simple: salir a dar una buena caminata. De manera apasionante, en la actualidad está surgiendo un corpus científico que sustenta esta percepción anecdótica que indica que caminar, especialmente en dosis regulares y preferentemente en la naturaleza, mejora de hecho nuestro estado de ánimo. Piense en aquellas largas caminatas, a veces con viento o lluvia, que en su momento quizá le resultaron arduas, pero que al final le dejaron con una sensación de euforia. Una buena caminata nos hace sentirnos mejor, pero también mejora muchas otras cosas.

Hipócrates afirmó, en una célebre frase, que «caminar es la mejor medicina». Sin embargo, en el mundo moderno, la mayoría de nosotros pasamos el día entero sentados en un espacio interior, lo que puede tener consecuencias terribles para nuestra salud y nuestro bienestar. Pasamos menos tiempo que nunca al aire libre. Un significativo estudio realizado entre la población estadounidense reveló que la gente pasaba el 87 % de su tiempo en entornos artificiales como oficinas, viviendas, tiendas y otros edificios.[1] Incluso hay quien ha afirmado (en mi opinión, de forma algo exagerada) que «permanecer sentado es el nuevo equivalente al tabaquismo». Pero la base de este tipo de afirmaciones resulta evidente: nuestro cuerpo está diseñado para realizar un movimiento regular y beneficiarse de ello. La vida sedentaria es básicamente insana y conduce a una disminución del volumen y la fuerza muscular.[2] Asimismo, los periodos prolongados de inactividad producen cambios no muy distintos en el cerebro.

Un interesante estudio realizado recientemente ha revelado que la falta de actividad incluso se asocia a un cambio de personalidad, y con eso me refiero a un cambio a peor.[3] En general, los menores niveles de actividad física se asociaron con cambios en tres de los denominados «cinco grandes» factores de la personalidad: *apertura* (a nuevas experiencias), *responsabilidad, extraversión, afabilidad* y *neuroticismo* (o inestabilidad emocional).[4] Los niveles más bajos de actividad física se asociaron a una disminución del grado de apertura, extraversión y afabilidad, lo que sugiere la posible existencia de un patrón «perjudicial» de cambio de personalidad a largo plazo. Asimismo, se reveló que incluso unos niveles mínimos de actividad ejercían un cierto efecto moderador en ese cambio de personalidad, y los individuos más inactivos eran los que tenían más probabilidades de mostrar cambios de personalidad negativos.

No está claro qué vía canaliza esos cambios negativos, pero es probable que involucre el deterioro de la salud y la creciente falta de bienestar habitualmente relacionados con la inactividad prolongada; las limitaciones en la realización de las tareas de la vida cotidiana asociadas a la inactividad; posibles cambios en la función cognitiva general, y quizá incluso cambios en el estado de ánimo. Dado lo que hoy sabemos, es muy probable que una simple modificación de nuestro comportamiento –concretamente, empezar a andar mucho– constituya una forma viable de revertir los cambios de personalidad negativos derivados de una vida sésil.

La postura erguida en sí misma genera cambios inmediatos en la presión arterial, el flujo de sangre que circula por todo el cuerpo y el ritmo al que consumimos energía y generamos calor (nuestra «tasa metabólica»). Además, caminar entraña cambios generalizados en los sistemas cerebrales y corporales, que van desde la producción de nuevas moléculas hasta el comportamiento. Andar de manera regular y a buen paso es una forma sencilla y directa de ejercitar el corazón, y, a su vez, esto resulta extremadamente beneficioso para el eje cabeza-corazón, dado que aproximadamente el 20 % de la sangre que bombea este último se dirige hacia un órgano especialmente hambriento de oxígeno y de energía como es el cerebro. También se producen efectos similares en los intestinos, igualmente hambrientos de oxígeno y energía. Así pues, tenemos la cura justo al alcance de la mano: levantarse y echar a andar.

Pero una cosa es echar a andar y otra muy distinta ser consciente de por dónde lo hacemos.

Como exploramos en el capítulo anterior, en la medida en que un creciente número de nosotros vivimos en ciudades de diversos tamaños, las zonas verdes resultan cada vez más esenciales para nuestro bienestar. Históricamente, el diseño arquitectónico, especialmente en las regiones septentrionales y más inclementes, ha tenido en cuenta en ciertos aspectos esta necesidad. Por ejemplo, los claustros construidos en universidades, monasterios y otros lugares permiten a la gente caminar al aire libre mientras está protegida de los elementos. A veces los claustros se definen por su función ritual y procesional, haciendo referencia a términos como *deambulatorium, obambulatorium, ambitus...* los solemnes nombres latinos de los elementos arquitectónicos de un monasterio, todos ellos derivados de la raíz *ambio,* «yo camino en círculo».[5] Y, obviamente, en general los claustros se construyen en torno a un jardín, asegurando así que quienes los utilizan tengan un pedazo de naturaleza domesticada como centro de su ambulatorio caminar.

Los jardines amurallados, que datan de épocas remotas, constituyen otra forma de introducir la naturaleza domesticada dentro del perímetro de un edificio y, al mismo tiempo, permitir caminar al aire libre de forma segura. Hablando de uno de esos jardines, escribe Giovanni Boccaccio en *El Decamerón* que «Tenía a su alrededor y por la mitad en bastantes partes paseos amplísimos, rectos como flechas y cubiertos por un emparrado que gran aspecto tenía de ir aquel año a dar muchas uvas [...]. Los lados de los cuales paseos todos por rosales blancos y bermejos y por jazmines estaban casi cubiertos; por las cuales cosas, no ya de mañana sino cuando el sol estuviese más alto, bajo olorosas y deleitables sombras, sin ser tocado por él, se podía andar por ellos».[6] Incorporar claustros, marquesinas, patios y otros elementos al diseño de los edificios modernos podría hacer que los paseos al aire libre y la exposición a la naturaleza resulten fácilmente accesibles; de manera similar, los paseos en interiores en torno a atrios que contengan y exhiban elementos de la naturaleza podrían dar a la gente esa misma sensación de conexión con el mundo natural. Asimismo, disponer de ventanas desde las que se divisen árboles y parte del cielo podría mejorar notablemente la sensación de bienestar.

Sin embargo, esta necesidad vital de pasar tiempo al aire libre y en conexión con la naturaleza parece ser algo que subestimamos de manera constante, tal como ha revelado claramente un estudio realizado en la ciudad de Ottawa, la capital de Canadá. Ottawa sufre unas condiciones climáticas extremas, con temperaturas que en verano superan los 30 grados centígrados mientras que en invierno descienden por debajo de los 20 bajo cero. Una parte importante del extenso campus de la Universidad de Carleton, en la capital canadiense, está interconectada por un sistema de largos túneles subterráneos que permiten ir andando de un lado a otro pese a las inclemencias del tiempo. Un equipo de psicólogos experimentales se propuso estudiar los efectos de caminar al aire libre y en contacto con la naturaleza en comparación con hacerlo en entornos cerrados como la mencionada red de túneles.[7] Para ello, pidieron a 150 participantes que recorrieran a pie la misma distancia entre dos ubicaciones concretas del campus, ya fuera a través de un túnel subterráneo, o bien al aire libre, a lo largo de la orilla de un río, en un espacio urbano «naturalizado», con abundantes árboles, plantas y otras características propias de un entorno natural.

Antes de empezar, se pidió a los participantes que indicaran cómo se sentían en aquel momento, y que luego hicieran una estimación de cómo creían que se sentirían después de haber hecho un recorrido de 17 minutos al aire libre en comparación con ese mismo recorrido a través de los túneles (utilizando para ello una escala de clasificación). Los resultados fueron inequívocos: todos los participantes subestimaron de manera sustancial lo bien que les haría sentirse el paseo al aire libre en comparación con el paseo interior. El efecto en el estado de ánimo del recorrido por el entorno urbano naturalizado resultó de lo más convincente. Como media, se produjo una mejora de alrededor de un tercio en la puntuación relativa al estado de ánimo evaluada por los propios individuos en comparación con los que realizaron el trayecto interior. (Este estudio también revela un persistente problema en relación con la forma en que los humanos entendemos lo que afecta a nuestros sentimientos: se nos da bastante mal pronosticar cómo es probable que nos haga sentir la realización de una determinada actividad, lo que se conoce como «predicción afectiva».)[8]

Pero ¿por qué disponer de zonas verdes caminables es tan importante para nuestro bienestar? ¿Qué tiene la naturaleza que hace que nos sintamos mejor? Caminar por el bosque es algo que los humanos hacemos desde tiempo inmemorial. Algunas culturas veneran especialmente esta experiencia. Los japoneses, por ejemplo, tienen una magnífica tradición conocida como «baño de bosque» *(shinrin-yoku):* la práctica de internarse en lo más profundo del bosque impregnándose y sumergiéndose en él para disfrutar de las propiedades relajantes que proporciona estar conectado y completamente inmerso en las visiones, los sonidos y la percepción de la naturaleza.[9] El baño de bosque constituye una importante manifestación de una actitud que parece ser universal en la experiencia humana: la veneración de la naturaleza como un elemento fundamental en nuestra vida; un fenómeno que se puede detectar desde las antiguas teorías panteístas que imaginaban los árboles, los riachuelos de los bosques, las piedras y demás habitados por espíritus, o las diversas religiones que rendían culto a la Madre Tierra o a diversas divinidades que la representaban (como la diosa inca Pachamama), hasta el concepto actual de «Gaia», la tesis del científico James Lovelock de que deberíamos considerar el planeta y toda la vida en la Tierra como un único ecosistema autorregulado.[10]

Ciertamente, muchos opinan que debemos cuidar la naturaleza y que esta resulta esencial en nuestra vida como fuente de bienestar. También suscita una gran preocupación el hecho de que la actividad humana tenga efectos quizá irreversibles y ciertamente malignos: desde las especies a las que se ha dado caza hasta llevarlas a la extinción, pasando por la contaminación de los ríos y los mares con plásticos, aguas residuales y materiales tóxicos, hasta los efectos de la actividad humana en el propio clima del planeta.

Las pruebas científicas también respaldan nuestra percepción intuitiva de que la exposición regular a la naturaleza y al mundo natural tiene efectos en la salud y el bienestar humanos que resultan a la vez positivos, mensurables y duraderos, y debe considerarse equiparable a la provisión de agua potable, electricidad fiable, vacunas u hospitales públicos. Las pruebas que sustentan esta idea pueden hallarse midiendo los niveles de estrés de las personas antes, durante y después de su interacción con la naturaleza. El cortisol, una hormona que se libera como reacción al estrés, es un elemento clave en lo que se conoce como respuesta de «lucha, huida o inmovilidad». El cortisol se libera como reacción a la presencia de factores estresantes, con efectos potencialmente positivos y negativos. A corto plazo tiene un carácter beneficioso, ya que moviliza recursos para ayudar a superar el estrés. Sin embargo, la liberación crónica y sostenida de cortisol provoca toda una serie de problemas que van desde el endurecimiento de las venas y arterias hasta diversos efectos perniciosos en el estado de ánimo y la memoria. Un estudio realizado en una zona bastante desfavorecida de la ciudad escocesa de Dundee examinó cómo la presencia de zonas verdes en un barrio determinado podía afectar a los niveles de estrés de los residentes de dicho barrio.[11] Este último se evaluó, por un lado, en función de los niveles percibidos por los propios participantes (en otras palabras, cómo creían los residentes que se sentían) y, por otro, midiendo los niveles de cortisol, que resultan fáciles de determinar tanto en la saliva como en la sangre. La concentración de cortisol en la saliva varía a lo largo del día: alcanza su punto máximo en las primeras horas de la mañana y disminuye hacia el atardecer, pero las personas con elevados niveles de estrés no presentan esta reducción al acercarse la noche. En el estudio de Dundee, los investigadores encontraron que esa disminución diurna de la presencia de cortisol no se producía, o al menos no lo hacía en términos relativos, en la población de muestra: una población desfavorecida que no tenía acceso a espacios verdes en su entorno urbano y, por lo tanto, no hacía un uso regular de estos.[12] Detectar una correlación de este tipo no solo resulta sugerente, sino que además coincide con toda una serie de indicios similares que parecen indicar que la exposición a la naturaleza puede tener importantes efectos en la salud y el bienestar psíquico del ser humano.

Sin embargo, debemos considerar *cómo* utiliza la gente las zonas verdes de las que dispone. ¿Acude a ellas con regularidad? ¿Las utiliza para caminar en un contexto social, para pasear al perro, para poder supervisar los juegos de sus hijos...? Aquí se requieren estudios a mayor escala y, preferiblemente, estudios que partan de la aleatorización de las condiciones de tratamiento de modo que se pueda determinar un cierto grado de causalidad. ¿Los niveles de estrés de una persona son más bajos porque está expuesta a la naturaleza, o interviene algún otro factor? Podría resultar, por ejemplo, que la experiencia prolongada de contacto con la naturaleza virgen, haciendo senderismo o realizando caminatas durante largos periodos de tiempo, fuera un tratamiento viable para la depresión (al menos en sus formas más leves) y, quizá, incluso para otros trastornos relacionados con el estrés y la ansiedad.[13] Sin embargo, todavía no se han realizado ensayos a gran escala que pongan a prueba esta idea.

Saber si la exposición a la naturaleza tiene o no un efecto causal en nuestro estado de ánimo haciendo que nos sintamos mejor (es decir, si la exposición a la naturaleza genera o no un estado de ánimo positivo) requiere estudios que varíen la dosis de naturaleza a la que se expone a los sujetos: ¿se necesita poca o mucha naturaleza, y con qué frecuencia? Asimismo, los efectos pueden ser fuertes, débiles, sutiles o incluso inexistentes; y, en este caso, el riesgo de engañarse creyendo que hay un efecto cuando en realidad no lo hay es especialmente alto.

La llamada «teoría de la restauración de la atención» es la idea de que el entorno natural tiene profundos efectos restauradores en nuestro bienestar y que la experiencia humana del mundo natural ayuda notablemente a mantener y fomentar una potente sensación de bienestar subjetivo. Según varios psicólogos, un entorno natural debe tener tres elementos cruciales para ejercer plenamente ese efecto restaurador: debe darnos la sensación de que nos alejamos de nuestra vida y entorno normales; debe contener elementos visuales y sensoriales que resulten de algún modo fascinantes, y debe ser amplio, es decir, que tenga una cierta extensión.[14] Las crecientes presiones de la vida moderna tienden a aumentar la fatiga mental, pero las experiencias restauradoras en la naturaleza podrían reducirla. La circunstancia de que resulte más beneficioso mediar ese efecto restaurador a través de una conexión con entornos naturales obedece al hecho de que estos desempeñan un papel esencial en el funcionamiento humano normal.

En un estudio que involucró a un total de 4.255 participantes en el Reino Unido, los investigadores examinaron este fenómeno de «restauración», definido en función de una sensación de calma, relajación, revitalización y descanso, como resultado de haber visitado un entorno natural la semana previa.[15] La sensación de restauración que rememoraban los sujetos de su anterior contacto con la naturaleza era muy alta, con una puntuación media de cuatro en una escala del uno a cinco. Había una clara jerarquía de ubicaciones en la que los entornos costeros eran los que brindaban la mayor sensación de restauración, seguidos del campo y el paisaje rural, con las zonas verdes urbanas en tercer lugar. Sin embargo, probablemente haya que abordar esta jerarquía con cierta precaución, ya que se deriva de una media general, y en realidad muchos parques urbanos resultaban tener un efecto restaurador perfectamente equiparable al del campo. La mayoría de los integrantes del grupo socioeconómico más alto (53 %) habían estado en contacto con la naturaleza la semana anterior, mientras que solo una minoría (31 %) del grupo con inferior estatus socioeconómico había hecho lo propio. Obviamente, el grupo socioeconómico más alto también tenía, como media, una educación superior, un mejor estado de salud, un mayor acceso a la nutrición y demás.

Lo que sí está claro es que el diseño de los parques es un factor vital: el grado en que un parque resulta utilizable y accesible y facilita la realización de distintas actividades significativas es el principal factor impulsor de su uso. Las diferencias en las sensaciones de restauración detectadas en los periodos transcurridos en los mencionados entornos –la costa, el entorno rural y los parques urbanos– no eran especialmente importantes, y el estudio no tuvo en cuenta las actividades que podían realizarse en las diferentes áreas. Las zonas verdes urbanas se pueden utilizar, por ejemplo, para cultivar hortalizas, como sucede en los huertos urbanos; para pasear al perro, como ocurre en muchos parques, o para practicar deportes en campos deportivos urbanos. Disfrutar de un fácil acceso a la naturaleza es muy importante para los individuos, las familias, los grupos sociales y la sociedad en general; y unas zonas verdes urbanas bien diseñadas pueden sustituir, o emular en importantes aspectos, los efectos de acudir físicamente al campo. Los parques, por ejemplo, pueden incluir áreas silvestres que sustenten una fauna urbana integrada por insectos y aves, en lugar de limitarse a ofrecer zonas de césped bien cuidado y minuciosamente recortado. De manera similar, los senderos trazados en esos parques deberían, en la mayor medida posible, seguir las ondulaciones del entorno y los «caminos del deseo» de sus visitantes.

También se ha revelado que el efecto positivo en el estado de ánimo resultante de pasar un tiempo en la naturaleza se aplica a un rango de personas de diferentes edades y géneros en todo el globo. Y lo que quizá resulta aún más importante: el impacto de la exposición a la naturaleza es comparable a otros factores que afectan a la felicidad individual, como el nivel de renta, el nivel de educación, el grado de religiosidad, el estado civil, la realización de actividades de voluntariado y el atractivo físico.

Puede que no podamos hacer mucho con respecto a nuestro nivel de renta personal o, para el caso, con respecto a la propia percepción de nuestro mayor o menor atractivo físico, pero salir a caminar sí es algo que todos podemos hacer fácilmente. Como las pruebas científicas sugieren que la actividad en la naturaleza tiene un impacto duradero en nuestra felicidad y bienestar, deberíamos alentar a nuestras poblaciones a caminar en un entorno natural de manera regular y habitual, aunque solo tengan acceso a parques urbanos.

¿El hecho de que andar pueda mejorar de manera demostrable nuestro estado de ánimo implica que podría ayudar, de alguna manera, a aliviar la depresión, quizá como un factor protector, como una especie de «vacuna conductual»?

Hay una importante diferencia entre experimentar una sensación de abatimiento leve y transitoria –algo a lo que todos estamos sujetos– y sufrir el denominado «trastorno depresivo mayor» (TDM). Se ha definido el TDM como «un estado de ánimo deprimido o una pérdida de interés o de placer en las actividades cotidianas de forma constante durante un periodo continuado de al menos dos semanas. Ese estado de ánimo debe representar un cambio con respecto al estado de ánimo normal de la persona y, asimismo, ese cambio en el estado de ánimo debe repercutir negativamente en su funcionamiento a nivel social, profesional, educativo u otros niveles importantes».[16] La Organización Mundial de la Salud considera que el TDM constituirá uno de los mayores peligros para la salud y el bienestar de las personas en las próximas décadas, al tiempo que el riesgo de sufrir un episodio de este trastorno a lo largo de la vida se incrementará al 15 % en las poblaciones occidentales.[17] Esta forma de depresión generalmente requiere atención psiquiátrica, terapia cognitivo-conductual y/o tratamiento farmacológico.

Recientemente ha habido un interés generalizado en la posibilidad de utilizar la actividad física o el ejercicio como una forma de intervención de cara a aliviar este grave e incapacitante trastorno psiquiátrico. Se han realizado algunos ensayos a gran escala para tratar de comprobar si la actividad física (principalmente la actividad de andar) alivia o no el TDM. Como hemos visto, tanto caminar como otras formas de actividad física tienen una serie de efectos acumulativos, consistentes y positivos en todos nosotros; lo mismo vale para quienes padecen TDM, donde además actúa a un nivel equiparable a los tratamientos farmacológicos y cognitivo-conductuales.[18]

Sin embargo, los estudios que aspiran a determinar si la actividad de andar podría considerarse casi una especie de inmunización contra la depresión resultan problemáticos. Aquí se hace más o menos imposible emplear de antemano una metodología de ensayo controlado aleatorizado. Con ello me refiero a que no se puede seleccionar a una amplia muestra de población, luego someter a una parte de ella a factores estresantes diseñados para inducir depresión y, a continuación, observar las tasas de depresión reales en función de la «dosis de marcha» que se ha administrado antes de inducir esa depresión. Responder a una cuestión de este tipo implica más bien disponer de muestras mucho más numerosas (las denominadas «cohortes») y realizar un seguimiento de sus niveles de actividad física; luego hay que estimar las tasas de incidencia de la depresión en esa población y demostrar que la probabilidad de sufrir un trastorno depresivo mayor es más baja cuanto más activa es una persona.

Este último tipo de estudios, en principio, no resultan más complicados que otros como los ensayos clínicos farmacológicos a gran escala. Uno especialmente importante, dirigido por el psiquiatra y epidemiólogo Samuel Harvey, de la Universidad de Nueva Gales del Sur, se centró en una cohorte de 33.908 adultos, a los que se seleccionó por no padecer ningún trastorno o enfermedad mental común y por no padecer ninguna enfermedad física que pudiera limitar sus movimientos. Luego se realizó un seguimiento de todos estos participantes «sanos» a lo largo de once años.[19] El estudio pretendía verificar si el ejercicio proporciona o no algún tipo de protección frente a un posible brote de depresión en personas que no habían estado previamente deprimidas y, asimismo, intentaba determinar qué nivel o dosis de ejercicio se requiere y en qué medida se podía dilucidar la presencia de algún mecanismo subyacente a cualquier posible efecto protector.

Los participantes elaboraron sus propios informes en relación con el tipo y la cantidad de ejercicio que realizaban, y luego se realizó una validación independiente de dichos informes midiendo su absorción de oxígeno. Se consideraron asimismo otros elementos como la demografía, los factores socioeconómicos, el consumo de tabaco y alcohol, el índice de masa corporal, el apoyo social y similares. En términos generales, el estudio reveló que el mero hecho de realizar cualquier actividad física se asociaba positivamente a una disminución de la probabilidad de depresión (pero, curiosamente, no de la ansiedad). El efecto protector del ejercicio frente a la depresión se producía incluso con niveles muy bajos de ejercicio, como, por ejemplo, caminar solo de vez en cuando, aproximadamente una vez a la semana o así. La conclusión general, partiendo de la base de que la reducción observada en los casos de depresión tiene su origen en la actividad física, sugiere que aproximadamente el 12 % de los futuros casos de depresión podrían evitarse si «todos los participantes realizaran al menos una hora de actividad física cada semana». Hablamos, pues, de cambios relativamente modestos de los niveles de actividad; pero el efecto positivo que tienen es mucho mayor.

En el estudio llevado a cabo por Harvey y sus colegas, el más extenso realizado hasta la fecha, las principales modalidades de ejercicio que realizaban la mayoría de los participantes eran caminar y nadar. Los autores concluían que, dado que la intensidad del ejercicio no parece ser importante, «es posible que las medidas de salud pública más eficaces sean las que fomentan y facilitan el aumento de los niveles de actividades cotidianas como andar o montar en bicicleta». En otras palabras: la solución podría estar en diseñar nuestros entornos de modo que nos predispongan a ser más activos. Este estudio no discute en modo alguno la importancia del ejercicio para la función cardiovascular, pero sí afirma que el aumento de los niveles de actividad en comparación con no realizar ninguna actividad en absoluto ejerce una importante influencia en la aparición o no de posteriores episodios de depresión. Examinando estos hallazgos, Gregory Simon, médico del sistema público de salud, concluía que «el ejercicio constituye una receta antidepresiva de amplio espectro segura y moderadamente eficaz [...] para la prevención y el tratamiento de todas las formas más o menos graves de depresión», una importante recomendación de cara a las futuras políticas sanitarias realizada en una de las principales revistas de psiquiatría.[20]

Determinar cuál es la relación entre la actividad de andar y el estado de ánimo no es tarea fácil. De hecho, resulta verdaderamente difícil obtener respuestas claras de cualquier experimento realizado en ese sentido. ¿En general las personas que caminan más son un poco más felices o algo menos propensas a sucumbir a la depresión debido a que caminar mejora el estado de ánimo? ¿O es al revés: dado que eres más feliz, también eres más activo y, por lo tanto, caminas más? ¿Cuál es la causa y cuál el efecto? ¿O existe más bien un bucle de realimentación positiva? Una vez que se supera la inercia inicial y se echa a andar, esta actividad puede aumentar la sensación de bienestar y felicidad, lo que a su vez aumenta la predisposición a seguir andando.

Los estudios de los que disponemos, al menos en humanos, resultan bastante coincidentes y reveladores en ese sentido. Si bien apuntan a la existencia de una relación positiva entre la actividad de andar y el estado de ánimo, no está tan claro si un programa activo de marcha mejora o no el estado de ánimo en general, ya sea durante la propia marcha o en los periodos de tiempo posteriores a esta. Además, también resulta problemática la cuestión de la relación entre la dosis de marcha y el estado de ánimo. Una buena forma de obtener evidencias al respecto es observar la relación que existe entre el estado de ánimo y la actividad de andar ya sea mediante informes elaborados por los propios sujetos (que sabemos que pueden ser muy poco fiables) o a través del registro automatizado de la cantidad de pasos de estos dan en combinación con su evaluación momento a momento del propio estado de ánimo.

Otra alternativa es utilizar el ejercicio en general, o la actividad de andar en particular, como una intervención en personas a las que un psicólogo clínico o un psiquiatra ha diagnosticado niveles clínicos de depresión. Para tener validez, esto requiere la realización de ensayos clínicos apropiadamente controlados y diseñados, lo que no es tarea fácil. Es posible que, si las personas que padecen TDM aumentaran sustancialmente la cantidad de pasos que dan cada día, esto podría actuar (y subrayo lo de *podría)* como una especie de comportamiento antidepresivo. También podría darse el caso de que andar sirviera para aliviar lo que se conoce como «disforia transitoria», esa sensación de abatimiento o estrés que todos sufrimos de vez en cuando. En este contexto, quizá lo de «Me voy a dar una vuelta a ver si me animo» podría tener un significado real, aunque posiblemente esto no se aplique a la depresión mayor.[21]

Una forma poco apreciada en la que caminar mejora el estado de ánimo es mediante el placer que se obtiene al reposar tras haber realizado un esfuerzo físico prolongado, con un baño caliente o simplemente descansando en un confortable sillón.[22] El gran filósofo británico Bertrand Russell comentaba que, «cuando era joven, solía dedicar mis vacaciones a caminar. Cubría veinticinco millas diarias [unos 40 kilómetros], y cuando llegaba la noche no necesitaba hacer nada para evitar el aburrimiento, ya que me bastaba y sobraba con el placer de estar sentado».[23] Aunque no existe una relación simple y directa entre el estado de ánimo y la actividad de andar, los recientes hallazgos sugieren que caminar con regularidad tiene un efecto intenso y continuado en el estado de ánimo, incrementando la sensación de bienestar tanto de forma inmediata como a largo plazo.

Caminar, al igual que otras formas de ejercicio aeróbico, también puede tener un marcado efecto en el aprendizaje y la memoria. Existe una vasta bibliografía al respecto, integrada por miles de artículos de investigación, que va desde la descripción de los cambios moleculares que se producen en el cerebro a resultas del aprendizaje hasta los efectos del ejercicio en la memoria y la cognición de las personas mayores.[24]

En 1949, el gran psicólogo canadiense Donald Hebb sugirió que la clave que determina cómo los recuerdos se inscriben en el cerebro es la zona de contacto existente entre una célula cerebral y otra, la llamada «sinapsis».[25] Hebb predijo que las sinapsis debían ser plásticas, esto es, que podían remodelarse como resultado de la experiencia: cuanto más frecuentemente participaba una célula cerebral –o neurona– en la activación de otra, más probable resultaba que la primera activara con mayor facilidad a la segunda en comparación con una tercera que intentara activar a la primera. Así pues, existiría una pauta de «actividad conjunta» entre las células. La plasticidad de las sinapsis podría constituir la base de cómo se inscriben los recuerdos en el entramado del cerebro.

Esta potente idea fue la que dio origen a una conocida frase con la que suele resumirse la teoría hebbiana: «Las células que se activan a la vez permanecen interconectadas.»* Pero, para que se produzca esa «interconexión», es necesario que haya cambios estructurales o remodelaciones en la sinapsis. Y eso significa que debe haber moléculas –ya estén previamente presentes o surjan como resultado de la actividad– que sustenten o faciliten esos cambios. Una de las moléculas clave en ese sentido es el denominado factor neurotrófico derivado del cerebro (o BDNF, por sus siglas en inglés), que podría considerarse una especie de fertilizante molecular de origen cerebral en la medida en que sustenta la remodelación estructural y el desarrollo de las sinapsis a resultas del aprendizaje.[26] Recientemente hemos descubierto

* La frase original en inglés resulta bastante más sonora: «*Cells that fire together, wire together*» (literalmente, «Las células que se disparan juntas, se cablean juntas»). *(N. del T.)*

que el ejercicio aeróbico constituye una forma sencilla y directa de incrementar los niveles de BDNF en el cerebro y, especialmente, en la formación hipocampal.

Muchos experimentos han demostrado de forma sistemática que proporcionar a las ratas y ratones de laboratorio la oportunidad de hacer ejercicio en ruedas para correr aumenta de manera significativa y sistemática los niveles de BDNF de su cerebro.[27] Posteriormente, estos animales son capaces de orientarse en laberintos y realizar otras tareas con mayor facilidad que los individuos de control de la misma camada a los que no se da acceso a las ruedas de ejercicio. Asimismo, si se evita ese incremento de los niveles de BDNF mediante la administración de fármacos que lo bloquean, el beneficio inducido por el ejercicio en la memoria desaparece.

Actualmente muchos laboratorios han demostrado que el ejercicio aeróbico también aumenta la producción de nuevas células en el cerebro adulto maduro. Antes se creía que tras el nacimiento ya no se creaban más células cerebrales. Debido a ello, en gran medida se pasaron por alto toda una serie de hallazgos dispersos en la bibliografía científica de los decenios anteriores a la década de 1990 que demostraban que de hecho pueden surgir nuevas células en el cerebro adulto. A la larga, no obstante, el peso de los datos llegó a ser tan grande que echó por tierra la concepción ortodoxa previa. Sin embargo, la producción de nuevas células (un proceso conocido como «neurogénesis») se limita tan solo a unas pocas zonas del cerebro. Una zona especialmente importante en ese sentido es una parte de la formación hipocampal conocida como el «giro dentado».

Bloquear la producción de nuevas células cerebrales puede causar trastornos en el aprendizaje y la memoria. Además, los animales en los que se bloquea la neurogénesis –por ejemplo, como resultado de estrés conductual– muestran una sintomatología similar a la de la depresión: niveles reducidos de acicalamiento y cuidado personal, y escasos intentos de escapar a situaciones estresantes (como verse sumergidos en un pequeño tanque de agua); también muestran deficiencias en el aprendizaje y la memoria relacionados con la orientación y la búsqueda de recompensas en laberintos. Otro trabajo revela que la actividad de la formación hipocampal derivada del aprendizaje esforzado o del ejercicio aeróbico es un factor necesario para la incorporación de estas nuevas células cerebrales al propio hipocampo. El BDNF proporciona al cerebro un mecanismo molecular de apoyo esencial para el aprendizaje y la memoria; este se genera en función de un determinado comportamiento –incluido el ejercicio aeróbico– y, al mismo tiempo, su producción favorece el aprendizaje y la memoria de forma muy eficaz. Asimismo, el BDNF proporciona al cerebro un notable grado de resiliencia, incluida la resistencia al envejecimiento y a los daños derivados de traumas o infecciones.

Demostrar estos cambios en los animales es relativamente sencillo: en un examen *post mortem* podemos medir los cambios producidos en el cerebro de un animal después de un experimento. Por razones obvias, no es ese el caso en los experimentos con humanos, aunque aún se pueden tomar mediciones tanto directas como indirectas a partir de la saliva y de la sangre, además de evaluar las respuestas a una serie de tareas cognitivas y de otra índole (utilizando la IRMf también podemos medir muchos de los cambios que se producen en la estructura y la función del cerebro).

El modelo teórico actualmente consensuado con respecto al aprendizaje y la memoria sugiere que, para sustentar el aprendizaje y la memoria normales, deben actuar diversas regiones cerebrales de manera concertada; es decir: los instrumentos deben tocar en la secuencia correcta para que un recuerdo se pueda asentar en el cerebro. Como ya hemos visto, la formación hipocampal actúa como el centro neurálgico de una red cerebral distribuida de la que forman parte una amplia variedad de regiones corticales (recuerde el sencillo modelo del cerebro basado en las dos manos que veíamos en el capítulo 3), además de algunas subcorticales, especialmente el tálamo rostral y anterior.[28] Hoy tenemos una concepción «reticular» de cómo el cerebro sustenta diversas funciones concretas. Ya no hablamos del área *x* o *y* cuando queremos explicar el lenguaje, la visión, el tacto o el movimiento; lejos de ello, tenemos una concepción del cerebro que sugiere que las pautas de interacción entre diferentes regiones cerebrales tienen un papel esencial a la hora de sustentar funciones como el aprendizaje y la memoria, así como el lenguaje, la visión o la audición.

Hacer ejercicio aeróbico de manera regular aumenta el flujo de sangre que circula a través del cerebro, además de mejorar de manera notable su estructura y función. El ejercicio aeróbico facilita al cerebro la tarea de poblar con nuevas neuronas una región que resulta crucial para el aprendizaje y la memoria. Además, el ejercicio aeróbico favorece la producción generalizada de una serie de moléculas clave que actúan para mantener el cerebro en buenas condiciones de funcionamiento. Correr, como ejercicio aeróbico, constituye un potente método de inducir esos cambios, pero también comporta una serie de inconvenientes: uso de calzado especial, preparación física, cambiarse de ropa, ducharse... Pero más importante que esos pequeños inconvenientes es el hecho de que el riesgo de lesiones aumenta en proporción a la distancia que se corre, mientras que, en cambio, caminando el riesgo de lesiones se mantiene aproximadamente igual independientemente de la distancia recorrida.[29] Un estudio realizado a pequeña escala concluía que en general el riesgo de lesiones es menor entre las personas que caminan regularmente que entre las que corren.[30] Para maximizar los beneficios que andar confiere a la salud, debe hacerse a una velocidad sistemáticamente alta a lo largo de una distancia razonable; por ejemplo, mantenerse constantemente a más de 5 o 5,5 kilómetros por hora durante al menos treinta minutos y al menos cuatro o cinco veces por semana.[31] Caminar ofrece la suprema ventaja de no necesitar nada más que un par de zapatos decentes, tal vez un impermeable y poco más. Si se realiza en dosis regulares durante el día, aporta una serie de pequeños cambios acumulativos importantes y beneficiosos para la salud de los pulmones, el corazón y especialmente el cerebro. El concepto de salud cerebral debe entenderse aquí en su sentido más amplio. Al igual que el propósito del corazón es bombear sangre y el de los pulmones posibilitar la respiración, el propósito del cerebro es sustentar todo el abanico de cosas que hacemos en el transcurso de nuestra vida, desde el pensamiento hasta la memoria, pasando por la resolución de problemas, la planificación, la regulación de nuestros estados de ánimo y un sinfín de cosas más. Cuando se realiza a un ritmo razonable, caminar con regularidad entraña la promesa de ser una vía rápida para potenciar la función cerebral en todos los ámbitos.

Levantarse y echar a andar involucra a todo nuestro cuerpo: las manos y los brazos para levantarnos del asiento y luego para equilibrar el torso mientras nos movemos; las caderas para controlar nuestros movimientos al andar; el corazón para suministrar sangre y oxígeno... toda una gama de actividades. ¿Hasta qué punto los cambios producidos en el cerebro se deben a cambios producidos en el cuerpo? El BDNF sustenta una gran variedad de cambios importantes en la estructura, la función y la conectividad de las células cerebrales. Estas requieren un suministro constante de nutrientes y oxígeno: crecen y se desarrollan en un cerebro que necesita la sangre bombeada por el corazón al latir. Por lo tanto, los vasos sanguíneos deben evolucionar en respuesta a las demandas de oxígeno y nutrientes planteadas por unas células cerebrales que se caracterizan por su plasticidad.

Hay otra molécula estimulada por el ejercicio que desempeña un papel crucial en la plasticidad cerebral. El denominado «factor de crecimiento endotelial vascular» (o VEGF, por sus siglas en inglés) estimula el crecimiento de la vasculatura, la red de pequeños vasos sanguíneos que transportan oxígeno y nutrientes a cada una de las células del cerebro. Reforzar las conexiones existentes entre las células cerebrales, construir y mantener las redes que sustentan el pensamiento y la conducta, requiere que haya un constante tráfico desde fuera del cerebro al interior de este. Un cerebro, como una ciudad, necesita una infraestructura de transporte que garantice un suministro constante de nutrición y materias primas.

Y, en el caso de nuestro cerebro, ¿en qué consiste ese tráfico? Concretamente, se introduce sangre, oxígeno, nutrientes y otras moléculas producidas en el cuerpo, mientras que se extraen detritos, productos de desecho y moléculas elaboradas en el propio cerebro. Se trata, pues, de un tráfico bidireccional, lo que implica que la propia actividad cerebral resulta afectada, quizá incluso determinada, por las moléculas que se producen en el resto del cuerpo.

¿Cómo actúan esas moléculas producidas por el cuerpo en el interior del cerebro en respuesta al movimiento? Hoy disponemos de los rudimentos de una posible respuesta a esta pregunta. Un equipo de investigadores de la Universidad de California en San Diego estudiaron cómo se desencadena la neurogénesis en la formación hipocampal.[32] Utilizando ratones modificados genéticamente, los investigadores demostraron que la neurogénesis inducida por el ejercicio en la formación hipocampal requiere de la presencia de una molécula que generan los músculos cuando trabajan activamente y que responde al poco agraciado nombre de «factor de crecimiento endotelial vascular de la miofibra esquelética» (o smVEGF, por sus siglas en inglés). Aparte de las piernas, caminar hace trabajar diversos músculos situados en los brazos, el diafragma, el abdomen y el cuello, de modo que hay muchos lugares donde se produce esta molécula, que luego llega al cerebro a través del torrente sanguíneo.

Piense por un momento en las implicaciones que esto tiene: el movimiento regular del cuerpo hace que se libere smVEGF, que a continuación pasa a circular por el torrente sanguíneo y, en consecuencia, se transporta al cerebro. Una vez allí, estimula el crecimiento de nuevos vasos sanguíneos y a la vez sustenta la producción de nuevas células cerebrales. La idea de que el cerebro es permeable a las influencias externas derivadas de la actividad del resto del cuerpo tiene un papel esencial en este libro y se ve respaldada por diversos hallazgos que demuestran que existe una realimentación y una interrelación positiva entre la actividad musculoesquelética y el cerebro. La obligada conclusión es que, cuando se realiza de forma regular y constante, la locomoción genera en la musculatura una serie de moléculas (concretamente smVEGF) que a su vez estimulan los cambios positivos que se detectan en el cerebro como resultado del ejercicio regular.

Las células musculares obedecen a una regla básica: «Lo que no se usa, se pierde», y lo mismo ocurre con las células cerebrales. El cuerpo no puede permitirse el lujo de perder energía acumulando, alimentando y gestionando células musculares o de otro tipo que no contribuyan a la vida del cuerpo en general. La mejor forma de decirle al cuerpo que se necesita un músculo es someter a ese músculo a una tensión y un esfuerzo regulares (aunque moderados). Si un órgano está funcionando, es que se utiliza; y, si se utiliza, hay que mantenerlo. En cambio, en el caso de las personas que llevan una vida relativamente sedentaria durante largos periodos de tiempo, sus músculos inactivos empiezan a cambiar, acumulando depósitos de grasa. Este tipo de depósitos se han encontrado, por ejemplo, en los músculos de los astronautas, las personas obesas y los ancianos, es decir, en aquellos que no realizan en cantidad suficiente el tipo de ejercicio que somete a los músculos del cuerpo a una tensión positiva.

Hoy tenemos una imagen bastante precisa de la velocidad con que la inactividad desencadena estos cambios musculares. Utilizando una técnica conocida como «inmersión en seco», que inmoviliza los músculos y reduce la carga que estos suelen soportar, se ha podido observar la evolución de estos cambios en tiempo real.[33] En este estudio, los voluntarios se tendieron en una cama de agua diseñada para sustentar por completo su cuerpo, por delante y por detrás (imagine una cama de agua de forma similar a un sobre en la que te introduces y a la vez te inmoviliza). La temperatura corporal de los participantes se mantuvo controlada a un nivel constante a través del agua circulante a fin de que no experimentaran un calentamiento excesivo. Los sujetos permanecieron en esta posición de microgravedad durante tres días, exceptuando algunas breves pausas para ir al lavabo, que se aprovecharon para medir muchos de los marcadores asociados a los cambios en la musculatura derivados de la inactividad.

Los resultados obtenidos incluso en un periodo tan breve de inactividad fueron sorprendentes. La «viscoelasticidad» de los músculos del muslo disminuyó como media en un 9 % (la viscoelasticidad vendría a ser como las propiedades combinadas del caucho y el agua: permite a la vez estirarse y fluir), lo que indica que dichos músculos se habían hecho menos funcionales debido a la falta de uso. Además, los experimentos en los que se midió la facilidad con la que los participantes contraían y relajaban los músculos de los muslos mostraron una disminución de rendimiento uniforme. Asimismo, las biopsias musculares (todos ellos eran voluntarios valerosos que se dejaron extraer y medir un poco de músculo con una jeringa hipodérmica) revelaron una atrofia (o contracción) significativa como resultado de tan solo tres días de inmovilidad. Esos cambios también eran visibles en las imágenes por resonancia magnética de los músculos del muslo.

Ser sedentario es malo para cualquiera, aunque sea joven y esté en forma: si no se utilizan, sus músculos disminuirán de volumen con tanta facilidad como rapidez. Por otra parte, la pérdida de masa muscular también lleva asociada una menor producción de determinadas moléculas que, como hemos visto, son importantes para sustentar la creación de nuevas células cerebrales en las pocas regiones del cerebro donde estas se siguen produciendo durante toda la vida. A medida que los músculos se deterioran, también lo hace el cerebro. Se producen asimismo otros cambios perjudiciales: en la personalidad, en el estado de ánimo y en la propia estructura del cerebro. Pese a todo, disponemos de un maravilloso mecanismo de corrección incorporado, un tipo de medicamento que podemos administrarnos nosotros mismos y que carece de efectos adversos: el movimiento.

7. CAMINAR DE FORMA CREATIVA

Me encanta caminar por toda clase de razones, pero una de las principales es que me parece la mejor forma de desconectar mentalmente del alboroto de la vida cotidiana. Caminar me da libertad para reflexionar, para mantener un tranquilo diálogo conmigo mismo acerca de cómo resolver un problema. Puede que esos problemas sean triviales, pero son importantes para mí. Y no soy el único al que le ocurre esto. Desde tiempos antiguos se reconoce que una buena caminata constituye una excelente manera de resolver los problemas. La escuela de filosofía peripatética, en la antigua Grecia, era famosa por impartir sus enseñanzas de pie (de hecho, la raíz griega de su nombre significa «pasear de un lado a otro»). El filósofo Friedrich Nietzsche llegó a decir que «Solo tienen valor los pensamientos que nos vienen mientras andamos».[1] En una línea similar, el escritor Henry David Thoreau observaba:

> [...] en el momento en que mis piernas empiezan a moverse, mis pensamientos comienzan a fluir, como si hubiera liberado una corriente en la parte de abajo y, en consecuencia, en la de arriba fluyeran nuevos manantiales. Un millar de arroyuelos que tienen su origen en las fuentes del pensamiento brotan y

fertilizan mi cerebro [...]. Solo mientras estamos en acción la circulación es perfecta. La escritura basada en el hábito de sentarse es mecánica, acartonada, aburrida de leer.[2]

Se trata de ideas trascendentales, que sugieren la existencia de una relación vital entre el movimiento del cuerpo y el flujo del pensamiento y que, asimismo, subrayan la relación del movimiento con el trabajo creativo. Muchos autores han escrito con elocuencia acerca de cómo caminar aporta claridad al pensamiento, la creatividad y el estado de ánimo. William Wordsworth compuso su poema «La abadía de Tintern» mientras paseaba; más tarde, explicaba: «Lo empecé al salir de Tintern [...] y lo concluí [...] después de pasear durante cuatro o cinco días[...]. No se modificó ni una línea, ni se anotó una sola parte de él hasta que llegué a Bristol.»[3] Hace aproximadamente un siglo y medio, el filósofo danés Søren Kierkegaard escribía que «Todos los días me encamino andando a un estado de bienestar y me alejo de toda enfermedad. Andando me he encaminado a mis mejores pensamientos, y no conozco ningún pensamiento tan pesado que uno no pueda alejarse andando de él». Los escritos y las rutinas de artistas y filósofos de todas las épocas están salpicados de comentarios como este.[4] Por lo tanto, no es precisamente un descubrimiento moderno que caminar –una de las maravillas más comunes, que tanto afecta a todo lo que hacemos– puede liberar directa e indirectamente nuestra mente para que esta alcance sus estados más creativos. Pero el cómo y el porqué de ello constituye un ámbito de estudio en el que se están llevando a cabo algunas de las investigaciones de vanguardia más fascinantes de la actualidad.

En mi caso personal, caminar constituye una ayuda y un estímulo útiles para la escritura. Tengo que escribir un libro;

lo planifico al detalle: los capítulos, los titulares, los temas... Leo, tomo notas y hago listas de los puntos que me propongo tratar; luego cojo mi dictáfono, salgo a andar y empiezo a dictar. Media hora prevista de caminata y dictado se convierten en una hora o más: hablo mucho más allá de lo que indicaban mis notas. Y así una y otra vez. Después de semanas y meses, se pueden llegar a acumular entre 50.000 y 60.000 palabras: la base de un libro, que luego deberá revisarse, modificarse, editarse. Este sistema me obliga a hablar en frases más cortas y a utilizar menos oraciones subordinadas. Pero cualesquiera que sean las imperfecciones, el hecho es que caminar puede proporcionar cierta fluidez para escribir y dictar; y, siempre que a uno no le importen las miradas curiosas, funciona. Además, he descubierto que salir a caminar antes de escribir también ayuda en el trabajo posterior, pues de ese modo mis pensamientos adoptan un cierto orden. Bertrand Russell era un caminante asombrosamente activo, cuya afición a andar está constantemente presente en toda su autobiografía.[5] Su amigo, el actor y dramaturgo Miles Malleson, escribió que «Cada mañana Bertie se iba a caminar solo durante una hora, mientras componía y pensaba su trabajo para la jornada. Cuando volvía, escribía durante todo el resto de la mañana, con facilidad y soltura, y sin una sola corrección».[6] Caminar con un cierto enfoque cognitivo te prepara para escribir.

A mí me gusta especialmente recorrer los senderos que rodean Victoria Hill, una colina situada en el parque de Killiney Hill, en la zona sur del condado de Dublín, cerca de donde vivo. Las vistas desde el obelisco situado en lo alto de la colina son espectaculares y recuerdan un poco a la bahía de Nápoles; de ahí los nombres italianos de las calles de la zona: Nerano, Sorrento, Vico, Marino... aunque las ráfagas de viento marino pueden ser un problema, de modo que conviene llevar bien sujeto el bloc de notas. En cualquier caso, la razón por la que a mí caminar me sirve como un estímulo para pensar y, por ende, para escribir es que favorece un intercambio ágil, rápido y eficaz entre diferentes estados mentales. Caminar me permite centrarme en un pensamiento enfocándolo más de cerca y, luego, distanciarme de nuevo de él situándolo en un contexto más amplio junto con otras cosas.

He aquí una sencilla tarea: cuente el número de veces que aparece la letra *e* en el párrafo anterior. ¿Ha terminado? De acuerdo. Ahora dedique unos segundos a pensar en algunos de los buenos momentos de su vida. Al hacerlo, descubrirá que puede cambiar con relativa facilidad entre centrar la mente en detalles concretos (contar las *es)* y evocar acontecimientos de mayor trascendencia (¿Dónde estaba yo entonces? ¿Con quién estaba? ¿Era feliz?...). Este pequeño ejercicio revela que el cerebro tiene dos modos básicos de trabajo: un modo activo, ejecutivo, y otro por defecto:[7] el modo activo requiere centrar la atención y procesar detalles; el modo por defecto consiste en dejar vagar la mente, echar mano repetidamente de la memoria autobiográfica y alejar la atención del entorno inmediato.

Dedicamos enormes cantidades de tiempo a dejar vagar la mente. Diversos estudios realizados utilizando el denominado «método de muestreo de experiencias» –que utiliza teléfonos móviles para contactar con individuos durante el transcurso de la jornada a fin de preguntarles acerca de lo que están haciendo– revelan que los humanos pasamos una considerable cantidad de tiempo en ese estado mental por defecto; algunas estimaciones sugieren que llegamos a dedicar de diez a quince minutos cada hora si se suman todas las veces que conectamos y desconectamos de nuestro entorno.[8] Pero la divagación mental no implica ociosidad ni pérdida de tiempo, al menos tal como se entiende habitualmente esto último: lejos de ello, es una parte necesaria de las tareas de «mantenimiento» de la mente, que nos permite integrar nuestro pasado, presente y futuro, examinar nuestra vida social y crear un relato personal a gran escala. Si la divagación mental tiene algo de ociosidad, en todo caso es una forma de ociosidad peculiar y activa, en la que nos mantenemos inactivos desde un punto de vista conductual, pero mentalmente dinámicos. Los maestros suelen decirles a los niños que no miren por la ventana y presten atención. Pero parece ser que generaciones de maestros podrían estar equivocadas: centrar la atención en tareas concretas y dejar vagar la mente son dos caras de la misma moneda mental. Nos centramos en tareas concretas para poder realizarlas, y alejamos la atención de dichas tareas a fin de reunir los recursos que nos permitan resolverlas cuando son difíciles o simplemente para integrar la información que hemos aprendido mientras nos hemos centrado en ellas. Este rápido intercambio entre estados es lo que nos permite llevar una vida productiva y creativa. Hay toda una serie de experimentos que muestran que la divagación mental activa facilita una posterior resolución creativa de los problemas y que los participantes que han dejado vagar la mente han dado con soluciones cada vez más creativas en comparación con los que no lo han hecho.[9]

Caminar es, paradójicamente, una forma de ociosidad activa y facilita la práctica de la divagación mental. Es una acción dirigida y centrada, pero permite que la mente divague con facilidad y que los pensamientos vayan del día siguiente al anterior, al próximo año, a la pasada década o a las oportunidades aprovechadas o perdidas. En su gran novela *Ulises,* James Joyce supo captar muy bien esta idea, asegurando: «Caminamos a través de nosotros mismos, tropezándonos con ladrones, fantasmas, gigantes, viejos, jóvenes, esposas, viudas, cuñados... pero tropezándonos siempre con nosotros mismos.» Mientras andas, puedes hablar silenciosamente contigo mismo y en voz alta con los demás; o simplemente escuchar música, audiolibros o pódcast. La ventaja de andar en compañía es que facilita el intercambio de información, así como la integración de esa información con nuestros propios recuerdos, pensamientos y sentimientos.

En su nivel más simple, la razón por la que caminar permite especialmente este rápido intercambio entre estados mentales puede ser de carácter estructural, fundamentada en ciertas regiones clave del cerebro. El sistema cerebral que está activo cuando accedemos a la memoria gira en torno a la formación hipocampal y las numerosas estructuras conectadas con ella (lo que se conoce como formación hipocampal extensa). Es importante destacar que la formación hipocampal extensa también está activa cuando caminamos, corremos o transitamos por un determinado entorno. Esta red cerebral única admite (como mínimo) dos funciones distintas e interrelacionadas entre sí: la memoria episódica, por una parte, y la orientación espacial, por otra. Una posibilidad para responder a la cuestión de por qué el rápido intercambio entre estos dos modos de pensamiento se hallan en el corazón de la creatividad surge de la idea de que, para crear algo nuevo, hay que combinar ideas en alguna forma de asociación novedosa. Dejar vagar la mente permite la colisión de ideas, mientras que centrar la atención permite comprobar si el resultado es absurdo o nuevo e interesante. Cuanto más investigamos, más descubrimos que el hipocampo juega un papel esencial en estas dos actividades, facilitando una actividad cerebral de interrelación ricamente productiva. Incluso podemos concebir la divagación mental como una forma de «pensamiento divergente», donde nuestra reflexión se dirige mucho más allá de las limitaciones normales de un problema y sus posibles soluciones.

Mientras estamos en el estado mental por defecto, por regla general nos entregamos a pensamientos de tipo general, de carácter autobiográfico, sobre nuestro pasado y nuestros posibles futuros. También dedicamos tiempo a pensar en los demás: practicamos la *cognición social* sin la presencia de otros. Incluso podemos entregarnos a la fantasía. Probablemente otra forma de concebir la denominada «red neuronal por defecto» sea considerar que está involucrada en la construcción de historias y relatos sobre nosotros mismos y el mundo en el que vivimos. Como resultado, algunos teóricos han llegado incluso a sugerir que la actividad de la red neuronal por defecto construye el núcleo de la individualidad, dado lo especialmente activa que esta se muestra en los actos de remembranza autobiográfica.[10]

Diversos experimentos han revelado que, cuando vemos películas o cuando leemos, contamos o hacemos que alguien nos lea historias, es la red neuronal por defecto la que está activa. Como hemos visto, la teoría de que la creatividad puede surgir de un rápido intercambio entre la actividad del modo por defecto y la actividad centrada en tareas resulta especialmente atractiva. Pero una idea aún más atractiva –que es la que concluye un importante estudio reciente– es que la creatividad surge cuando tanto la red neuronal por defecto como la denominada «red neuronal orientada a tareas» se activan *de manera simultánea,* es decir, cuando nos centramos a la vez en las partes y en el todo.[11]

La psicología y la neurociencia han tardado en reconocer los beneficios de caminar como estímulo para el pensamiento creativo. Sin embargo, el psicólogo, economista y premio Nobel Daniel Kahneman es una excepción a la regla. En su maravilloso libro *Pensar rápido, pensar despacio,* señala que él, cuando camina, tiene una velocidad óptima para pensar y trabajar.[12] Incluso sugiere que el leve reto físico que comporta caminar puede generar mayores niveles de atención mental. La descripción que hace Kahneman tiene un interesante colofón: haga la prueba de multiplicar mentalmente 23 × 78 mientras va andando; es casi seguro que se detendrá y dejará de andar. Comenta Kahneman que «acelerar más allá de mi velocidad de paseo altera por completo mi experiencia de andar, puesto que la transición a una marcha más rápida provoca un gran deterioro en mi capacidad de pensar con coherencia».[13] Este ejemplo alude, obviamente, a su propia experiencia concreta. No obstante, la tarea de multiplicar constituye un problema bien definido y delimitado gobernado por reglas concretas, cuya solución requiere una secuencia estricta de subtareas, todo lo cual depende en gran medida de la capacidad de mantener representaciones simultáneas en la memoria de trabajo: en otras palabras, no se requiere una solución creativa; de hecho, en este caso, una solución creativa resultaría del todo indeseable. Pero ¿ocurre lo mismo en otros tipos de problemas? ¿Qué ocurre con los problemas que aún no tienen una respuesta definida porque los propios problemas en sí son difusos, están mal planteados o su formulación es incompleta?

Un contrapunto a Kahneman es la historia del gran matemático irlandés sir William Rowan Hamilton, del Trinity College de Dublín. Hamilton estaba batallando para desarrollar una nueva teoría matemática, la de los llamados «cuaterniones», que extienden la teoría matemática de los números complejos al espacio tridimensional. Las matemáticas involucradas en esta teoría resultan extrañas y ajenas a la experiencia cotidiana, pero han encontrado numerosos usos en la física contemporánea, así como en los juegos de ordenador, la animación y los gráficos informatizados, y hasta en el diseño de cepillos de dientes eléctricos.[14] Hamilton dio con la solución mientras daba uno de sus habituales paseos de dos horas en los que iba desde el Observatorio Dunsink, en el norte de Dublín, hasta el Trinity College o la Real Academia de Irlanda, ambos en el centro de la ciudad. Y grabó la ecuación fundamental con su navaja en una de las piedras del puente de Broom, en el barrio dublinés de Cabra. Hoy, una placa conmemora su idea:

> *Cuando pasaba por aquí*
> *el 16 de octubre de 1843,*
> *sir William Rowan Hamilton*
> *en un destello de genio descubrió*
> *la formula fundamental de*
> *la multiplicación de los cuaterniones*
> $i^2 = j^2 = k^2 = ijk = -1$
> *y la grabó en una piedra de este puente.*

El propio Hamilton describió así aquel momento: «Y aquí se me ocurrió la idea de que debemos admitir, en cierto sentido, una cuarta dimensión del espacio con el propósito de calcular con triples [...]. Pareció cerrarse un circuito eléctrico, y saltó una chispa.»[15] Aquí hay muchos de los elementos esenciales que configuran un momento de inspiración creativa: el largo periodo de contemplación, preparación e incubación; la construcción activa y la formulación de un nuevo problema; la comprobación de diversas soluciones mediante un periodo prolongado de reflexión. Y, al mismo tiempo, un montón de caminatas. Actualmente, el 16 de octubre, se realiza todos los años una caminata en honor de Hamilton con el fin de celebrar la importancia de su trabajo, y en la que participan matemáticos de todo el mundo.

¿Qué podemos extraer, pues, de estas anécdotas? ¿Caminar supone una barrera al pensamiento matemático creativo o, por el contrario, lo facilita? Lo cierto es que estos ejemplos abordan problemas distintos: uno claramente definido y con una solución única; el otro, definido solo vagamente y necesitado de una solución creativa. Ello sugiere que caminar facilita la consideración de este segundo tipo de problemas, para los que se necesita un pensamiento divergente; un pensamiento que requiere explorar múltiples soluciones potenciales. Caminar puede afectar al proceso de pensamiento creativo mientras se realiza la actividad, una vez finalizada esta, o en ambos casos. Y podría hacerlo de manera positiva o negativa en función de cuándo se mida el efecto de la intervención (esto es, de la caminata). Podría haber un «efecto de desbordamiento» indirecto de larga duración en el pensamiento creativo surgido del propio hecho de que el cerebro se encuentra en mejores condiciones fisiológicas de las que estaría en caso contrario. Finalmente, debemos considerar una cosa más: como reconoce Kahneman, caminar a gran velocidad supone un esfuerzo y requiere una atención bastante constante para evitar echar a correr sin darse cuenta o simplemente para evitar tropezar y caer. Aunque ya sabemos que estar aeróbicamente en forma tiene múltiples efectos, profundos, positivos y duraderos en el cerebro, como los tiene en la función cardiaca y pulmonar, podría muy bien darse el caso de que caminar a una velocidad justo por debajo de la que requeriría nuestra atención constante sea lo que produce el mejor efecto posible en la cognición creativa.

Antes de explorar más a fondo la contribución de la actividad física a la cognición creativa, preguntémonos a qué nos referimos cuando hablamos de «creatividad». ¿Qué es el pensamiento creativo? Una definición ampliamente aceptada es que este involucra dos conceptos clave: la creación de algo que es novedoso y la idea de que cabe atribuir cierto valor a ese algo[16] (obviamente, se trata de evaluaciones subjetivas, y lo que puede considerarse valioso en un momento dado puede no serlo en otro). La creatividad se evalúa casi siempre mediante pruebas que se centran tanto en el pensamiento divergente como en el convergente, y, en ocasiones, en la expresión artística. En el caso del pensamiento divergente, normalmente se pide que se proporcionen diversas soluciones a un problema (por ejemplo, una pregunta habitual es: «¿Cuántos usos se le ocurren para un ladrillo?») en un plazo de tiempo limitado. El pensamiento convergente, por el contrario, requiere una sola solución, que es la única que resuelve ese problema concreto de forma precisa. Una palabra de un crucigrama es un ejemplo de solución convergente, como lo es la famosa ecuación de Einstein $E = mc^2$.

Cualquiera que sea el tipo de solución que necesitemos, ¿cómo surgen los pensamientos novedosos o creativos en el cerebro? Una forma práctica de concebir el cerebro es imaginarlo como una red enormemente compleja de células, regiones y circuitos, con diversos grados de tráfico entre las diversas partes del conjunto de la red en función de las demandas que se plantean a esta. Las áreas más alejadas entre sí tenderán a interactuar menos, mientras que en el caso de las más cercanas la interacción será mayor. Considere, por ejemplo, la extensa red de personas a las que recurre cuando tiene que resolver diversos problemas, desde presentar la declaración de la renta hasta solucionar una avería de fontanería: es probable que aprenda más de aquellas personas con las que no interactúa tanto. El cerebro actúa de manera similar por lo que respecta al proceso de crear nuevas ideas: necesitamos acceder a asociaciones remotas entre diferentes áreas cerebrales, puesto que es así como pueden surgir nuevas ideas interesantes y creativas.

Es evidente que necesitamos tener amplios conocimientos en torno al problema: un cerebro bien abastecido es un importante requisito previo para la resolución creativa de problemas. Otro, complementario de este, es activar el cerebro al máximo. Y uno de los medios más sencillos de conseguirlo es levantarse y echar a andar. La postura erguida produce cambios inmediatos tanto en la presión arterial como en la actividad cerebral. Estar de pie y caminar impone mayores exigencias al cuerpo y al cerebro que permanecer sentado.[17] Se necesita más oxígeno y se requiere una mayor actividad en muchos sistemas cerebrales distintos para garantizar que no nos caemos, de manera que podamos ver adónde vamos y coordinar las extremidades. Luego hemos de tomar una serie de rápidas microdecisiones sobre la dirección del viaje, aun en el caso de que se trate únicamente de dar vueltas por nuestro despacho. Un sencillo efecto colateral de levantarse y empezar a moverse es que la actividad se propaga a regiones cerebrales más distantes, lo que aumenta la probabilidad de que nuestros fragmentos dispersos de pensamientos e ideas, que se sitúan por debajo del nivel consciente, puedan unirse dando lugar a nuevas combinaciones.

Podemos demostrar que este esquema teórico es correcto evaluando de manera sistemática distintas ideas novedosas generadas estando sentado, de pie y andando. Una serie de recientes experimentos innovadores han revelado que caminar potencia la creatividad y la capacidad de resolución de problemas de diversas e inesperadas formas. Los psicólogos Marily Oppezzo y Daniel Schwartz, de la Universidad de Stanford, efectuaron varios experimentos en los que los participantes realizaron diferentes pruebas de creatividad.[18] La primera era una prueba relativa a usos divergentes (por ejemplo, la ya mencionada pregunta del ladrillo), mientras que la segunda consistía en idear metáforas (por ejemplo, describiendo un huevo incubado como «un prometedor capullo»). Los participantes iban andando (ya fuera en una cinta de correr o al aire libre), o bien permanecían sentados, o bien iban en una silla de ruedas que empujaba otra persona. En todos los casos resultó que caminar (fuera del modo que fuese) incrementaba de manera sustancial la puntuación en los dos tipos de pruebas, y el mayor grado de novedad se observaba en las personas que caminaban al aire libre. Estos efectos son bastante robustos: en el caso de las personas que andaban, la producción de ideas se multiplicaba varias veces, de forma sistemática y sostenida, en comparación con las que permanecían sentadas. Como concluyeron los investigadores en una sencilla frase: «Caminar abre el libre flujo de ideas.» Estos y otros estudios similares sugieren que caminar constituye un potente impulsor de la cognición creativa debido a la forma particular en la que engrana asociaciones remotas en el cerebro, aparte de los estímulos proporcionados por la naturaleza.

¿Es posible que caminar afecte a la creatividad de manera distinta a como lo hace el ejercicio aeróbico en general? ¿Proporciona un método fiable para generar pensamientos creativos que de otro modo podrían no aflorar? Para responder a ello necesitamos evaluar y medir ideas creativas generadas durante la marcha y también ideas creativas generadas como resultado de haber caminado (aunque en algunos casos ambas puedan coincidir, en realidad no son lo mismo).

Algunos experimentos recientes han tratado de comprobar asimismo si el estado de ánimo, aparte del movimiento, puede desempeñar un papel en el aumento de la creatividad.[19] La pregunta es: ¿la mejora del estado de ánimo tiene por sí sola un efecto en la creatividad, independientemente del ejercicio, o el ejercicio mejora por sí solo la creatividad, independientemente del estado de ánimo? Para comprobarlo, se reclutó a un grupo de personas para que participaran en una sesión o bien de ejercicios aeróbicos o de danza aeróbica, y vieran un vídeo bastante aburrido al respecto. Algunos participantes vieron el vídeo primero y luego realizaron el correspondiente ejercicio, mientras que en otros se invirtió el orden. En ambos casos se evaluó el estado de ánimo utilizando una lista de verificación de adjetivos positivos y negativos, y los participantes realizaron asimismo una prueba diseñada para medir la fluidez, la originalidad y la flexibilidad de su pensamiento creativo. Como media, se encontró que un periodo de ejercicio de 20 minutos mejoraba el estado de ánimo (evaluado por los propios sujetos) aproximadamente un 25 %, mientras que el visionado del vídeo lo empeoraba. También se comprobó que el ejercicio en efecto influye en la creatividad, aunque el resultado fue más discreto que en la correlación entre ejercicio y estado de ánimo. La fluidez y la flexibilidad creativas se incrementaron, aunque no se detectó efecto alguno en la originalidad. En general, los investigadores llegaron a la conclusión de que «Se puede decir que [el ejercicio físico] ha potenciado ligeramente el pensamiento creativo [...] independientemente de los cambios en el estado de ánimo».

Una consecuencia importante de la idea de que somos seres cognitivamente móviles es reconocer que nuestro cerebro ocupa un espacio en nuestro cuerpo: los estímulos que entran y salen del cerebro están mediados por el cuerpo. El hecho de que las regiones cerebrales relacionadas con el pensamiento, el razonamiento y la imaginación estén interconectadas con las que se ocupan de la planificación y el movimiento voluntario tiene pleno sentido en términos de neuroanatomía; también si partimos de la base de que el fin del pensamiento es la acción o el movimiento. De ahí que la humilde ascidia necesite un cerebro cuando es móvil, pero no cuando es sésil. Hoy resulta cada vez más evidente que incluso nuestra propia postura, además del movimiento, puede influir también en la cognición, el estado de ánimo y la creatividad. Es difícil desligar por completo la postura del estado de ánimo, ya que el sentido común nos dice que un estado de ánimo positivo suele ir asociado a una actitud abierta a nuevas experiencias y que esta, a su vez, puede reflejarse en la postura física que adoptamos. En un reciente estudio se pidió a los participantes que adoptaran una postura cerrada (brazos y piernas cruzados con firmeza) o abierta (brazos y piernas extendidos) y luego vieran un vídeo al que previamente se había asignado una valoración positiva o negativa.[20] Es importante recordar que la clave aquí no es el estado de ánimo en sí mismo, sino el efecto de este mediado por la postura adoptada. Cuando el estado de ánimo y la postura son congruentes, incluso en un estado de ánimo negativo con una postura cerrada, la creatividad debería verse afectada de forma positiva. Y los efectos observados por el estudio –que, aun sin ser particularmente intensos, hicieron notar su presencia– sugieren que se puede facilitar la creatividad adoptando posturas compatibles con el estado de ánimo que estamos experimentando en ese momento.

Este tipo de estudios subrayan hasta qué punto lo que hacemos, y cómo lo hacemos, influye en la creatividad. Y también sugieren que los métodos estándar de evaluación de la creatividad empleados por varias generaciones de psicólogos y neurocientíficos podrían estar subestimando nuestra capacidad creativa en la medida en que los entornos en los que los aplicamos y las posturas que pedimos que adopten a los participantes restringen su rendimiento. Esto también podría aplicarse a los trabajadores en su entorno cotidiano. Si queremos fomentar formas más libres de cognición creativa, necesitamos hacer que la gente se levante de su escritorio, se aleje de su pantalla y empiece a moverse. Este efecto concreto del movimiento en la creatividad constituye una potente herramienta, en gran medida desaprovechada, para generar nuevas ideas. Habría que alentar la construcción de edificios de oficinas que proporcionen espacios interiores y exteriores en los que deambular y conversar, además de facilitar los medios para retener los pensamientos sobre la marcha. Pero lo esencial sería legitimar, favorecer e institucionalizar este comportamiento en el trabajo: esperar que los trabajadores del conocimiento generen soluciones profundas y creativas a problemas complejos mientras permanecen sentados en una abarrotada oficina colectiva no solo no es razonable, sino que además resulta contraproducente.[21] Adoptar estrategias que aprovechen el poder de la cognición móvil tendrá efectos mensurables en el estado de ánimo y el bienestar de los trabajadores, así como en su productividad. No hay razón alguna para no intentarlo, aparte de nuestra inercia conductual y organizativa, que, por supuesto, resulta ser lo más difícil de superar.

Hoy sabemos que estando en movimiento podemos alcanzar un estado más creativo. Y si bien ese estado creativo puede ayudarnos a resolver diferentes tipos de problemas de manera más inventiva, también hemos descubierto que puede moldear nuestra experiencia del mundo: por ejemplo, cambiando nuestra forma de experimentar el tiempo. Si vamos conduciendo a través del campo por una carretera despejada, puede darnos la impresión de que un viaje de tres horas transcurre en un momento; por el contrario, un viaje de tres horas por una autopista abarrotada de tráfico y con constantes atascos nos parecerá mucho más largo. Nuestra percepción del paso del tiempo no tiene la coherencia de un reloj, dado que las unidades psíquicas de tiempo no son iguales a las unidades cronológicas. En este caso, el placer afecta a la percepción. No cabe duda de que dar un paseo bajo el sol de mediodía estando sediento, cansado y hambriento resulta más largo y pesado que hacer lo mismo con un clima más fresco y cuando se está descansado, bien alimentado e hidratado. Los seres humanos solemos subestimar o sobreestimar los intervalos de tiempo en función de cómo nos sentimos. Albert Einstein supo expresarlo muy bien: «Si pones la mano en una estufa caliente durante un minuto, te parecerá una hora. Si estás sentado en compañía de una hermosa muchacha durante una hora, te parecerá un minuto. Eso es la relatividad.»

Pero ¿nuestra estimación de cómo experimentamos el paso del tiempo es distinta cuando caminamos de, pongamos por caso, cuando estamos sentados? Para responder a esto debemos recurrir a esa antigua herramienta tan utilizada en los estudios sobre la marcha humana, la cinta rodante, y hacer uso de ella mientras en este caso los participantes realizan diversas tareas relacionadas con la estimación del tiempo. En una de dichas tareas se pide a los sujetos que presionen un botón cuando calculan que ha transcurrido una determinada cantidad de tiempo: puede ser un intervalo tan corto como un solo segundo o puede ser un periodo algo más largo, de cinco segundos, un minuto o más. Variando las tareas que se pide que realicen los participantes mientras hacen estas múltiples estimaciones de tiempo, se puede ver si dichas tareas influyen en ellas. También podemos observar si hay diferencias sistemáticas en la estimación del tiempo entre unos individuos y otros.

En uno de estos estudios, los participantes caminaban (una tarea de rendimiento motor) al tiempo que realizaban una tarea cognitiva consistente en hacer estimaciones de intervalos de un segundo.[22] Durante los primeros treinta segundos de la prueba, los participantes tuvieron acceso a un metrónomo preparado para marcar pasos de un segundo y se les pidió que presionaran un botón en sincronía con el metrónomo como práctica para calcular el tiempo mientras estaban sentados o caminando en la cinta rodante. Si, como hemos visto, la marcha se rige y controla básicamente mediante los generadores centrales de patrones de la médula espinal, la velocidad de la marcha debería tener un efecto relativamente reducido en la estimación del tiempo. Ello se debe a que es nuestro metrónomo interno, y no el movimiento de las piernas, el que marca el ritmo. Y ese metrónomo interno puede funcionar de varias formas: mediante una instrucción «desde arriba» que parte del cerebro; mediante el ritmo establecido por los generadores centrales de patrones de la médula espinal, y en función de la propia marcha o de cualquier potencial realimentación que surja de ella. En este caso, las tareas de estimación del tiempo nos permiten verificar esas posibilidades. Los resultados del estudio confirmaron que la estimación del tiempo variaba con la velocidad de la marcha. Así pues, el hecho de caminar en sí altera la estimación de las unidades de tiempo subjetivas que experimenta el participante; es decir, que nuestra experiencia del tiempo varía dependiendo de si estamos caminando o sentados.

Nuestra experiencia del tiempo puede variar ampliamente entre dos extremos opuestos. La experiencia de que el tiempo transcurre muy lentamente resulta familiar para cualquiera que camine despacio y con dificultad cuesta arriba bajo la lluvia y con una pesada mochila. En cambio, cuando la temperatura es benigna y el camino hace bajada, ocasionalmente la experiencia es tal que se cubren grandes extensiones de terreno durante lo que se percibe como un esfuerzo mínimo y un gran placer en periodos de tiempo relativamente cortos. Este estado se conoce como «flujo», y no se aplica únicamente a la marcha, sino a una amplia gama de actividades, como el trabajo, el deporte y todo tipo de formas de rendimiento especializado. La noción de flujo, a la que también se alude como psicología de la experiencia óptima, es un concepto psicológico esencial, desarrollado inicialmente por Mihály Csíkszentmihályi.[23] El flujo es la experiencia subjetiva de concentración y profundo disfrute que acompaña o se deriva de la realización de una actividad cuando se ejerce con un cierto dominio. Son características del flujo la sensación de control, la percepción de sentirse uno, de estar inmerso o absorto. Al caminar, se trata de una experiencia muy distinta de la euforia que se siente tras superar un terreno difícil y sentarse a disfrutar de un merecido descanso; consiste más bien en liberar a la mente y el cerebro de la tarea de controlar segundo a segundo la marcha, mientras que al mismo tiempo se cubre una considerable distancia.

Los humanos somos hábiles, expertos y consumados caminantes: caminar constituye un medio excelente para experimentar el flujo que está al alcance de casi todos nosotros. La marcha puede facilitar un rápido intercambio entre diferentes estados mentales, y eso es lo que favorece la cognición creativa, precisamente porque caminar permite experimentar lo contrario de una atención plena, lo que podríamos llamar una forma peculiarmente placentera de *inatención plena.* Caminar, con la experiencia de no centrarse en un pensamiento concreto, constituye una de esas oportunidades en las que pueden surgir asociaciones extrañas pero creativas en diferentes partes de las redes semánticas del cerebro que procesan la memoria y el significado.

Recientemente se realizó un inusual e interesante estudio acerca de la relación entre caminar y pensar entre un pequeño grupo de académicos noruegos.[24] Se seleccionó a los participantes porque les gustaba dar largos paseos y hacerlo regularmente y, además, todos ellos consideraban que esa actividad contribuía de manera importante a ayudarles a pensar. Es difícil extraer conclusiones generales a partir de una muestra tan pequeña, pero, no obstante, las entrevistas semiestructuradas que se realizaron en el estudio revelan algunos aspectos instructivos. Todos los entrevistados creían que caminar a un determinado ritmo favorecía su capacidad de reflexión y todos ellos hacían hincapié de diferentes formas en la palabra «ritmo». La velocidad óptima que consideraban que les ayudada a pensar variaba de unos a otros, pero el consenso generalizado en el grupo era que se trataba de «una velocidad en la que tu cuerpo está entregado y estimulado, pero no excesivamente forzado». Otro elemento común era que concebían el pensamiento casi como un «lugar». Uno de los entrevistados declaraba:

> Siento que estoy en él, en esa especie de extraño mundo abstracto de las cosas que he leído, de las cosas que he pensado mientras leía. Lo concibo como un estado, pero también

lo concibo geográficamente, como que estás en un lugar donde todo ese conocimiento te rodea en unas extrañas formas más o menos sólidas, de manera que es como si pudieras invocar tal o cual libro o argumento o pensamiento, y tal o cual texto que vinculaste a tal o cual autor, y todo eso está a tu disposición. Tú estás en medio de ello y puedes invocar pensamientos.

Lo que podemos ver aquí –como hemos visto a lo largo de este libro– es que caminar nos lleva a un lugar donde los pensamientos son más nítidos. Podemos concebirnos como seres capaces de alejarse andando de un problema para llegar a un lugar donde es posible una solución. Se trata de un peculiar y maravilloso estado que posibilita una resolución creativa de los problemas, comparable en muchos aspectos al que puede surgir en el umbral del sueño o incluso durante el sueño mismo. La expresión popular «Consúltalo con la almohada» constituye un testimonio cotidiano de los poderes generadores y creativos del sueño, y los escritores de todas las épocas han atestiguado las grandes propiedades de este último a la hora de facilitar la resolución de problemas. Escribía John Steinbeck: «Es una experiencia común que un problema que por la noche resulta difícil se resuelva por la mañana después de que el comité del sueño haya trabajado en él.»[25] También los científicos han llegado a la misma conclusión: es famoso el ejemplo del químico August Kekulé, que soñó con una serpiente que se mordía su propia cola, comprendiendo así que la estructura molecular del benceno debía tener forma de anillo.[26] Sin embargo, más allá de lo anecdótico, diversos estudios experimentales respaldan esta conexión. En uno de ellos se adjudicó a los participantes una difícil tarea cognitiva que requería el aprendizaje de una serie de secuencias de estímulo-respuesta. La tarea llevaba incorporado un atajo oculto: una regla abstracta que permitía hallar soluciones rápidas. La formulación del problema seguida de ocho horas de sueño duplicó con creces la probabilidad de que los participantes resolvieran la tarea, resaltando así hasta qué punto el sueño proporciona tiempo para la resolución de problemas y la consolidación de la memoria mientras estamos «desconectados».[27]

El problema de soñar es, obviamente, que los pensamientos pueden resultar demasiado fugaces para retenerlos; pero al caminar se pueden recrear, al menos en parte, las características del sueño: la pérdida del sentido del tiempo, la experiencia de la ensoñación, la libre asociación entre los diferentes recuerdos y pensamientos... La regularidad del ritmo de marcha, marcado por los generadores de patrones de la médula espinal, junto con la pérdida de importancia del tiempo, y el propio tiempo en sí, tal vez proporcionen una buena manera de impulsar el tipo de pensamiento creativo que todos necesitamos. Así pues, la próxima vez que tenga un problema difícil de resolver, dígale a su jefe que no estará en su mesa durante quién sabe cuánto rato (al fin y al cabo, su estimación del tiempo se verá afectada) y vaya a dar un paseo: cuando vuelva, el problema podría haberse resuelto. Puede que sus compañeros no estén convencidos, pero ínsteles a que lo intenten por sí mismos. Y asegúrese de llevar consigo alguna forma de dejar constancia de sus pensamientos. Tome algunas notas, aunque sea garabateándolas en un trozo de papel. Quizá le acompañe alguien que también tenga interés en resolver el problema; si es así, charle con esa persona de manera recurrente, digamos «centradamente descentrada», haciendo pausas para hablar de otros temas. Por supuesto, debe tener la mente bien abastecida con un montón de información sobre el problema que intenta resolver. Ideas como $E = mc^2$, o $i^2 = j^2 = k^2 = ijk = -1$, no se le ocurrirán de manera espontánea, puesto que este tipo de soluciones requieren un intenso periodo de preparación, reflexión y concentración. Debe caminar con el mero propósito de reflexionar sobre el problema. No importa que no lo resuelva de inmediato. Camine sin la expectativa de hallar una solución; antes bien, camine por el propio disfrute de andar y por el placer de pensar en el problema.

Cabe extraer aquí una importante lección: las personas a quienes se encarga la tarea de resolver complejos problemas políticos, organizativos y de otra índole no deberían encerrarse en salas de reuniones; deberían salir y echar a andar para encaminarse hacia mejores soluciones, y hacia un mundo mejor.

8. LA DIMENSIÓN SOCIAL DE CAMINAR

Hay algunos tipos de caminatas que he procurado evitar. Nunca he caminado en peregrinación y es casi seguro que nunca lo haré. Que yo sepa, tampoco he andado nunca en sueños, y espero no hacerlo jamás. Nunca he caminado por el tablón al estilo pirata, ni he pisado la alfombra roja; también confío en evitar esas dos cosas. Tampoco he asistido a demasiadas marchas de protesta.

Muchos de los mejores paseos y caminatas de mi vida han sido con amigos y familiares, generalmente en ciudades, pero a menudo también en el campo. Algunos de mis mejores recuerdos son de hacerlo en días fríos y soleados: un poco de frío ayuda a evitar el excesivo calentamiento, y un poco de sol realza todo lo que te rodea; y así la conversación fluye con facilidad. Disfruto especialmente caminando de noche. Caminar de noche puede parecer algo extraño, quizá un poco asocial, pero también ofrece algo especial, especialmente cuando sales a pasear con un amigo por las calles tranquilas y sin tráfico, vislumbrando breves fragmentos de vida y luz al pasar frente a las ventanas, o mirando a las estrellas, sabedor de que te aguarda un cómodo lecho. Andar de noche tiene cierta dimensión espiritual, algo que te hace ver el mundo de manera distinta. El gran poeta irlandés de lo urbano Thomas Kinsella escribió en su épico poema «Caminante nocturno» que, cuando caminas de noche, «las sombras están vivas. Se escabullen y titilan / A través de la superficie». Si vas solo, eso puede resultar aterrador, pero para mí, especialmente cuando tengo compañía, constituye una transformación maravillosa: lo mundano y lo cotidiano se revelan de una nueva forma.

El elemento común de todos esos paseos y caminatas es algo que a menudo no se detecta ni reconoce: en el fondo, caminar tiene una profunda función social: caminamos juntos por un ideal; caminamos juntos para encontrar comida que luego compartiremos; caminamos juntos para exhibirnos en sociedad; caminamos juntos para tratar de cambiar el mundo; caminamos juntos para encontrar una vida mejor para nosotros mismos y para los demás; caminamos juntos para disfrutar de nuestra mutua compañía. Hemos evolucionado para andar juntos, y esa dimensión social de caminar tiene una función demostrativa: transmite señales a los demás acerca de nuestras intenciones comunes y objetivos colectivos. Posiblemente caminar en ese contexto social sea la mejor forma de hacerlo, ya sea para dirigirse hacia un objetivo común o simplemente pasear sin encaminarse a ningún lugar concreto.

No obstante, a menudo pasamos por alto hasta qué punto, cuando andamos, lo hacemos en grupo: puede ser una familia nuclear, una familia extensa, una pandilla de adolescentes con sudadera y capucha, un grupo de hombres mayores que arrastran palos de golf, o hileras de soldados desfilando. Es un grave y profundo error pensar que caminar es una actividad puramente solitaria. Como ya hemos visto antes en este libro, al hablar de nuestra antecesora la Eva andante, nuestra relación con el acto de caminar se remonta a los tiempos más remotos. Podemos ver el rastro de este legado social en las pisadas, hoy fosilizadas, que dejaron al andar un grupo de unas 18 personas –humanos anatómicamente modernos– hace alrededor de 19.000 años;[1] un grupo de humanos que caminaban juntos por una marisma cerca de la base de un volcán, en las inmediaciones del actual lago Laetoli, en Tanzania. El patrón que dibujan las huellas, dispersas por un área de aproximadamente el tamaño de una pista de tenis, resulta algo complejo, pero ya nos ha revelado algunos de sus secretos. El grupo se compone principalmente de mujeres y niños. Sus pies, que se hunden en el barro, están mojados, dejando rastros de gotas entre las pisadas. Y uno de ellos tiene lo que parece ser un dedo roto.

Constituyen un grupo social extenso, cuyos miembros interactúan entre sí y presumiblemente transportan comida y agua, y quizá también algún tipo de armas elementales para protegerse. Posiblemente fueran vestidos, pero eso es todo lo que sabemos de ellos como individuos. Y de no haber sido por la fina y plateada capa de cenizas volcánicas que cubrió sus huellas, se habrían perdido por completo en la noche de los tiempos; sus vidas, su carne, sus huesos. Pero dejaron un eco, un rastro de lo que fueron. Otros indicios ancestrales de otras épocas y lugares muestran patrones similares de caminatas en grupo: en Australia, Inglaterra, Argentina, Nicaragua... Sin estos grandes grupos de caminantes, no hay reproducción, ni especialización, ni ataques coordinados contra otros grupos para robarles alimentos u otros recursos, ni colonización de nuevos lugares, ni nuevos horizontes.

Obviamente, también hay caminatas que se realizan en soledad, pero que tienen una profunda dimensión social. Las peregrinaciones constituyen un notable ejemplo de esa dimensión social incluso cuando las emprende un peregrino solitario, puesto que se llevan a cabo en solidaridad con un propósito mayor: una comunidad, una causa, una fe... Revelan el poder de un ideal para inducir un homenaje ambulante: hasta el peregrino solitario camina en nombre y en compañía de una imaginada comunidad mental. Luego están las solitarias figuras del *boulevardier* o el *flâneur,* que solo tienen sentido en el tejido social de la ciudad, que observan a la multitud y dedican el tiempo a sumergirse en espacios públicos y lugares concurridos.

La dimensión social de caminar se manifiesta de muchas otras formas importantes y positivas, y es crucial para crear o mantener la cohesión social a una escala íntima y personal, así como para la sociedad en su conjunto. Los humanos habitualmente caminamos juntos por senderos, deambulamos en grupo por la ciudad charlando y aparentemente sin rumbo fijo, o nos manifestamos juntos. Caminar juntos ofrece la posibilidad de que la conversación evolucione de formas que no podría producirse, y de hecho no se producirán, si nos limitamos a charlar sentados. Mark Twain expresó esta idea con elegancia:

> El verdadero encanto de ir a pie no reside en el hecho de andar, o en el paisaje, sino en conversar. Caminar es bueno para sincronizar el movimiento de la lengua, y para mantener la sangre y el cerebro despiertos y activos; el paisaje y los olores del bosque son buenos para que un hombre encuentre en ellos un inconsciente y discreto atractivo y consuelo para los ojos, el alma y los sentidos; pero el placer supremo proviene de la conversación.[2]

Caminar puede tener un papel esencial para acrecentar nuestra sensación de conexión con otras personas y con el mundo que nos rodea. Un reciente y exhaustivo estudio realizado con personas de edad avanzada concluyó que las que dedicaban a andar en torno a 150 minutos cada semana eran más activas socialmente y tenían una mayor sensación de bienestar general que las que caminaban menos.[3] Esta correlación entre actividad social y bienestar general se ha puesto de relieve en una amplia gama de estudios. Una posible innovación en materia de salud pública que no requeriría de una excesiva tecnología podría ser el uso de alertas de texto o grupos de redes sociales para fomentar la práctica de caminar con regularidad entre las personas mayores: los beneficios serían enormes, y los costes insignificantes.

Esta dimensión social de caminar también resulta evidente a edad temprana. Aprender a andar transforma para siempre la calidad de nuestras interacciones sociales. Cuando somos bebés y nos desplazamos a gatas, la gama de movimientos de la cabeza es muy restringida: a cuatro patas solo vemos el suelo, y, para ver con claridad, por ejemplo, a la persona que cuida de nosotros, tenemos que sentarnos a fin de poder alzar la vista. Con la postura erguida las cosas cambian: podemos vernos unos a otros con facilidad, sin necesidad de realizar incómodos cambios de postura. Aprender a andar modifica de manera esencial el tipo de interacciones sociales y gestos a los que pueden acceder los niños.[4]

Los estudios en los que se ha observado a niños que andan solos, gatean o se desplazan en andadores, comparando sus interacciones con sus cuidadores y sus juguetes, han revelado que los que ya andan solos juegan más con sus juguetes y son capaces de expresarse muchísimo mejor. Los niños aprenden a usar los gestos, los sonidos y los movimientos para involucrar socialmente a sus cuidadores en el juego. Tener las manos libres resulta liberador para el niño y le permite liberar también la mente. Cuando aprendemos a andar, se incrementan drásticamente las oportunidades de interactuar entre nosotros, de realizar cualquier tipo de transacción, aunque sea algo tan simple como compartir comida. Ocurre lo mismo –tal como veíamos en capítulos anteriores– cuando comparamos desplazarse a pie con viajar en coche. A pie podemos interactuar unos con otros a nivel humano: tenemos literalmente más puntos en común, podemos sincronizarnos con mayor facilidad y compartir experiencias, incluidas las propias condiciones ambientales, como el clima (un tema bien conocido por su capacidad de romper el hielo entre extraños).

Es más: como hemos visto, caminar ofrece otra posibilidad, la de propiciar una creatividad colaborativa y también una actividad lúdica. Piense en cuando sale de paseo con sus hijos. Los niños son caminantes muy activos, a veces rebeldes e incontrolables, y está bien que sea así. Su ejemplo debería ser un estímulo para que todos disfrutemos caminando; para gozar del placer de andar, en lugar de considerarlo simplemente un medio para ir de un recinto cerrado a otro.

Caminar en compañía de otros constituye un fenómeno curioso, y a menudo se pasa por alto la asombrosa proeza que supone en cuanto a coordinación móvil del cuerpo y el cerebro. Caminar en grupo requiere que sincronicemos el paso unos con otros, lo que nos permite mantener un objetivo conductual común durante un determinado periodo de tiempo. Implica la acción coordinada y simultánea de múltiples regiones cerebrales para controlar la propia trayectoria y dirección del movimiento y predecir asimismo la trayectoria y la dirección del movimiento de las personas que caminan con nosotros. De manera crucial, cada individuo debe utilizar estas predicciones para intentar sincronizar de manera simultánea su movimiento con el de la otra persona o grupo de personas, mientras que al mismo tiempo realiza otra actividad, como hablar, cantar o gritar consignas. Esta es una tarea difícil, tanto que los robots aún no son capaces de hacerlo. Sin embargo, nuestro cerebro puede resolver este problema de forma rápida y sencilla, al menos casi siempre.

Somos extremadamente sensibles a las señales de carácter social que nos transmiten otras personas. Esta sensibilidad depende de manera crucial de la rapidísima acción –del orden de fracciones de segundo– de dos sistemas cerebrales: las denominadas «red de mentalización»[5] y «red de neuronas espejo».[6] La red de mentalización está orientada a la emisión de juicios y valoraciones: nos permite hacer inferencias en torno a la «capacidad de acción» de otros, es decir, acerca de hasta qué punto creemos que llevarán a cabo sus intenciones. Por su parte, la red de neuronas espejo está orientada a la acción: responde a nuestros propios movimientos y a movimientos similares realizados por otros de la misma forma; dicho de otro modo, señaliza los movimientos de los demás. Por ejemplo, las neuronas del sistema especular se activan cuando extendemos el brazo hacia delante para estrecharle la mano a otra persona y se activan del mismo modo cuando otra persona extiende el suyo para estrechar la nuestra. La combinación de estos dos sistemas es la que permite predecir la dirección del movimiento o la trayectoria de otros individuos mientras caminamos junto a ellos. La cognición social requiere el intercambio inconsciente de señales –como el habla, las expresiones, la postura y los movimientos corporales– y crea un mundo compartido mediante la atención conjunta y la sincronización interpersonal sustentadas por sistemas cerebrales que representan tanto la capacidad de acción como los actos reales de los demás.

Así pues, estamos capacitados para caminar codo con codo. Pero ¿por qué deseamos hacerlo? ¿Por qué esta sincronización genera una sensación de conexión? En pocas palabras, ¿por qué nos gusta caminar en compañía de otros? Los psicólogos denominan a este fenómeno «sincronización interpersonal». Interpersonal, porque implica a dos o más personas; sincronización, porque, de forma natural e inconsciente, imitamos la forma de andar de los demás, lo que conlleva otros procesos más profundos en el cerebro y el resto del cuerpo: la respiración se sincroniza, el latido cardiaco debe realizar funciones similares con ritmos similares, y el cerebro tiene en cuenta de manera simultánea lo que es probable que vaya a hacer la otra persona, además de monitorizar y controlar lo que estamos haciendo nosotros mismos.

Nos resulta relativamente fácil sincronizarnos con una o dos personas más, pero caminar en un grupo más numeroso requiere un mayor esfuerzo consciente de sincronización interpersonal, que en ocasiones se ve facilitado por la aparición deliberada o espontánea de una persona o un grupo más reducido que actúan como líderes. Lo que entra en juego en este caso es una dinámica natural, que habitualmente suele manifestarse en la conversación. Cuando un grupo de tres personas hablan entre sí, cada una de ellas puede prestar atención a las otras dos, pero si se les une una cuarta persona, lo más normal es que al cabo de un rato el grupo se haya dividido en dos parejas. Si el grupo está integrado por cinco personas, normalmente se dividirá en un grupito de dos personas y otro de tres: este parece ser el máximo número de personas al que podemos prestar atención de una manera cómoda y sin esfuerzo durante una conversación. Y al parecer ocurre lo mismo cuando caminamos en grupo.

Esto nos lleva a otro problema: nuestra tendencia natural será dividirnos en grupos de dos o tres personas, pero las manifestaciones y otras formas de marcha multitudinaria y organizada deben coordinarse de manera que se mantenga el ritmo, la dirección y la unidad.[7] Una forma sencilla de facilitar la coordinación grupal es hacer uso de la voz. Cantar o gritar consignas al unísono mientras las personas caminan juntas en grandes grupos es un recurso que se emplea desde tiempo inmemorial y que, de hecho, puede ayudarnos a cada uno de nosotros a coordinar nuestro movimiento con los demás, proporcionándonos una especie de metrónomo vocal con el que sincronizar nuestros pasos. Si nos fijamos, observaremos que en general los desfiles, las marchas o las manifestaciones van acompañados de consignas, redobles de tambor o algún otro tipo de sonido que facilita la sincronización.

Según el primatólogo y especialista en antropología cognitiva Robin Dunbar, el lenguaje es un elemento clave en la formación y el mantenimiento de los grupos sociales humanos, con una función similar a la que ejerce el acicalamiento en nuestros parientes los primates no humanos.[8] Las propiedades de señalización del lenguaje rítmico hablado o cantado, incitándonos a escuchar, a mirar hacia aquí o a desplazarse hacia allí, lo convierten en el medio perfecto para coordinar el comportamiento de grandes grupos. Si todos queremos participar en la conversación, debemos permanecer al alcance del oído y debemos hablar en voz lo bastante alta como para que todos puedan escucharnos. Esto hace que el grupo se amontone, lo cual, a su vez, lleva a sus miembros a sincronizar la marcha.

Obviamente, esta coordinación se rompe en el momento en que el grupo empieza a hacerse demasiado grande. Pero mantener un ritmo regular todavía puede servir para mitigar el problema del tamaño. Si se proporciona algún tipo de metrónomo externo, este debería posibilitar la sincronización de diferentes tipos de actividad, ya sea caminar, aplaudir o cantar. En el caso de que se utilice un estímulo sonoro para coordinar a un grupo de personas a fin de que caminen al unísono, esperaríamos detectar actividad no solo en aquellas regiones del cerebro relacionadas con la audición (las cortezas auditivas), sino también en las relacionadas con la planificación y la ejecución del movimiento en sí (el sistema motor, incluidas las áreas corticales motora, premotora y motora suplementaria).

La escala de tiempo de la coordinación tiene su importancia: cuando aplaudimos al unísono, por ejemplo, no lo hacemos con una precisión de milisegundos (dado que todos diferimos un poco en nuestra audición, velocidad de movimiento y otras capacidades). Curiosamente, un experimento en el que se pidió a varios grupos de personas que se sincronizaran dando golpecitos con los dedos reveló que los participantes que mostraban mayores niveles de ansiedad social también exhibían una menor capacidad de sincronizarse con el grupo,[9] es decir, que la ansiedad que nos provoca pensar qué tal se nos dará realizar una sencilla tarea de sincronización social *obstaculiza* la propia realización de dicha tarea. Incluso a esta pequeña escala en la que solo se mueven los dedos, el miedo escénico es un fenómeno real que paraliza a la gente. Sincronizar golpecitos con los dedos no es una tarea explícitamente social como lo es conversar con alguien; es más bien social en sentido implícito, ya que requiere comportarse como lo hace otra persona. Esta dimensión social de la actividad se puso de relieve durante el estudio por un significativo aumento de la actividad en las regiones que integran la «red social» del cerebro, así como en las relacionadas con la introspección y la autorreflexión.

Este estudio se llevó a cabo a una escala muy reducida: involucró a pequeños grupos de personas que se limitaron a hacer minúsculos movimientos con los dedos. Pero imagine por un momento que forma parte de una extensa y apretada multitud, por ejemplo, en una concurrida estación o un evento deportivo. Una de las dificultades que suelen plantearse en los sistemas de transporte público masivo, como los aeropuertos, las redes ferroviarias u otros, es la de garantizar que la gente camina a un ritmo constante y coordina sus pasos con los de las personas que tiene delante. Lo ideal en tales sistemas sería que todos los peatones caminaran en la misma dirección, asegurando la uniformidad del flujo de marcha. ¿Cómo podríamos garantizar que ese flujo de marcha sea constante y estable, de hecho predecible, a lo largo del tiempo?

Otro estudio especialmente revelador exploró cómo funciona el cerebro cuando caminamos en este tipo de grupos de mayor envergadura.[10] En este experimento se utilizó una tecnología conocida como espectroscopia del infrarrojo cercano (o NIRS, por sus siglas en inglés), que permite realizar una medición aproximada de la absorción de oxígeno en ciertas regiones cerebrales; en teoría, las regiones más activas probablemente consumirán más oxígeno. Los participantes llevaban un dispositivo NIRS montado en la cabeza mientras realizaban diversas tareas de coordinación en grupo al mismo tiempo que caminaban. Un grupo caminó acompañado del sonido de un metrónomo establecido a 70 pulsos por minuto (aproximadamente la frecuencia cardiaca en reposo de un adulto joven y sano), mientras que el otro no recibió ninguna indicación sonora. El primer grupo obtuvo unos resultados apreciablemente mejores a la hora de coordinar sus pasos y lograr mantener un ritmo constante. También se detectó un incremento sustancial en la actividad de los lóbulos frontales en los miembros de este grupo en comparación con los del grupo que no recibió ningún estímulo sonoro. Generalmente los lóbulos frontales están involucrados en la formulación de intenciones y la planificación de acciones, lo que sugiere que un pulso regular contribuye a la sincronización de las redes de los lóbulos frontales que pueden estar implicadas en la planificación y la selección de objetivos.[11]

Este tipo de estudios sugieren que utilizar una fuente de sonido que emita pulsos aproximadamente coincidentes con la frecuencia cardiaca humana media podría garantizar un flujo de marcha constante en grandes grupos de personas que se desplazan andando. Un ritmo más lento o más rápido podría suponer que la gente alterara su marcha en consecuencia. Esto significa, pues, que proporcionar sonidos discretos pero audibles en sincronía con la frecuencia cardiaca humana normal puede ayudar a controlar el flujo de peatones en los sistemas de tránsito concurrido, en eventos tales como conciertos o incluso en una evacuación.

¿Cómo podría el sonido marcar el ritmo de actividad de las personas al andar? Diversos estudios han mostrado que el simple hecho de ver moverse a otras personas activa el sistema motor de nuestro cerebro; por ejemplo, al ver moverse un pie arriba y abajo, se activaba en el observador el área de la corteza motora que controla el movimiento del pie.[12] Así pues, la imitación del comportamiento de los demás, y la predisposición a hacerlo, forman parte integrante del sistema nervioso. Estamos automática e inconscientemente predispuestos a la sincronización social de los movimientos motores, ya sean de partes del cuerpo o de todo el conjunto de este (esta predisposición no interviene en la conciencia, a menos que tomemos deliberadamente la decisión, dictada «desde arriba» por el cerebro, de imitar el comportamiento de otra persona).

Todos estos estudios confirman algo que ya sabemos intuitivamente por nuestra experiencia cotidiana: los seres humanos somos exquisitamente sensibles a los comportamientos del prójimo y nos entregamos fácilmente a una rápida sincronización interpersonal de la conducta. Estas capacidades también se ponen de manifiesto a una edad temprana. Los bebés muy pequeños son capaces de seguir los movimientos de los ojos, la cabeza y las manos de otras personas que son importantes para ellos; asimismo son capaces de imitar los gestos que otros les dirigen. ¿Y en lo referente a caminar? ¿A qué edad los niños se vuelven sensibles a las trayectorias de marcha de otras personas? Parece ser que los niños de solo cuatro años ya son tan sensibles a la dirección de la marcha como los adultos.[13] Este hecho quedó patente en un experimento en el que se puso a un grupo de niños de cuatro años frente a una pantalla de ordenador que mostraba una figura esquemática que caminaba desde la parte superior hasta la inferior de la pantalla. Si el niño no corregía su camino, la figura acababa tropezando con un árbol o una casa. Todos estos caminantes virtuales eran bidimensionales, al igual que los objetos limítrofes; por lo tanto, no había ningún indicador de profundidad tridimensional que ayudara a los niños a calcular la probable trayectoria de la marcha y, en consecuencia, la estimación de dicha trayectoria debía realizarse basándose en la información de movimiento contenida únicamente en la propia figura andante bidimensional. De manera sorprendente, los niños obtuvieron resultados comparables a los de los adultos y se mostraron capaces de distinguir diferencias de trayectoria muy pequeñas.

La sensibilidad a la trayectoria de marcha de los demás constituye un factor de gran importancia desde una perspectiva social, vital para transitar en medio de multitudes sin chocar unos con otros. Dicha sensibilidad es necesaria para entrecruzarse e interactuar con otros (como, por ejemplo, para entrar a un contrario en un juego de pelota). El hecho de que aparezca en una fase tan temprana del desarrollo sugiere, una vez más, que para nosotros caminar tiene esencialmente una profunda función social, como ocurre cuando el niño corre hacia los brazos de un cuidador para que lo coja, esquiva a un agresor, corre a abrazar a otro niño o se abalanza sobre él como parte de un juego. Para nosotros, caminar entraña mucho más que la mera movilidad individual: también constituye una rica fuente de interacción social con otros seres humanos.

Como ya hemos señalado, una de las grandes lecciones de nuestra vida ambulatoria que a menudo se pasa por alto es que la capacidad de andar evolucionó con un propósito social claramente definido, como la migración y la exploración. También marchamos juntos cuando queremos protestar –ya sean las decisiones de los regímenes políticos, en contra de un individuo o en respuesta a una violación de derechos–, cosa que tiene un papel crucial en nuestra sociedad.

Esta predisposición a caminar juntos, a dar expresión colectiva a nuestro gusto o aversión por algo, es una característica auténticamente esencial del ser humano, y es algo que no compartimos ni siquiera con nuestros parientes más cercanos. Pero ¿de dónde surge esta disposición a caminar y marchar juntos? Diversas investigaciones han demostrado que la sensación de formar parte de una gran multitud congregada con un propósito común puede hacernos experimentar un subidón, ya se trate de una manifestación de protesta, un concierto, un ritual religioso o un evento deportivo.[14] Las personas capaces de sentirse parte de una multitud explican que, cuando menos, experimentan un incremento transitorio de su sensación de bienestar.

Esta sensación subjetiva de «efervescencia» derivada de una actividad colectiva se ha medido mediante una serie de cuestionarios rellenados por los propios sujetos e integrados por un conjunto de proposiciones sencillas como «Me siento conectado con los demás cuando participo en una actividad multitudinaria que me gusta, como ir a un concierto, a la iglesia o a una convención» o «Cuando asisto a una boda, siento una conexión con las otras personas allí presentes». Los encuestados contestaron a cada pregunta según una escala de siete posibles respuestas que iban desde «Estoy muy en desacuerdo» hasta «Estoy muy de acuerdo». Los resultados indicaban que las mujeres tendían a dar respuestas con un valor más alto en la escala que los hombres, mientras que las personas que se autocalificaban como más religiosas también obtenían puntuaciones más elevadas que las que no se consideraban tales. Cuando se compararon con otros aspectos evaluados por los propios sujetos, resultó que las personas que obtenían puntuaciones más altas en el cuestionario eran también las que declaraban que se sentían menos solas, albergaban más sentimientos positivos, consideraban que su vida tenía más sentido, se conocían mejor a sí mismas y, por último, tenían más probabilidades de sentirse colectiva y relacionalmente interdependientes. Esta «asamblea efervescente», como se ha dado en llamar al fenómeno que describe los beneficios psíquicos de la actividad grupal, es un fenómeno social real y guarda correlación con otros aspectos de la vida involucrados en las relaciones sociales. En general, resultó que los indicadores vitales parecían ser mejores en aquellas personas que experimentaban altos niveles de conexión social mientras caminaban.

Dado que la experiencia de formar parte de un grupo en marcha puede ser tan emocionalmente intensa, podemos llegar a creer que las reuniones y manifestaciones multitudinarias transforman las sociedades en las que vivimos, lo que no siempre ocurre. En las sociedades libres podemos participar en reuniones multitudinarias, pero el inconveniente aquí es confundir el sentimiento de unidad e interdependencia, y las consecuencias relacionales derivadas de él, con la capacidad real de influir en los procesos o resultados políticos. Con frecuencia, la dura realidad de las leyes o las políticas públicas no se ve afectada en absoluto. A veces, no obstante, las marchas y manifestaciones pueden dar lugar a algo distinto: movimientos masivos ante los cuales los autócratas descubren que son impotentes porque tanto el pueblo como el aparato de seguridad del Estado les retiran su aquiescencia. Las manifestaciones y marchas masivas que precedieron al desmoronamiento del bloque comunista en 1989 (o quizá incluso lo causaron) constituyen un claro ejemplo de ello. Las grandes marchas solo tienen sentido si llevan aparejadas otras formas de acción colectiva eficaz dirigidas a cambiar las leyes y las políticas públicas.

Las manifestaciones masivas organizadas por Gandhi demostraron a todo el mundo que la falta de consenso de los gobernados hacía insostenible el poder colonial. Las marchas pro derechos civiles de la década de 1960 en Estados Unidos entendieron muy bien esta lección. Las manifestaciones masivas, diseñadas para demostrar la intensidad y amplitud de los sentimientos, por una parte, pero unidas, por otra, a la acción legislativa y los actos en favor de los derechos civiles, se tradujeron en cambios profundos y duraderos en el trato dado a las minorías en todo el territorio estadounidense. Los manifestantes pro derechos civiles también realizaron diversas marchas en Irlanda del Norte a finales de la década de 1960, en lo que se consideró un desafío abierto al Parlamento de Stormont. En 1969, en una marcha trascendental que pretendía dirigirse desde Belfast hasta Derry, los manifestantes fueron atacados al llegar al puente de Burntollet, un acto que un historiador calificaría como «la chispa que encendió el fuego de la pradera».[15] Ese «fuego de la pradera» fue un conflicto que duraría tres décadas, se cobraría casi 4.000 vidas y dejaría cicatrices que aún no se han curado. Si se hubiera franqueado el paso a la manifestación, la historia de Irlanda del Norte podría haber sido distinta; pero eso es una quimera histórica, y, por lo tanto, algo que nunca sabremos.

Obviamente, hay aquí una interesante lección que aprender: las autoridades deberían permitir la libre circulación de las marchas y manifestaciones. No controlarlas, salvo para evitar pérdidas de vidas, lesiones y daños a la propiedad. A menos que se diseñen a propósito para paralizar a la sociedad civil de forma sistemática y absoluta, las marchas y manifestaciones pueden actuar como un conducto de ventilación por el que se libere la energía necesaria para generar el cambio social y político. Los autócratas, obviamente, desprecian la libertad de manifestación y de reunión, de manera que no dudarán en reprimir las marchas con armas de fuego, como han hecho con frecuencia. Desde luego, no deja de ser curioso que la única forma de marcha colectiva que aprueban los autócratas, el desfile militar, sea una demostración de fuerza marcial en la que se elimina toda individualidad. La libertad de reunión, y la libertad de marcha que esta implica, ponen de relieve el hecho de que, si otros ejercen un poder sobre nosotros, es porque nosotros consentimos en ello. Marchar juntos puede resolver el problema de la acción colectiva: ¿cómo sabemos que todos pensamos y sentimos lo mismo con respecto a un tema crucial? Bueno, pues saliendo ahí fuera, marchando al unísono y comprobándolo en la calle.

Como hemos visto a lo largo de este libro, caminar en sí constituye una actividad clave para muchos aspectos tanto de la vida individual como de las sociedades. En consecuencia, debería ser esencial para los responsables políticos, los profesionales médicos y los urbanistas. Los caminantes de todo el mundo necesitan un estatuto que forme parte de la base de nuestras comunidades. El núcleo de ese estatuto debería incorporar algunos principios claros y sus disposiciones deberían aplicarse legalmente. Previamente en este libro sugería utilizar el acrónimo FASE como una herramienta para nuestros urbanistas y arquitectos: caminar por nuestras ciudades debería ser *fácil, accesible, seguro* y *estimulante.* Construir unos principios de diseño partiendo del concepto FASE aumentará nuestra calidad de vida. Eso es algo a lo que podemos aspirar y que podemos convertir en políticas reales si los políticos son conscientes de que nuestro voto depende de su apoyo al estatuto del caminante. Los principios de dicho estatuto deben traducirse en diseños «sobre el terreno», no como un elemento secundario, sino como el componente central de ellos.

El mensaje debería estar claro: caminar es bueno para nosotros. Pero los humanos también somos un poquito perezosos y algo renuentes a los mensajes que nos piden que reevaluemos nuestras cosmovisiones. Los documentos políticos de contenido profundo son útiles cuando se pretende argumentar o reforzar una determinada visión.[16] Pero a la hora de garantizar el cambio, el mejor método es la apelación empírica a la realidad y la verdad, en el contexto de una historia sucinta que se añada o se ajuste a los valores que el oyente ya tiene previamente.

No obstante, si bastara con proporcionar la información necesaria sobre las cosas, no habría campañas contra la vacunación, nadie fumaría y no tendríamos ningún problema con la obesidad. Por lo tanto, una campaña en favor de andar debería incorporar algunos consejos sencillos y directos que favorezcan un cambio de comportamiento, tales como garantizar la permeabilidad y la caminabilidad de nuestras ciudades, proporcionar zonas verdes bien diseñadas para caminar o promover las necesidades de los caminantes como la experiencia humana central en cuestión de movilidad y movimiento. Debemos garantizar que nuestras ciudades nos permitan hacer lo que resulta connatural en nosotros, que nos brinden oportunidades para realizar toda una serie de actividades, además de lugares para descansar y recargar pilas. Crear, diseñar y fomentar lugares y espacios para caminar es el reto presente y futuro. Luchar por ello nos enriquecerá a todos de más formas de las que somos conscientes.

EPÍLOGO

En el curso de este libro, nos hemos remontado a las profundidades del tiempo evolutivo para encontrarnos con nuestros ancestros bípedos. Hemos presenciado cómo caminar es una solución maravillosa utilizada una y otra vez por la naturaleza, desde los moradores del fondo marino de los océanos y los ondulantes tetrápodos que buscan comida en las playas arenosas hasta nosotros los humanos, que, decididos a conquistar nuevos mundos, emprendimos las grandes oleadas migratorias que nos sacaron de África para llevarnos a recorrer el mundo entero. Hemos aprendido que para no perdernos necesitamos disponer de mapas cognitivos, los cuales funcionan mejor cuando se activan regularmente al andar.

Hemos deambulado por esa maravilla que son nuestras ciudades modernas. Estas pueden ser los mejores lugares para caminar con tal de que se diseñen teniendo en mente este propósito. Necesitamos concebir la actividad de andar en las ciudades en su sentido más amplio, aplicando los cuatro componentes del acrónimo FASE a los ancianos, a los jóvenes y a quienes necesitan usar bastones, muletas o sillas de ruedas. Dado que estamos convirtiéndonos en una especie cada vez más urbana, es importante recordar esto: nuestras ciudades son para las personas.

Hemos regresado a la infancia, cuando aprendimos a ponernos de pie, luchando por mantener el equilibrio, cayéndonos y esforzándonos de nuevo por volver a levantarnos. Y hemos aprendido que todos nuestros sentidos se agudizan al caminar, liberando las manos para poder gesticular, para usar herramientas, para transportar alimentos o a nuestros hijos, mientras los pies se mueven rítmicamente, oscilan en el aire, se estabilizan apoyándose en el suelo, hacen palanca y vuelven a moverse. La maravilla cotidiana que ello encierra es que todo esto lo hacemos en gran parte de forma automática.

¿Qué puede hacer el lector para que estas lecciones perduren más allá de la lectura de este libro? Por una parte, utilizando una aplicación móvil para caminar. Active las alertas. ¿Cuántos pasos ha dado hoy? ¿Cuántos dio la semana pasada? No solo puede medir los pasos que da cada día, sino que puede compararlos con los de sus amigos, sus coetáneos o la media nacional. Y lo único que tiene que hacer para caminar un poco más es aparcar su coche un poco más lejos, bajarse del autobús una parada antes, o ir andando a comprar, al trabajo o a la escuela.

Sabemos que caminar mejora nuestro estado de ánimo, mucho más de lo que creíamos. Puede ser asimismo una especie de vacuna conductual contra la depresión y contra los lentos y perjudiciales cambios que van moldeando nuestra personalidad para peor por el hecho de llevar una vida sedentaria. Caminar también proporciona maravillosos poderes de cara a la resolución de problemas: nuestros impulsos creativos, potenciados por esta actividad, nos ayudarán a superar los problemas de la vida.

Esta es la principal lección de este libro: caminar mejora todos y cada uno de los aspectos de nuestro funcionamiento social, psíquico y neuronal. Es la receta sencilla que todos necesitamos para que nuestra vida mejore y se fortalezca nuestra salud, y que deberíamos aplicar en dosis regulares, grandes y pequeñas, a buen ritmo y día tras día, tanto en la naturaleza como en nuestras ciudades. Necesitamos que caminar se convierta en una parte natural y habitual de la vida cotidiana. Pise con fuerza el pavimento; sienta el viento en el rostro; deje que la luz del día o del alumbrado nocturno baile en su pupila; note la lluvia en la cara; sienta el suelo bajo los pies; escuche los sonidos; hable, aunque sea consigo mismo; permita que el ritmo de sus propios pasos le relaje y deje que su mente vague, delibere o contemple; viaje al pasado, sumérjase en sus futuros posibles o no piense en nada en absoluto. Aunque caminar se remonta a nuestro remoto pasado evolutivo, también es nuestro futuro, y le proporcionará todos los beneficios que ahora sabe que puede darle.

AGRADECIMIENTOS

Este libro es el resultado directo de una magnífica y reveladora conversación que mantuve en octubre de 2016 con mi agente literario, Bill Hamilton, de AM Heath –un hombre siempre sabio y sensato–, en el museo Wellcome Collection de Londres. Yo no era consciente de que tenía que escribir el libro hasta que se produjo aquella conversación, que resultaría ser tan interesante e importante como reveladora. Por eso y por sus numerosos consejos posteriores, ¡gracias, Bill! Vaya mi agradecimiento asimismo al equipo de AM Heath, especialmente a Jennifer Custer y Hélène Ferey, que también han hecho mucho para contribuir a que este libro viera la luz. Debo asimismo un especial agradecimiento a Stuart Williams, de The Bodley Head, que supo ver el valor del libro y dio todo su apoyo para llevarlo a cabo; no podría haber tenido mejor editor. Gracias también a Anna-Sophia Watts y Lauren Howard, ambas de The Bodley Head, por sus detalladas lecturas del manuscrito.

Mis dos libros anteriores han tratado cuestiones muy distintas; pero tanto en ellos como en el presente volumen subyace un elemento unificador común: el del «cerebro en el mundo», es decir, ver el mundo a través del «ojo del cerebro». Uno de mis temas de investigación es la aplicación de la psicología y la neurociencia a la formulación de políticas públicas y otros ámbitos relacionados. Este es el mejor momento para interesarse en la ciencia del cerebro y el comportamiento debido a las maravillas que se están logrando a escala mundial. Mi esperanza al escribir este libro es que los responsables afectados –en organizaciones, gobiernos, empresas o donde sea– se tomen más en serio la ciencia y las pruebas científicas a la hora de decidir e implementar las políticas públicas. Y que hagan lo que hacen los científicos: realizar experimentos, poner a prueba las ideas y dejar morir las malas cuando las pruebas revelen sus carencias. Las ideas de este libro se basan en la lectura de textos especializados y convenientemente revisados: aunque pueden resultar controvertidos para los políticos, arquitectos, urbanistas e ingenieros de caminos, no lo son en psicología y neurociencia. Necesitamos que los planificadores e ingenieros urbanos incorporen la caminabilidad como un elemento central en torno al cual gire y en el que se fundamente el diseño de nuestras ciudades, por el bien de todos.

A lo largo de los años he disfrutado caminando con tantas personas que sería ocioso, incluso imposible, nombrarlas a todas, pero al menos debo mencionar a algunas de ellas. A mis padres, Mary y Rory, por estar ahí durante las numerosas caídas –de las que no tengo memoria– que aseguraron que al final terminara siendo capaz de andar. A Maura, mi esposa, por tantos agradables paseos por tantos lugares a lo largo de los años (aunque mencionaré en concreto nuestras muchas caminatas por el paseo marítimo de Salthill, a orillas de la bahía de Galway, que hoy forma parte de la ruta turística Wild Atlantic Way). A Radhi, nuestra hija, que siempre olvida cuánto le gusta andar hasta que empieza a hacerlo. A todos los Donnelly por tantos grandes paseos en torno a Westport. También debo mencionar a Myles Staunton por su trabajo pionero en la creación de la Vía Verde de Westport. A John Miller y el difunto y añorado Vincent McLoughlin, que me llevaron a dar mis primeras caminatas, y otras muchas posteriores, por los montes Wicklow. A Michael Gilchrist, por los numerosos paseos por Wicklow y Waterford. A Vincent Walsh, por los muchos, maravillosos, largos y serpenteantes trayectos a través de la grandeza de Londres, que espero que sean muchos más en el futuro. A Ted Lynch, por su ayuda con el latín y por acompañarme en tantas caminatas por las maravillas de París. A Enda Kearns, por los numerosos paseos regulares vespertinos por los hermosos entornos de Killiney Hill y Dalkey. Y a muchos otros, durante años, en muchas otras ciudades.

Gracias a todos los que leyeron el borrador del manuscrito de este libro, lo mejoraron y me estimularon como escritor: Jennifer Rouine, John Miller, Vincent Walsh, Robert McKenna, Charlotte Callaghan, Fiona Newell, Giovanni Frazzetto, Ted Lynch, Bill Hamilton y Jennifer Custer.

Susan Cantwell me brindó una maravillosa ayuda administrativa, por la que le estoy profundamente agradecido, y que asimismo aceleró enormemente la conclusión de este libro.

Quiero dar las gracias asimismo a Wellcome Trust y Science Foundation Ireland por su generoso apoyo a mi investigación durante años. También el Trinity College de Dublín merece un especial agradecimiento por ser una maravillosa institución y un lugar excelente donde trabajar. Como de costumbre, cualquier error del texto debe atribuírseme exclusivamente a mí, y me disculpo por ello de antemano. Obviamente, he tenido que tomar varias decisiones con respecto a la inclusión o exclusión de determinados temas de la bibliografía científica, y lo mismo tuve que hacer con respecto a la selección y la lista de cuestiones exploradas. Desafortunadamente, la escritura tiene que detenerse en algún punto, y algunas cosas quedan inevitablemente fuera, como los recientes y asombrosos avances en la reparación de la médula espinal, que merecen tener su propio libro.[1]

NOTAS

INTRODUCCIÓN

1. Fitch, W.T. (2000), «The evolution of speech: a comparative review», *Trends in Cognitive Sciences,* vol. 4, n.º 7, pp. 258-267, http://citeseerx.ist.psu.edu/viewdoc/download?doi=10.1.1.22.3754&rep=rep1&type=pdf.

2. Existe una vasta bibliografía sobre la evolución de la bipedación humana; los siguientes textos son solo una pequeña muestra: Thorpe *et al.* (2007), «Origin of human bipedalism as an adaptation for locomotion on flexible branches», *Science,* vol. 316, n.º 5.829, pp. 1.328-1.331, http://science.sciencemag.org/content/316/5829/1328.long; Sockol *et al.* (2007), «Chimpanzee locomotor energetics and the origin of human bipedalism», *Proceedings of the National Academy of Sciences,* vol. 104, n.º 30, pp. 12.265-12.269, http://www.pnas.org/content/pnas/104/30/12265.full.pdf; Schmitt, D. (2003), «Insights into the evolution of human bipedalism from experimental studies of humans and other primates», *Journal of Experimental Biology,* vol. 206, n.º 9, pp. 1.437-1.448, http://jeb.biologists.org/content/jexbio/206/9/1437.full.pdf.

3. Aun así, los especialistas en robótica lo están intentando. En «Robot Masters Human Balancing Act» (https://news.utexas.edu/2018/10/02/robot-masters-human-balancing-act) puede verse un

punto de partida prometedor; por su parte, el BigDog de Boston Dynamics es un extraordinario cuadrúpedo robótico (https://www.bostondynamics.com/bigdog).

4. Straus (1952), «The Upright Posture», *Psychiatric Quarterly,* 26, pp. 529-561, https://link.springer.com/article/10.1007%2FBF01568490.

5. Richmond *et al.* (2001), «Origin of human bipedalism: the knuckle-walking hypothesis revisited», *American Journal of Physical Anthropology,* vol. 116, n.º S33, pp. 70-105, https://onlinelibrary.wiley.com/doi/pdf/10.1002/ajpa.10019.

6. Abourachid y Hofling (2012), «The legs: a key to bird evolutionary success», *Journal of Ornithology,* vol. 153, n.º 1, pp. 193-198, https://link.springer.com/article/10.1007/s10336-012-0856-9.

7. https://www.bbc.com/news/uk-scotland-north-east-orkney-shetland-45758016.

1. POR QUÉ CAMINAR ES BUENO PARA NOSOTROS

1. Woon *et al.* (2013), «CT morphology and morphometry of the normal adult coccyx», *European Spine Journal,* 22, pp. 863-870, https://link.springer.com/article/10.1007/s00586-012-2595-2.

2. Jean-Jacques Rousseau, *Las confesiones.* [Hay trad. esp.: Alianza, 2008.]

3. El psicólogo Martin Conway sostiene que «en muchas experiencias puede bastar con recordar simplemente el significado o la esencia»; https://oldhomepges.abdn.ac.uk/k.allan/pages/dept/webfiles/4thyear/conway%202005%20jml.pdf.

4. Stroop, J.R. (1935), «Studies of interference in serial verbal reactions», *Journal of Experimental Psychology,* vol. 18, n.º 6, pp. 643-662, doi:10.1037/h0054651.

5. Rosenbaum *et al.* (2017), «Stand by Your Stroop: Standing Up Enhances Selective Attention and Cognitive Control», *Psychological*

Science, vol. 28, n.º 12, pp. 1.864-1.867, http://journals.sagepub.com/doi/pdf/10.1177/0956797617721270.

6. Carter *et al.* (2018), «Regular walking breaks prevent the decline in cerebral blood flow associated with prolonged sitting», https://www.physiology.org/doi/full/10.1152/japplphysiol.00310.2018; Climie *et al.* (2018), «Simple intermittent resistance activity mitigates the detrimental effect of prolonged unbroken sitting on arterial function in overweight and obese adults», https://www.physiology.org/doi/full/10.1152/japplphysiol.00544.2018#.XCgVpEcW2lg.twitter.

7. Horner *et al.* (2015), «Acute exercise and gastric emptying: a meta-analysis and implications for appetite control», *Sports Medicine,* vol. 45, n.º 5, pp. 659-678; Keeling *et al.* (1990), «Orocecal transit during mild exercise in women», *Journal of Applied Physiology,* vol. 68, n.º 4, pp. 1.350-1.353.

8. La formación hipocampal muestra una plasticidad bastante notable en respuesta al ejercicio aeróbico. Diversos datos procedentes de diferentes grupos revelan que el ejercicio aeróbico regular induce este efecto de forma sistemática; así pues, las intervenciones que mejoran la salud del corazón también mejoran la del cerebro; Erickson *et al.* (2011), «Exercise training increases size of hippocampus and improves memory», *Proceedings of the National Academy of Sciences,* vol. 108, n.º 7, pp. 3.017-3.022, http://www.pnas.org/content/pnas/108/7/3017.full.pdf; Erickson *et al.* (2009), «Aerobic fitness is associated with hippocampal volume in elderly humans», *Hippocampus,* vol. 19, n.º 10, pp. 1.030-1.039, https://www.ncbi.nlm.nih.gov/pmc/articles/PMC3072565/; Thomas *et al.* (2016), «Multimodal characterization of rapid anterior hippocampal volume increase associated with aerobic exercise», *Neuroimage,* n.º 131, pp. 162-170, https://www.ncbi.nlm.nih.gov/pmc/articles/PMC4848119. Pueden verse similares resultados en adultos jóvenes en Griffin *et al.* (2011), «Aerobic exercise improves hippocampal function and increases BDNF in the serum of young adult males», *Physiology & Behavior,*

vol. 104, n.º 5, pp. 934-941, https://www.sciencedirect.com/science/article/pii/S0031938411003088.

9. Griffin *et al., op. cit.*

10. No obstante, esta asombrosa capacidad de las técnicas de imágenes cerebrales conlleva un problema crucial: requiere tener previamente una teoría acerca de qué actividad se produce dónde, por qué y en qué escala de tiempo para sustentar una función o un proceso concreto en el que una parte del cerebro o varias trabajan ya sea de forma aislada o, más probablemente, concertada. Es más: también requiere tener una teoría acerca de en qué orden podría producirse esa actividad en una misma región o entre diferentes regiones cerebrales. Eso implica, a su vez, que resulta esencial diseñar tareas orientadas a tratar de entender el cerebro en funcionamiento. Habrá que realizar experimentos de control, esto es, condiciones en las que no se realiza ningún cambio o manipulación, de modo que permitan establecer una base de referencia con respecto a la cual se puedan evaluar los cambios inducidos por cualesquiera manipulaciones. Sin los controles adecuados, es imposible saber si los cambios que se observan han surgido simplemente como resultado del azar o bien debido a una manipulación experimental. ¿Cómo sabremos que no hemos obtenido lo que se conoce como «falsos positivos»? Realizar controles y análisis estadísticos, tener una buena teoría, elaborar experimentos decentes, pensar con claridad, tener la firme voluntad de no engañarse uno mismo y ser capaz de renunciar a una teoría cuando los datos la echan por tierra constituyen todos ellos requisitos clave para quienes quieran experimentar con imágenes cerebrales (y, de hecho, para todos los científicos en general).

11. Ladouce *et al.* (2017), «Understanding minds in real-world environments: toward a mobile cognition approach», *Frontiers in Human Neuroscience,* n.º 10, p. 694, https://www.frontiersin.org/articles/10.3389/fnhum.2016.00694/full.

12. El muestreo de experiencia nos permite conocer lo que una persona piensa y siente en el transcurso de su vida cotidiana; por ejemplo, cuando camina. Csikszentmihalyi, M., y Larson, R.

(2014), *Validity and reliability of the experience-sampling method. In Flow and the foundations of positive psychology,* Springer, pp. 35-54.

13. Fu *et al.* (2014), «A cortical circuit for gain control by behavioral state», *Cell,* vol. 156, n.º 6, pp. 1.139-1.152, https://www.sciencedirect.com/science/article/pii/S0092867414001445); Dadarlat, M.C., y Stryker, M.P. (2017), «Locomotion enhances neural encoding of visual stimuli in mouse V1», *Journal of Neuroscience,* 2.728-16, http://www.jneurosci.org/content/jneuro/early/2017/03/06/JNEUROSCI.2728-16.2017.full.pdf.

14. Véase http://www.iceman.it; Oeggl *et al.* (2007), «The reconstruction of the last itinerary of "Ötzi", the Neolithic Iceman, by pollen analyses from sequentially sampled gut extracts», *Quaternary Science Reviews,* vol. 26. n.º 7-8, pp. 853-861; https://s3.amazonaws.com/academia.edu.documents/41301635/The_reconstruction_of_the_last_itinerary20160118-13142-1a3jpae.pdf; Paterlini, M. (2011), «Anthropology: The Iceman defrosted», *Nature,* vol. 471, n.º 7.336, p. 34, https://www.researchgate.net/publication/50267692_Anthropology_The_Iceman_defrosted.

15. Véase https://www.washingtonpost.com/archive/politics/1998/04/12/modern-marketing-embraces-iceman/0d60afe8-a3c6-4a9c-acfa-16c9147b40d4.

16. Ardigò *et al.* (2011), «Physiological adaptation of a mature adult walking the Alps», *Wilderness & Environmental Medicine,* vol. 22, n.º 3, pp. 236-241, https://www.wemjournal.org/article/S1080-6032(11)00080-9/fulltext; este es un instructivo ejemplo de recopilación de datos móviles mientras una persona recorre a pie una gran distancia en plena naturaleza y durante muchos días. Luca Ardigò y un grupo de colegas de las universidades de Verona y Parma estudiaron cómo un hombre razonablemente activo de sesenta y dos años se adaptaba y respondía a una larga caminata por una ruta de senderismo a través de los Alpes. El anónimo italiano hizo un recorrido de 1.300 kilómetros por la Vía Alpina.

17. Kaplan *et al.* (2017), «Coronary atherosclerosis in indigenous South American Tsimane: a cross-sectional cohort study», *The*

Lancet, vol. 389, n.º 10.080, pp. 1.730-1.739, https://www.thelancet.com/journals/lancet/article/PIIS0140-6736(17)30752-3/fulltext?code=lancet-site.

18. A menudo me pregunto, espoleado por este estudio concreto y lo que sabemos sobre los efectos del ejercicio en el cerebro y el resto del cuerpo, si ciertos tipos de depresión mayor podrían responder a un periodo prolongado recorriendo a pie una gran extensión en plena naturaleza. No tengo evidencias de que esto sea así, pero no parece del todo irrazonable, dada –como veremos– la cantidad de sistemas cerebrales y corporales que modulan la marcha.

19. Stone *et al.* (eds.) (1999), *The Science of Self-Report: Implications for Research and Practice,* LEA.

20. Althof *et al.* (2017), «Large-scale physical activity data reveal worldwide activity inequality», *Nature,* vol. 547, n.º 7.663, p. 336, https://www.ncbi.nlm.nih.gov/pmc/articles/PMC5774986. Téngase en cuenta que en el estudio de Althof es probable que los niveles de actividad se hayan subestimado, ya que únicamente recopilaron los datos relativos al podómetro; pero el móvil no recopila los datos relativos a los periodos que dedicamos a nadar, a practicar deportes de alta intensidad –como el *squash* o el bádminton– o a practicar deportes de equipo que involucren un cierto grado de contacto físico (aunque en el caso de los deportistas profesionales estos datos se recopilan de manera creciente por otros medios).

2. LA MARCHA DE ÁFRICA

1. Véase https://www.chesapeakebay.net/S=0/fieldguide/critter/sea_squirt (el artículo se refiere concretamente a la ascidia *Molgula manhattensis,* o «uva de mar»); http://tunicate-portal.org; Corbo *et al.* (2001), «The ascidian as a model organism in developmental and evolutionary biology», *Cell,* vol. 106, n.º 5, pp. 535-538, https://www.cell.com/fulltext/S0092-8674(01)00481-0; Christiaen *et al.* (2009), «The sea squirt *Ciona intestinalis*», *Cold*

Spring Harbor Protocols, vol. 2009, n.º 12, pdb-emo138, https://www.researchgate.net/publication/41424487_The_Sea_Squirt_Ciona_intestinalis.

2. Aunque sí retiene algunas funciones ganglionares o de tipo nervioso, en parte para controlar estos órganos.

3. Véase https://www.uas.alaska.edu/arts_sciences/naturalsciences/biology/tamone/catalog/cnidaria/urticina_crassicornis/life_history.htm; Geller *et al.* (2005), «Fission in sea anemones: integrative studies of life cycle evolution», *Integrative and Comparative Biology,* vol. 45, n.º 4, pp. 615-622, https://academic.oup.com/icb/article/45/4/615/636408.

4. Véase https://teara.govt.nz/en/diagram/5355/jellyfish-life-cycle; Katsuki, T., y Greenspan, R.J. (2013), «Jellyfish nervous systems», *Current Biology,* vol. 23, n.º 14, R592-594, https://www.cell.com/current-biology/pdf/S0960-9822(13)00359-X.pdf.

5. Lee, R., y Roberts, D. (1997), «Last interglacial *(c.* 117 kyr) human footprints from South Africa», *South African Journal of Science,* vol. 93, n.º 8, pp. 349-350; Roberts, D.L. (2008), «Last interglacial hominid and associated vertebrate fossil trackways in coastal eolianites, South Africa», *Ichnos,* vol. 15, n.º 3-4, pp. 190-207; American Association for the Advancement of Science (1998), «Humanity's Baby Steps», *Science,* vol. 282, n.º 5.394, p. 1.635, http://science.sciencemag.org/content/282/5394/1635.1; https://es.wikipedia.org/wiki/Huellas_de_Eva.

6. Desafortunadamente, el de evolución por selección natural es un concepto ampliamente malinterpretado, y lo ha sido desde que Darwin formulara por primera vez sus principios básicos. La teoría de la evolución por selección natural parte de la observación de que entre los diferentes organismos existen variaciones prácticamente infinitas: de altura, peso, longevidad, alimentos preferidos, complejidad del sistema nervioso, estructura dental... la lista es prácticamente interminable. Este conjunto de características se conoce como «fenotipo». Los organismos individuales, ya sea en una misma especie o entre especies distintas, varían en altura, peso, velocidad de

respuesta a la aparición de alimentos o depredadores, etcétera. Para que la evolución por selección natural funcione, esta variación entre organismos debe surgir de diferencias codificadas por sus genes; es decir, que tiene que haber un mecanismo de herencia. Por lo tanto, el proyecto fundamental del cuerpo está codificado en el genoma de un organismo. Las diferencias de fenotipo provienen de variaciones genéticas; al transmitir los genes de una generación a otra pueden producirse mutaciones, lo que permite que surjan variaciones entre organismos. A su vez, el entorno actúa como una especie de filtro con respecto a dichas variaciones: si eres un poco más alto, puedes obtener comida de las copas de los árboles; si eres un poco más pequeño, puedes rebuscar y encontrar alimento en el suelo; si tienes una visión nocturna un poco mejor, puedes escapar de un depredador... Los organismos que manifiestan aquellos rasgos que les permiten sobrevivir pueden reproducirse; los que carecen de estos rasgos beneficiosos desaparecen del mapa, se pierden en la noche de los tiempos. Así pues, el mecanismo de la evolución por selección natural requiere periodos de tiempo enormemente largos e involucra un auténtico derroche de organismos (de hecho, la mayoría de las especies que han existido en algún momento dado están extintas). Todos estos factores combinados se traducen en diferentes tasas de supervivencia y distintas tasas de reproducción, lo cual, a lo largo de prolongados periodos de tiempo, da lugar a los rasgos de los individuos que comprenden una determinada población genética.

7. Hardin *et al.* (2012), *Becker's World of the Cell,* Benjamin Cummings.

8. Maniloff, Jack (1996), «The Minimal Cell Genome: «On Being the Right Size», *Proceedings of the National Academy of Sciences of the United States of America,* vol. 93, n.º 19, pp. 10.004-10.006.

9. Woltering *et al.* (2014), «Conservation and divergence of regulatory strategies at Hox Loci and the origin of tetrapod digits», *PLOS Biology,* vol. 12, n.º 1, e1001773, https://journals.plos.org/plosbiology/article?id=10.1371/journal.pbio.1001773. Puede verse una sencilla introducción a la relación entre la marcha y los genes

Hox en John Long y Yann Gibert, «These genes are made for walking another step from fins to limbs», https://theconversation.com/these-genes-are-made-for-walking-another-step-from-fins-to-limbs-22126. Téngase en cuenta, no obstante, que la existencia de peces que se desplazan por el lecho oceánico, como algunos tipos de rayidos, sugiere que hay que ser cauteloso antes de afirmar de manera rotunda que en los primeros peces un gen represor inactivó la expresión de las extremidades (véase la nota siguiente). A continuación, mencionamos algunas introducciones más técnicas a la relación entre los genes Hox y la segmentación y formación de las extremidades, y el papel de estos genes en la evolución: Shubin *et al.* (1997), «Fossils, genes and the evolution of animal limbs», *Nature,* vol. 388, n.º 6.643, p. 639, https://www.researchgate.net/publication/13958634_Fossils_genes_and_the_evolution_of_animal_limbs; Burke *et al.* (1995), «Hox genes and the evolution of vertebrate axial morphology», *Development,* vol. 121, n.º 2, pp. 333-346, http://dev.biologists.org/content/121/2/333.short; Petit, F.; Sears, K.E., y Ahituv, N. (2017), «Limb development: a paradigm of gene regulation», *Nature Reviews Genetics,* vol. 18, n.º 4, p. 245, https://www.researchgate.net/publication/313375342_Limb_development_a_paradigm_of_gene_regulation.

10. Lutz *et al.* (1996), «Rescue of Drosophila labial null mutant by the chicken ortholog Hoxb-1 demonstrates that the function of Hox genes is phylogenetically conserved», *Genes & Development,* vol. 10, n.º 2, pp. 176-184, http://genesdev.cshlp.org/content/10/2/176.full.pdf.

11. Este excelente artículo de *National Geographic* va acompañado de un maravilloso vídeo sobre la «raya andante»: https://news.nationalgeographic.com/2018/02/skate-neural-genetics-walking-human-evolution-spd; véase también https://www.sciencedaily.com/releases/2018/02/180208120912.htm; Jung *et al.* (2018), «The ancient origins of neural substrates for land walking», *Cell,* vol. 172, n.º 4, pp. 667-682, https://www.cell.com/cell/fulltext/S0092-8674(18)30050-3?innerTabvideo-abstract_mmc8=.

12. Dawkins, R. (1996), *The Blind Watchmaker: Why the evidence of evolution reveals a universe without design,* W.W. Norton. [Hay trad. esp.: *El relojero ciego: por qué la evolución de la vida no necesita de ningún creador,* Tusquets, 2018.]

13. Véase http://www.ucmp.berkeley.edu/vertebrates/tetrapods/tetraintro.html; https://www.sciencedirect.com/topics/veterinary-science-and-veterinary-medicine/tetrapod.

14. Véase http://www.valentiaisland.ie/explore-valentia/tetrapod-trackway; Stossel, I. (1995), «The discovery of a new Devonian tetrapod trackway in SW Ireland», *Journal of the Geological Society,* vol. 152, n.º 2, pp. 407-413, https://www.researchgate.net/publication/249545894_The_discovery_of_a_new_Devonian_tetrapod_trackway_in_SW_Ireland. En cualquier caso, las autoridades locales podrían hacer más para favorecer a los caminantes. Trazar senderos y pistas claramente marcados pero con un bajo coste de mantenimiento, salpicados de refugios donde guarecerse cuando el clima atlántico cambia, sería una apuesta ganadora para todas las partes interesadas.

15. Véase https://www2.palomar.edu/anthro/primate/prim_7.htm; Gebo, D.L. (2013), «Primate Locomotion», *Nature Education Knowledge,* vol. 4, n.º 8, p. 1, https://www.nature.com/scitable/knowledge/library/primate-locomotion-105284696; http://www.indiana.edu/~semliki/PDFs/HuntCognitiveDemands.pdf; https://scholar.harvard.edu/files/dlieberman/files/2015f.pdf.

16. Véase https://answersafrica.com/african-proverbs-meanings.html. Hay quien discute el origen de este proverbio (https://www.npr.org/sections/goatsandsoda/2016/07/30/487925796/it-takes-a–village-to-determine-the-origins-of-an–african-proverb), sugiriendo que su origen africano no está tan claro; pero, sea como fuere, lo cierto es que capta perfectamente un verdad esencial en torno a caminar en grupo en comparación con hacerlo a solas.

17. Lee, Sang-Hee (2018), «Where Do We Come From?», *Anthropology News,* 18 de septiembre de 2018, doi:10.1111/AN.972, http://www.anthropology-news.org/index.php/2018/09/18/where-do-we-come-from.

18. Sankararaman *et al.* (2012), «The date of interbreeding between Neanderthals and modern humans», *PLOS Genetics,* vol. 8, n.º 10, e1002947, https://journals.plos.org/plosgenetics/article?id=10.1371/journal.pgen.1002947.

19. Véase http://humanorigins.si.edu/evidence/human-fossils/species/ardipithecus-ramidus; White *et al.* (2009), «*Ardipithecus ramidus* and the paleobiology of early hominids», *Science,* vol. 326, n.º 5.949, pp. 64-86, http://science.sciencemag.org/content/sci/326/5949/64.full.pdf; Kimbel *et al.* (2014), «*Ardipithecus ramidus* and the evolution of the human cranial base», *Proceedings of the National Academy of Sciences,* vol. 111, n.º 3, pp. 948-953, http://www.pnas.org/content/pnas/111/3/948.full.pdf.

20. Véase https://iho.asu.edu/about/lucys-story; la página correspondiente de Wikipedia en inglés es una muy buena introducción al tema: https://en.wikipedia.org/wiki/Lucy_(Australopithecus) [la versión española es bastante más sucinta].

21. Gittelman *et al.* (2015), «Comprehensive identification and analysis of human accelerated regulatory DNA», *Genome Research,* https://genome.cshlp.org/content/25/9/1245; Machnicki *et al.* (2016), «First steps of bipedality in hominids: evidence from the atelid and proconsulid pelvis», *PeerJ,* 4, e1521, doi:10.7717/peerj.1521, https://www.ncbi.nlm.nih.gov/pmc/articles/PMC4715437.

22. Bradley *et al.* (1998), «Genetics and domestic cattle origins», *Evolutionary Anthropology: Issues, News, and Reviews,* n.º 6, pp. 79-86, https://onlinelibrary.wiley.com/doi/pdf/10.1002/%28SICI%291520-6505%281998%296%3A3%3C79%3A%3AAID-EVAN2%3E3.0.CO%3B2-R; Beja-Pereira *et al.* (2003), «Gene-culture coevolution between cattle milk protein genes and human lactase genes», *Nature Genetics,* vol. 35, n.º 4, p. 311, https://www.researchgate.net/publication/8993180_Gene-culture_coevolution_between_cattle_milk_protein_genes_and_human_lactase_genes.

23. Holowka, N.B., y Lieberman, D.E. (2018), «Rethinking the evolution of the human foot: insights from experimental research», *Journal of Experimental Biology,* vol. 221, n.º 17, jeb17442,

https://www.nicholasholowka.com/uploads/2/8/1/2/28124491/holowka_and_lieberman_2018_jeb.pdf.

24. Raichlen *et al.* (2010), «Laetoli footprints preserve earliest direct evidence of human-like bipedal biomechanics», *PLOS ONE,* vol. 5, n.º 3, e9769, https://journals.plos.org/plosone/article?id=10.1371/journal.pone.0009769. Obviamente, hay que hacer la salvedad de que resulta del todo posible que una variante anterior del linaje humano pueda haber dejado huellas de pisadas que parezcan modernas en su forma. Esas huellas podrían proceder, por ejemplo, de un *Australopithecus.*

25. Pontzer, H. (2017), «Economy and endurance in human evolution», *Current Biology,* vol. 27, n.º 12, R613-621, https://www.cell.com/current-biology/pdf/S0960–9822(17)30567-5.pdf.

26. Pontzer *et al.* (2012), «Hunter-gatherer energetics and human obesity», *PLOS ONE,* vol. 7, n.º 7, e40503, https://journals.plos.org/plosone/article?id=10.1371/journal.pone.0040503. Los investigadores que aquí mencionamos estudiaron a un grupo de 30 adultos hadzas, con una representación aproximadamente igual de hombres y mujeres, a los que se comparó con un grupo similar de personas de peso normal procedentes de una economía de mercado desarrollada.

27. Selinger *et al.* (2015), «Humans can continuously optimize energetic cost during walking», *Current Biology,* vol. 25, n.º 18, pp. 2.452-2.456, https://www.sciencedirect.com/science/article/pii/S0960982215009586.

28. Hall *et al.* (2019), «Ultra-processed diets cause excess calorie intake and weight gain: An inpatient randomized controlled trial of ad libitum food intake», *Cell Metabolism,* https://www.cell.com/cell-metabolism/pdfExtended/S1550-4131(19)30248-7 (véase también: https://www.nytimes.com/2019/05/16/well/eat/why-eating-processed-foods-might-make-you-fat.html). Este estudio compara a un grupo de personas con una dieta de alimentos ultraprocesados con otro cuya dieta estaba compuesta de alimentos al menos relativamente no procesados. Los primeros ganaron aproximada-

mente un kilo de peso extra en solo catorce días, mientras que los segundos perdieron ese mismo peso.

29. Lieberman, D.E. (2015), «Is exercise really medicine? An evolutionary perspective», *Current Sports Medicine Reports,* vol. 14, n.º 4, pp. 313-319, https://scholar.harvard.edu/dlieberman/publications/exercise-really-medicine-evolutionary-perspective. He aquí una interesante entrevista con Lieberman: https://news.harvard.edu/gazette/story/2018/04/harvard-evolutionary-biologist-daniel-lieberman-on-the-past-present-and-future-of-speed.

30. Véase https://www.nhs.uk/common-health-questions/food-and-diet/what-should-my-daily-intake-of-calories-be; https://www.cnpp.usda.gov/sites/default/files/usda_food_patterns/EstimatedCalorieNeedsPerDayTable.pdf.

3. CÓMO CAMINAMOS: LA MECÁNICA DE LA MARCHA

1. Adolph *et al.* (2012), «How do you learn to walk? Thousands of steps and dozens of falls per day», *Psychological Science,* vol. 23, n.º 11, pp. 1.387-1.394, http://journals.sagepub.com/doi/pdf/10.1177/0956797612446346.

2. D'Avella *et al.* (2003), «Combinations of muscle synergies in the construction of a natural motor behavior», *Nature Neuroscience,* vol. 6, n.º 3, p. 300, http://e.guigon.free.fr/rsc/article/dAvellaEtAl03.pdf; con respecto al debate en torno a los músculos involucrados en el control motor, véase Tresch, M.C., y Jarc, A. (2009), «The case for and against muscle synergies», *Current Opinion in Neurobiology,* vol. 19, n.º 6, pp. 601-607, https://www.ncbi.nlm.nih.gov/pmc/articles/PMC2818278/.

3. La Fougere *et al.* (2010), «Real versus imagined locomotion: a [18F]-FDG PET-fMRI comparison», *Neuroimage,* vol. 50, n.º 4, pp. 1.589-1.598, https://s3.amazonaws.com/academia.edu.documents/44014268/Real_versus_imagined_locomotion_a_18F-FD20160322-1395-wry1yz.pdf.

4. Berthoz, A. (2000), *The Brain's Sense of Movement,* Harvard University Press; Pozzo *et al.* (1990), «Head stabilization during various locomotor tasks in humans - I. Normal subjects», *Experimental Brain Research,* vol. 82, n.º 1, pp. 97-106, https://www.researchgate.net/publication/20897989_Head_stabilization_during_various_locomotor_tasks_in_humans_–_I_Normal_sub jects; Pozzo *et al.* (1991), «Head Stabilization during Locomotion: Perturbations Induced by Vestibular Disorders», *Experimental Brain Research,* vol. 85, n.º 1, pp. 208-217, https://www.research gate.net/publication/21229398_Head_Stabilization_during_Locomotion_Perturbations_Induced_by_Vestibular_Disorders.

5. Day, B.L., y Fitzpatrick, R.C. (2005), «The vestibular system», *Current Biology,* vol. 15, n.º 15, R583-586, https://www.cell.com/current-biology/pdf/S0960-9822(05)00837-7.pdf; Khan, S., y Chang, R. (2013), «Anatomy of the vestibular system: a review», *NeuroRehabilitation,* vol. 32, n.º 3, pp. 437-443, https://www.re searchgate.net/publication/236642391_Anatomy_of_the_vestibu lar_system_A_review.

6. Hobson *et al.* (1998), «Sleep and vestibular adaptation: Implications for function in microgravity», *Journal of Vestibular Research,* vol. 8, n.º 1, pp. 81-94, https://pdfs.semanticscholar.org/a8bd/5e00ae66990b59b47a07425ea6f536d7a9ef.pdf.

7. Véase https://www.awatrees.com/2014/05/18/asleep-with-our-arboreal-ancestors; https://www.newscientist.com/article/mg21128335-200-anthropologist-i–slept-up-a–tree-to-understand-chimps; http://www.bbc.com/earth/story/20150415-apes-reveal-sleep-secrets.

8. Murray *et al.* (2018), «Balance Control Mediated by Vestibular Circuits Directing Limb Extension or Antagonist Muscle Co-activation», *Cell Reports,* vol. 22, n.º 5, pp. 1.325-1.338, https://www.sciencedirect.com/science/article/pii/S2211124718300263.

9. Pandolf, K.B., y Burr, R.E. (2002), *Medical Aspects of Harsh Environments. Vol. 2,* Walter Reed Army Medical Center, http://www.dtic.mil/dtic/tr/fulltext/u2/a433963.pdf.

10. Cha, Y.H. (2009), «Mal de débarquement», *Seminars in Neurology,* vol. 29, n.º 5, p. 520; https://www.ncbi.nlm.nih.gov/pmc/articles/PMC2846419/.

11. Salinas *et al.* (2017), «How humans use visual optic flow to regulate stepping during walking», *Gait & Posture,* 57, pp. 15-20, https://www.researchgate.net/publication/316802386_How_Humans_Use_Visual_Optic_Flow_to_Regulate_Stepping_During_Walking.

12. Kuo, A.D. (2007), «The six determinants of gait and the inverted pendulum analogy: A dynamic walking perspective», *Human Movement Science,* 26, pp. 617-656, http://citeseerx.ist.psu.edu/viewdoc/download?doi=10.1.1.570.8263&rep=rep1&type=pdf.

13. Dimitrijevic *et al.* (1998), «Evidence for a Spinal Central Pattern Generator in Humans», *Annals of the New York Academy of Sciences,* vol. 860, n.º 1, pp. 360-376, https://www.researchgate.net/publication/13361553_Evidence_for_a_spinal_central_pattern_generator_in_humans_Ann_N_Y_Acad_Sci; Duysens, J., y Van de Crommert, H.W. (1998), «Neural control of locomotion; Part 1: The central pattern generator from cats to humans», *Gait & Posture,* vol. 7, n.º 2, pp. 131-141, https://repository.ubn.ru.nl//bitstream/handle/2066/24493/24493___.PDF?sequence=1; Calancie *et al.* (1994), «Involuntary stepping after chronic spinal cord injury: evidence for a central rhythm generator for locomotion in man», *Brain,* vol. 117, n.º 5, pp. 1.143-1.159, http://citeseerx.ist.psu.edu/viewdoc/download?doi=10.1.1.666.9110&rep=rep1&type=pdf.

14. A veces también se utiliza el término «cenestesia» en un sentido más amplio para referirse a las señales específicas derivadas de los músculos y el movimiento..

15. Shirai, N., e Imura, T. (2014), «Looking away before moving forward: Changes in optic-flow perception precede locomotor development», *Psychological Science,* vol. 25, n.º 2, pp. 485-493, https://www.researchgate.net/publication/259499202_Looking_Away_Before_Moving_Forward.

16. Garrett *et al.* (2002), «Locomotor milestones and baby

walkers: cross sectional study», *BMJ,* vol. 324, n.º 7.352, p. 1.494, https://www.bmj.com/content/324/7352/1494.full.

4. CÓMO CAMINAMOS: ¿ADÓNDE TE DIRIGES?

1. Mittelstaedt, M.L., y Mittelstaedt, H. (1980), «Homing by path integration in a mammal», *Naturwissenschaften,* vol. 67, n.º 11, pp. 566-567, https://www.researchgate.net/publication/227274996_Homing_by_path_integration_in_a_mammal; Etienne, A.S., y Jefery, K.J. (2004), «Path integration in mammals», *Hippocampus,* vol. 14, n.º 2, pp. 180-192, https://onlinelibrary.wiley.com/doi/pdf/10.1002/hipo.10173.

2. Loomis *et al.* (1993), «Nonvisual navigation by blind and sighted: assessment of path integration ability», *Journal of Experimental Psychology: General,* vol. 122, n.º 1, p. 73; https://pdfs.semanticscholar.org/b7d7/10824cd468d1ce420046b66574dfc2f08cd8.pdf. Téngase en cuenta que en un experimento de este tipo sería fácil manipular los datos para obtener el resultado que se desea. Loomis y sus colegas tuvieron un cuidado excepcional a la hora de controlar las variables demográficas de los grupos participantes. Todos tenían aproximadamente la misma edad, todos trabajaban o eran estudiantes universitarios y todos podían andar con normalidad. De ese modo, eliminaron posibles sesgos y distorsiones que en caso contrario habrían confundido los resultados de sus experimentos.

3. Véase http://www.nasonline.org/publications/biographical-memoirs/memoir-pdfs/tolman-edward.pdf; Tolman, E.C. (1948), «Cognitive maps in rats and men», *Psychological Review,* vol. 55, n.º 4, p. 189, https://pdfs.semanticscholar.org/0874/a64d60a23a20303877e23caf8e1d4bb446a4.pdf.

4. Holland, P.C. (2008), «Cognitive versus stimulus-response theories of learning», *Learning & Behavior,* vol. 36, n.º 3, pp. 227-241, https://link.springer.com/content/pdf/10.3758/LB.36.3.227.pdf; obviamente, en esta descripción he violentado un poco las suti-

lezas teóricas a las que se entregan ciertos conductistas (como Clark Hull), pero se acerca lo bastante como para poder dar una idea general. Puede verse un breve análisis de la «teoría de la reducción del impulso» de Hull en el contexto de las ideas modernas sobre la motivación en Callaghan *et al.* (2018), «Potential roles for opioid receptors in motivation and major depressive disorder», *Progress in Brain Research,* n.º 239, pp. 89-119. El trabajo de Hull –que en cierta medida ha sido ignorado– aporta más a las teorías modernas de la motivación.

5. Koffka, K. (2013), *Principles of Gestalt Psychology,* Routledge. El artículo en inglés sobre la psicología de la Gestalt publicado en Wikipedia (https://en.wikipedia.org/wiki/Gestalt_psychology) es bastante exhaustivo y constituye un buen punto de partida [de nuevo, la versión española es algo más sucinta]. Este principio sostiene que, cuando la mente humana (sistema perceptual) forma un percepto, o *Gestalt,* el todo adquiere una realidad propia independiente de las partes. La famosa frase original del psicólogo de la Gestalt Kurt Koffka, «El todo es *distinto* de la suma de sus partes» suele traducirse incorrectamente como «El todo es *mayor* que la suma de sus partes» y, por lo tanto, se utiliza de forma incorrecta al explicar la teoría de la Gestalt y asimismo se aplica de manera aún más incorrecta a la teoría de sistemas. A Koffka le disgustaba esta interpretación y corregía con firmeza a aquellos de sus alumnos que reemplazaban «distinto» por «mayor». «Este no es un principio de adición –afirmaba–. El todo tiene una existencia independiente.»

6. Souman *et al.* (2009), «Walking straight into circles», *Current biology,* vol. 19, n.º 18, pp. 1.538-1.542, https://www.sciencedirect.com/science/article/pii/S0960982209014791.

7. Brunec *et al.* (2017), «Contracted time and expanded space: The impact of circumnavigation on judgements of space and time», *Cognition,* 166, pp. 425-432, https://www.sciencedirect.com/science/article/pii/S001002771730166X. (Este artículo también contiene probablemente una de las mejores frases que he leído nunca en un trabajo de investigación: «Después de cada entrega, [los participan-

tes en el experimento] eran teletransportados al punto de partida y se les asignaba un nuevo objetivo.» ¡Una extraordinaria hazaña tecnológica hasta entonces solo vista en *Star Trek!)*

8. Corkin, S. (2013), *Permanent Present Tense: The man with no memory, and what he taught the world,* Penguin UK.

9. O'Keefe, J., y Burgess, N. (1999), «Theta activity, virtual navigation and the human hippocampus», *Trends in Cognitive Sciences,* vol. 3, n.º 11, pp. 403-406, http://memory.psych.upenn.edu/files/pubs/KahaEtal99b.pdf.

10. Aghajan, Z.M., *et al.* (2017), «Theta oscillations in the human medial temporal lobe during real-world ambulatory movement», *Current Biology,* vol. 27, n.º 24, pp. 3.743-3.751, https://www.sciencedirect.com/science/article/pii/S0960982217313994.

11. O'Keefe, J., y Dostrovsky, J. (1971), «The hippocampus as a spatial map. Preliminary evidence from unit activity in the freely-moving rat», *Brain Research,* vol. 34, n.º 1, pp. 171-175, http://europepmc.org/abstract/MED/5124915; O'Keefe, J., y Nadel, L. (1978), *The Hippocampus as a Cognitive Map,* Clarendon Press, http://www.cognitivemap.net/HCMpdf/HCMComplete.pdf.

12. Ekstrom *et al.* (2003), «Cellular networks underlying human spatial navigation», *Nature,* vol. 425, n.º 6.954, p. 184, https://www.researchgate.net/publication/10573102_Cellular_Networks_underlying_human_spatial_navigation.

13. Maguire *et al.* (1997), «Recalling routes around London: activation of the right hippocampus in taxi drivers», *Journal of Neuroscience,* vol. 17, n.º 18, pp. 7.103-7.110, http://www.jneurosci.org/content/jneuro/17/18/7103.full.pdf; Maguire *et al.* (1998), «Knowing where things are: Parahippocampal involvement in encoding object locations in virtual large-scale space», *Journal of Cognitive Neuroscience,* vol. 10, n.º 1, pp. 61-76, https://www.mitpressjournals.org/doi/abs/10.1162/089892998563789.

14. Ranck Jr., J.B. (1973), «Studies on single neurons in dorsal hippocampal formation and septum in unrestrained rats: Part I. Behavioral correlates and firing repertoires», *Experimental Neurology,*

vol. 41, n.º 2, pp. 461-431, https://deepblue.lib.umich.edu/bitstream/handle/2027.42/33782/0000036.pdf?sequence=1&isAllowed=y.

15. Taube *et al.* (1990), «Head-direction cells recorded from the postsubiculum in freely moving rats. I. Description and quantitative analysis», *Journal of Neuroscience,* vol. 10, n.º 2, pp. 420-435, http://www.jneurosci.org/content/jneuro/10/2/420.full.pdf.

16. Véase https://www.nobelprize.org/prizes/medicine/2014/press-release.

17. Grieves, R.M., y Jeffery, K.J. (2017), «The representation of space in the brain», *Behavioural Processes,* n.º 135, pp. 113-131, http://discovery.ucl.ac.uk/1535831/1/Jeffery_Accepted%20version%20for%20OA%20repository.pdf.

18. O'Mara, S.M. (2013), «The anterior thalamus provides a subcortical circuit supporting memory and spatial navigation», *Frontiers in Systems Neuroscience,* n.º 7, p. 45, https://www.frontiersin.org/articles/10.3389/fnsys.2013.00045/full; Jankowski *et al.* (2015), «Evidence for spatially-responsive neurons in the rostral thalamus», *Frontiers in Behavioral Neuroscience,* n.º 9, p. 256, https://www.frontiersin.org/articles/10.3389/fnbeh.2015.00256/full; Jankowski, M.M., y O'Mara, S.M. (2015), «Dynamics of place, boundary and object encoding in rat anterior claustrum», *Frontiers in Behavioral Neuroscience,* n.º 9, p. 250, https://www.frontiersin.org/articles/10.3389/fnbeh.2015.00250/full; Tsanov, M., y O'Mara, S.M. (2015), «Decoding signal processing in thalamo-hippocampal circuitry: implications for theories of memory and spatial processing», *Brain Research,* 1621, pp. 368-379, http://www.tara.tcd.ie/bitstream/handle/2262/73409/1-s2.0-S0006899314016722-main.pdf?sequence=1.

19. O'Mara, S.M. (2013), «The anterior thalamus provides a subcortical circuit supporting memory and spatial navigation», *Frontiers in Systems Neuroscience,* n.º 7, p. 45, https://www.frontiersin.org/articles/10.3389/fnsys.2013.00045/full; Jankowski *et al.* (2015), «Evidence for spatially-responsive neurons in the rostral

thalamus», *Frontiers in Behavioral Neuroscience,* n.º 9, p. 256, https://www.frontiersin.org/articles/10.3389/fnbeh.2015.00256/full; Jankowski *et al.* (2015), «Dynamics of place, boundary and object encoding in rat anterior claustrum», *Frontiers in Behavioral Neuroscience,* n.º 9, p. 250, https://www.frontiersin.org/articles/10.3389/fnbeh.2015.00250/full; Tsanov, M., y O'Mara, S. (2015), «Decoding signal processing in thalamo-hippocampal circuitry: implications for theories of memory and spatial processing», *Brain Research,* n.º 1.621, pp. 368-379, http://www.tara.tcd.ie/bitstream/handle/2262/73409/1-s2.0-S0006899314016722-main.pdf?sequence=1.

5. CAMINAR POR LA CIUDAD

1. Este es un gran artículo que forma parte de una gran serie donde se aborda la cuestión de caminar por la ciudad: https://www.theguardian.com/cities/2018/oct/05/desire-paths-the-illicit-trails-that-defy-the-urban-planners?CMP=share_btn_tw; puede verse la colección completa de artículos en https://www.theguardian.com/cities/series/walking-the-city. Con respecto a los caminos del deseo, véase: https://www.witpress.com/Secure/elibrary/papers/SC12/SC12003FU1.pdf. Con respecto a Robert Macfarlane, véase: https://twitter.com/RobGMacfarlane/status/977787226133278725.

2. Véase https://www.parliament.uk/about/living-heritage/building/palace/architecture/palacestructure/churchill.

3. Véase https://catalog.data.gov/dataset/walkability-index; http://health-design.spph.ubc.ca/tools/walkability-index.

4. Welch, T., «Eco of Bologna - Fellini's Rimini - and Ferrara», https://www.eurotrib.com/story/2008/3/30/16150/7191; véase también Saitta, D., «Umberto Eco, Planning Education, and Urban Space», https://www.planetizen.com/node/84742/umberto-eco-planning-education-and-urban-space.

5. Althof *et al.* (2017), «Large-scale physical activity data reveal

worldwide activity inequality», *Nature,* vol. 547, n.º 7.663, p. 336, https://www.ncbi.nlm.nih.gov/pmc/articles/PMC5774986; véase también http://activityinequality.stanford.edu.

6. Speck, J. (2013), *Walkable City: How downtown can save America, one step at a time,* Macmillan.

7. Fuller, R.A., y Gaston, K.J. (2009), «The scaling of green space coverage in European cities», *Biology Letters,* vol. 5, n.º 3, pp. 352-355, http://rsbl.royalsocietypublishing.org/content/5/3/352.short.

8. Véase https://academic.oup.com/ije/article/34/6/1435/707557.

9. Asher *et al.* (2012), «Most older pedestrians are unable to cross the road in time: a cross-sectional study», *Age and Ageing,* vol. 41, n.º 5, pp. 690-694, https://www.researchgate.net/publication/225307198_Most_older_pedestrians_are_unable_to_cross_the_road_in_time_A_cross-sectional_study.

10. Sander *et al.* (2014), «The challenges of human population ageing», *Age and Ageing,* vol. 44, n.º 2, pp. 185-187, https://academic.oup.com/ageing/article/44/2/185/93994.

11. John Gay (1716), *Trivia, or The Art of Walking the Streets of London,* https://www.poemhunter.com/i/ebooks/pdf/john_gay_2012_7.pdf.

12. Véase https://www.independent.co.uk/property/house-and-home/rise-and-fall-of-the-boot-scraper-2341628.html.

13. Véase https://activelivingresearch.org/sites/default/files/BusinessPerformanceWalkableShoppingAreas_Nov2013.pdf; http://uk.businessinsider.com/millennials-forcing-end-suburban-office-parks-2017-2?r=US&IR=T; https://www.gensler.com/design-forecast-2015-the-future-of-workplace; https://www.nreionline.com/office/do-office-tenants-prefer-city-or-suburbs-answer-complicated; http://www.place-makers.com/2017/11/16/places-that-pay-benefits-of-placemaking-v2; https://www.vox.com/the-goods/2018/10/26/18025000/walkable-city-walk-score-economy.

14. Litman, T. (2014), «The Mobility-Productivity Paradox:

Exploring the Negative Relationships Between Mobility and Economic Productivity», http://www.vtpi.org/ITED_paradox.pdf.

15. Bornstein, M.H., y Bornstein, H.G. (1976), «The pace of life», *Nature,* vol. 259, n.º 5.544, p. 557, https://www.nature.com/articles/259557a0.

16. Walmsley, D.J., y Lewis, G.J. (1989), «The pace of pedestrian flows in cities», *Environment and Behavior,* vol. 21, n.º 2, pp. 123-150, https://www.researchgate.net/publication/240689640_The_Pace_of_Pedestrian_Flows_in_Cities.

17. Wirtz, P., y Ries, G. (1992), «The pace of life-reanalysed: Why does walking speed of pedestrians correlate with city size?», *Behaviour,* vol. 123, n.º 1, pp. 77-83, https://www.jstor.org/stable/4535062?seq=1#metadata_info_tab_contents.

18. Levine, R.V., y Norenzayan, A. (1999), «The pace of life in 31 countries», *Journal of Cross-Cultural Psychology,* vol. 30, n.º 2, pp. 178-205, http://journals.sagepub.com/doi/pdf/10.1177/0022022199030002003.

19. Shadmehr *et al.* (2016), «A representation of efort in decision-making and motor control», *Current Biology,* vol. 26, n.º 14, pp. 1.929-1.934, http://reprints.shadmehrlab.org/Shadmehr_CurrBiol_2016.pdf.

20. James, L. (2015), «Managing Walking Rage: Self-Assessment and Self-Change Techniques», *Journal of Psychology & Clinical Psychiatry,* vol. 2, n.º 1, p. 00057, https://www.researchgate.net/publication/270823144_Managing_Walking_Rage_Self-Assessment_and_Self-Change_Techniques.

21. *Ibíd.*

22. Pelphrey *et al.* (2004), «When strangers pass: processing of mutual and averted social gaze in the superior temporal sulcus», *Psychological Science,* vol. 15, n.º 9, pp. 598-603, http://journals.sagepub.com/doi/pdf/10.1111/j.0956-7976.2004.00726.x.

23. Amaral *et al.* (1983), «Evidence for a direct projection from the superior temporal gyrus to the entorhinal cortex in the monkey», *Brain Research,* vol. 275, n.º 2, pp. 263-277.

24. Alexander *et al.* (2016), «Social and novel contexts modify hippocampal CA2 representations of space», *Nature Communications,* n.º 7, p. 10.300.

25. Milgram *et al.* (1969), «Note on the drawing power of crowds of diferent size», *Journal of Personality and Social Psychology,* vol. 13, n.º 2, p. 79, https://www.researchgate.net/publication/232493453_Note_on_the_Drawing_Power_of_Crowds_of_Different_Size.

26. Gallup *et al.* (2012), «Visual attention and the acquisition of information in human crowds», *Proceedings of the National Academy of Sciences,* vol. 109, n.º 19, pp. 7.245-7.250, http://www.pnas.org/content/pnas/109/19/7245.full.pdf.

6. UN BÁLSAMO PARA EL CUERPO Y EL CEREBRO

1. Klepeis *et al.* (2001), «The National Human Activity Pattern Survey (NHAPS): a resource for assessing exposure to environmental pollutants», *Journal of Exposure Science and Environmental Epidemiology,* vol. 11, n.º 3, p. 231, https://indoor.lbl.gov/sites/all/files/lbnl-47713.pdf.

2. *2018 Physical Activity Guidelines Advisory Committee Scientific Report,* https://health.gov/paguidelines/second-edition/report; Biswas *et al.* (2015), «Sedentary time and its association with risk for disease incidence, mortality, and hospitalization in adults: a systematic review and meta-analysis», *Annals of Internal Medicine,* vol. 162, n.º 2, pp. 123-132, doi:10.7326/M14-165.

3. Stephan *et al.* (2018), «Physical activity and personality development over twenty years: Evidence from three longitudinal samples», *Journal of Research in Personality,* n.º 73, pp. 173-179, https://www.ncbi.nlm.nih.gov/pmc/articles/PMC5892442. Estos hallazgos tiene un carácter esencialmente epidemiológico: en otras palabras, no hubo ninguna manipulación experimental, aunque se intentó controlar los problemas que entrañan este tipo de investiga-

ciones. Sin embargo, otros estudios tienden a llegar a conclusiones similares: ser sedentario influye negativamente en los cinco factores clave de la personalidad (pueden verse otros estudios en https://scholar.google.com/scholar?cites=5366658728132198651&as_sdt=2005&sciodt=0,5&hl=en).

4. Goldberg, L.R. (1990), «An "alternative" description of personality: the big-five factor structure», *Journal of Personality and Social Psychology,* vol. 59, n.º 6, p. 1.216, https://cmapspublic2.ihmc.us/rid=1LQBQ96VY-19DH2XW-GW/Goldberg.Big-Five-FactorsStructure.JPSP.1990.pdf.

5. Duarte Rodrigues, A. (2015), «Beyond contemplation, the real functions held at the cloisters», en A. Duarte Rodrigues (ed.), *Cloister gardens, courtyards and monastic enclosures,* Centro de História da Arte e Investigação Artística da Universidade de Évora y Centro Interuniversitário de História das Ciências e da Tecnologia, pp. 13-35, http://ciuhct.org/application/files/1615/2027/4970/Cloister_gardens_courtyards_monastic_enclosures.pdf.

6. Giovanni Boccaccio, *El Decamerón,* Tercera jornada. [Hay trad. esp.: Penguin, 2017.]

7. Nisbet, E.K., y Zelenski, J.M. (2011), «Underestimating nearby nature: Affective forecasting errors obscure the happy path to sustainability», *Psychological Science,* vol. 22, n.º 9, pp. 1.101-1.106, http://journals.sagepub.com/doi/pdf/10.1177/ 0956797611418527.

8. Wilson y Gilbert (2003), «Afective Forecasting», *Advances in Experimental Social Psychology,* 35, pp. 345-411.

9. En este artículo pueden verse algunas fotografías maravillosas al respecto: https://www.newyorker.com/culture/photo-booth/japanese-photographer-captures-the-mysterious-power-of-forest-bathing; y este otro es una guía turística para darse un buen baño de bosque: https://savvytokyo.com/shinrin-yoku-the-japanese-art-of-forest-bathing. Es demasiado pronto para poder decir cuáles son exactamente los beneficios del baño de bosque para la salud, dado que apenas hay estudios adecuadamente realizados y controlados que establezcan una relación dosis-respuesta; por ejemplo, Oh *et al.*

(2017), «Health and well-being benefits of spending time in forests: systematic review», *Environmental Health and Preventive Medicine,* vol. 22, n.º 1, p. 71, doi:10.1186/s12199-017-0677-9, y especialmente Shanahan *et al.* (2015), «The health benefits of urban nature: how much do we need?», *BioScience,* vol. 65, n.º 5, pp. 476-485, https://academic.oup.com/bioscience/article/65/5/476/324489.

10. Lovelock, J., (1995), *The Ages of Gaia: A Biography of Our Living Earth,* W.W. Norton. [Hay trad. esp.: *Las edades de Gaia: una biografía de nuestro planeta vivo,* Tusquets, 1993.]

11. Thompson, C.W., *et al.* (2012), «More green space is linked to less stress in deprived communities: Evidence from salivary cortisol patterns», *Landscape and Urban Planning,* vol. 105, n.º 3, pp. 221-229, https://www.sciencedirect.com/science/article/pii/S0169204611003665; hay que hacer algunas advertencias con respecto a este estudio: para empezar, se trata de un estudio correlacional, antes que causal, y de carácter limitado y exploratorio; la muestra era pequeña; el estudio se realizó en enero, cuando en Escocia hay relativamente pocas horas de luz solar y la vegetación aún no ha alcanzado su máximo esplendor; no hubo un grupo de control integrado por ciudadanos más acomodados o de un estatus socioeconómico superior, y tampoco se hicieron comparaciones con otras ciudades.

12. Thompson, C.W., *et al.* (2016), «Mitigating Stress and Supporting Health in Deprived Urban Communities: The Importance of Green Space and the Social Environment», *International Journal of Environmental Research and Public Health,* vol. 13, n.º 4, p. 440, https://www.mdpi.com/1660-4601/13/4/440/htm.

13. Obviamente, podría no ser así, pero para comprender la relación existente haría falta llevar a cabo estudios a gran escala de un tipo y envergadura comparables a los que realizan las empresas farmacéuticas cuando tienen la intención de sacar un nuevo medicamento al mercado.

14. Kaplan, S. (1995), «The restorative benefits of nature: Toward an integrative framework», *Journal of Environmental Psychology,* vol. 15, n.º 3, pp. 169-182, http://willsull.net/resources/Kaplan

S1995.pdf; Kaplan, R., y Kaplan, S. (1989), *The Experience of Nature: A psychological perspective,* Cambridge University Press.

15. White *et al.* (2013), «Feelings of restoration from recent nature visits», *Journal of Environmental Psychology,* 35, pp. 40-51, https://www.researchgate.net/publiction/273422708_Feelings_of_restoration_from_recent_nature_visits.

16. Véase https://www.nimh.nih.gov/health/topics/depres sion/index.shtml.

17. Kessler, R.C., y Bromet, E.J. (2013), «The epidemiology of depression across cultures», *Annual Review of Public Health,* n.º 34, pp. 119-138, https://www.ncbi.nlm.nih.gov/pmc/articles/PMC4100461.

18. Cooney *et al.,* «Exercise for depression», *Cochrane Database of Systematic Reviews 2013,* n.º 9, art. CD004366, doi:10.1002/14651858.CD004366.pub6.

19. Harvey *et al.* (2017), «Exercise and the prevention of depression: results of the HUNT Cohort Study», *American Journal of Psychiatry,* vol. 175, n.º 1, pp. 28-36, https://ajp.psychiatryonline.org/doi/10.1176/appi.ajp.2017.16111223.

20. Simon, G. (2017), «Should psychiatrists write the exercise prescription for depression?», *American Journal of Psychiatry,* vol. 175, n.º 1, pp. 2-3, https://ajp.psychiatry-online.org/doi/10.1176/appi.ajp.2017.17090990.

21. Hay que ser muy cauteloso, pues, con la bibliografía disponible al respecto, ya que esta es en gran parte de índole observacional y correlativa. Cosa distinta, obviamente, es adoptar un enfoque directo y experimental. En este caso, la metodología consiste en utilizar modelos experimentales de depresión en animales y, luego, evaluar la dosis de ejercicio y la distribución temporal de dicha dosis en relación con el tratamiento que les produce la sintomatología depresiva. Aquí, como veremos, la bibliografía especializada ofrece resultados mucho más nítidos. Basándose en los experimentos realizados con animales, parece bastante probable que andar mucho (o hacer mucho ejercicio aeróbico en general) actúe como una vacuna contra potenciales com-

portamientos depresivos y como un tratamiento que reduce su gravedad cuando se producen, al menos en comparación con los mejores fármacos antidepresivos disponibles en el mercado.

22. Se han hecho relativamente pocos estudios sobre el placer y la recompensa que se experimentan tras realizar un intenso esfuerzo físico. Un ejemplo es Frazao *et al.* (2016), «Feeling of pleasure to high-intensity interval exercise is dependent on the number of work bouts and physical activity status», *PLOS ONE,* vol. 11, n.º 3, e0152752, https://journals.plos.org/plosone/article?id=10.1371/journal.pone.0152752; véase también Ekkekakis, P. (2003), «Pleasure and displeasure from the body: Perspectives from exercise», *Cognition and Emotion,* vol. 17, n.º 2, pp. 213-239, https://www.researchgate.net/publication/247496658_Pleasure_and_displeasure_from_the_body_Perspectives_from_exercise, donde se sugiere que en el transcurso del ejercicio el placer (y la experiencia contraria de la disforia) pasa de tener un origen cognitivo a interoceptivo.

23. Véase https://www.nobelprize.org/prizes/literature/1950/russell/lecture.

24. La bibliografía al respecto es tan extensa que aquí solo mencionaremos y describiremos algunos de los resultados más interesantes y coherentes obtenidos con muestras concretas. Como ejemplo, véase: https://scholar.google.com/scholar?hl=en&as_sdt=0%2C5&q=learning+memory+aerobic+exercise&oq=learning+memory+aerobic+exer#d=gs_hdr_drw&p=&u=.

25. Hebb, D.O. (1949), *The Organization of Behaviour,* John Wiley. [Hay trad. esp.: *Organización de la conducta,* Debate, 1985.]

26. Thoenen, H. (1995), «Neurotrophins and neuronal plasticity», *Science,* vol. 270, n.º 5.236, pp. 593-598, http://science.sciencemag.org/content/270/5236/593; Leal *et al.* (2014), «BDNF-induced local protein synthesis and synaptic plasticity», *Neuropharmacology,* n.º 76, pp. 639-656, https://estudogeral.sib.uc.pt/bitstream/ 10316/25252/1/1-s2.0-S0028390813001421-main.pdf; De Melo Coelho *et al.* (2013), «Physical exercise modulates peripheral levels of brain-derived neurotrophic factor (BDNF): a systematic review of experimen-

tal studies in the elderly», *Archives of Gerontology and Geriatrics,* vol. 56, n.º 1, pp. 10-15, https://www.researchgate.net/publication/228101079_Physical_exercise_modulates_peripheral_levels_of_Brain-Derived_Neurotrophic_Factor_BDNF_a_systematic_review_of_experimental_studies_in_the_elderly.

27. El primero en obtener este resultado –posteriormente reproducido en numerosas ocasiones– fue el equipo de investigación de Carl Cotman (https://www.faculty.uci.edu/profile.cfm?faculty_id=2273); véase también, por ejemplo, Neeper *et al.* (1995), «Exercise and brain neurotrophins», *Nature,* n.º 373, p. 109; Oliff *et al.* (1998), «Exercise-induced regulation of brain-derived neurotrophic factor (BDNF) transcripts in the rat hippocampus», *Molecular Brain Research,* vol. 61, n.º 1-2, pp. 147-153; Adlard *et al.* (2005), «The exercise-induced expression of BDNF within the hippocampus varies across life-span», *Neurobiology of Aging,* vol. 26, n.º 4, pp. 511-520; Cotman *et al.* (2007), «Exercise builds brain health: key roles of growth factor cascades and inflammation», *Trends in Neurosciences,* vol. 30, n.º 9, pp. 464-472. Mi propio grupo de investigación es uno de los muchos que han reproducido este resultado y, además, hemos demostrado que el aumento de BDNF inducido por el ejercicio anula en la práctica la acción de una serie de pequeñas moléculas que de otro modo se asocian a un efecto proinflamatorio en el cerebro; véase, por ejemplo, Shaw *et al.* (2003), «Deficits in spatial learning and synaptic plasticity induced by the rapid and competitive broad-spectrum cyclooxygenase inhibitor ibuprofen are reversed by increasing endogenous brain-derived neurotrophic factor», *European Journal of Neuroscience,* vol. 17, n.º 11, pp. 2.438-2.446; Callaghan *et al.* (2017), «Exercise prevents IFN-α–induced mood and cognitive dysfunction and increases BDNF expression in the rat», *Physiology & Behavior,* 179, pp. 377-383.

28. Aggleton *et al.* (2010), «Hippocampal-anterior thalamic pathways for memory: uncovering a network of direct and indirect actions», *European Journal of Neuroscience,* vol. 31, n.º 12, pp. 2.292-2.307.

29. He aquí un excelente resumen de los hallazgos relativos a los riesgos de correr en comparación con caminar: https://www.vox.com/2015/8/4/9091093/walking-versus-running; véase también https://academic.oup.com/ije/article/39/2/580/679411.

30. Suter *et al.* (1994), «Jogging or walking - comparison of health effects», *Annals of Epidemiology,* vol. 4, n.º 5, pp. 375-381, https://www.sciencedirect.com/science/article/pii/1047279794900728.

31. Davitt *et al.* (2018), «Moderate-vigorous Intensity Run Vs. Walk On Hemodynamics, Metabolism And Perception Of Effort: 1942 Board# 203 May 31 3», *Medicine & Science in Sports & Exercise,* vol. 50, nº 5S, pp. 468-489, https://insights.ovid.com/medicine-science-sports-exercise/mespex/2018/05/001/moderate-vigorous-intensity-run-vs-walk/1539/00005768.

32. Rich *et al.* (2017), «Skeletal myofiber vascular endothelial growth factor is required for the exercise training-induced increase in dentate gyrus neuronal precursor cells», *Journal of Physiology,* vol. 595, n.º 17, pp. 5.931-5.943, https://physoc.onlinelibrary.wiley.com/doi/pdf/10.1113/JP273994.

33. Demangel *et al.* (2017), «Early structural and functional signature of 3-day human skeletal muscle disuse using the dry immersion model», *Journal of Physiology,* vol. 595, n.º 13, pp. 4.301-4.315, https://physoc.onlinelibrary.wiley.com/doi/pdf/10.1113/JP273895. Los investigadores reunieron a un grupo de 12 participantes varones (con una media de edad de treinta y dos años), y luego midieron la fuerza y la función musculares e hicieron una resonancia magnética de los músculos del muslo.

7. CAMINAR DE FORMA CREATIVA

1. Friedrich Nietzsche, *El ocaso de los ídolos. Cómo se filosofa a martillazos.* [Hay trad. esp.: Tusquets, 2015.] A veces esta máxima también se traduce como «Todos los pensamientos auténticamente grandes se conciben mientras caminamos».

2. Henry David Thoreau, *El Diario (1837-1861).* [Hay trad. esp.: Capitán Swing, 2013.]

3. Corn, A. (1999), «The Wordsworth Retrospective», *Hudson Review,* vol. 52, n.º 3, pp. 359-378, https://www.jstor.org/stable/3853432?seq=3#metadata_info_tab_contents.

4. Véase https://www.psychologytoday.com/us/blog/the-interrogated-brain/201812/the-importance-daily-rituals-creativity; Currey, M. (ed.) (2013), *Daily Rituals: How Artists Work,* Knopf. [Hay trad. esp.: *Rituales cotidianos: como trabajan los artistas,* Turner, 2013.]

5. Russell, B. (1967-1969), *The Autobiography of Bertrand Russell,* 3 vols., Allen & Unwin. [Hay trad. esp.: *Autobiografía,* Edhasa, 2010.]

6. Orlet, C., (2004), «The Gymnasiums of the Mind», *Philosophy Now,* https://philosophynow.org/issues/44/The_Gymnasiums_of_the_Mind.

7. Raichle *et al.* (2001), «A default mode of brain function», *Proceedings of the National Academy of Sciences,* vol. 98, n.º 2, pp. 676-682; https://www.pnas.org/content/pnas/98/2/676.full.pdf.

8. Christof *et al.* (2009), «Experience sampling during fMRI reveals default network and executive system contributions to mind wandering», *Proceedings of the National Academy of Sciences,* vol. 106, n.º 21, pp. 8.719-8.724, https://www.pnas.org/content/pnas/106/21/8719.full.pdf.

9. Baird *et al.* (2012), «Inspired by distraction: mind wandering facilitates creative incubation», *Psychological Science,* vol. 23, n.º 10, pp. 1.117-1.122, https://journals.sagepub.com/doi/pdf/10.1177/0956797612446024.

10. Gusnard *et al.* (2001), «Medial prefrontal cortex and self-referential mental activity: relation to a default mode of brain function», *Proceedings of the National Academy of Sciences,* vol. 98, n.º 7, pp. 4.259-4.264, https://www.pnas.org/content/pnas/106/6/1942.full.pdf; Farb *et al.* (2007), «Attending to the present: mindfulness meditation reveals distinct neural modes of self-reference», *Social*

Cognitive and Affective Neuroscience, vol. 2, n.º 4, pp. 313-322, https://academic.oup.com/scan/article/2/4/313/ 1676557.

11. Beaty *et al.* (2018), «Robust prediction of individual creative ability from brain functional connectivity», *Proceedings of the National Academy of Sciences,* https://www.pnas.org/content/pnas/early/2018/01/09/1713532115.full.pdf.

12. Kahneman, D. (2011), *Thinking, Fast and Slow,* Farrar, Straus & Giroux. [Hay trad. esp.: *Pensar rápido, pensar despacio,* Debate, 2015.]

13. *Ibíd.,* p. 40.

14. Peter Lynch, «The many modern uses of quaternions: A surprising application is to electric toothbrushes but they have many vital functions», https://www.irishtimes.com/news/science/the-many-modern-uses-of-quaternions-1.3642385#.W7YHhykoyeY.twitter.

15. Véase https://math.berkeley.edu/~robin/Hamilton/fourth.html.

16. Runco, M.A., y Jaeger, G.J. (2012), «The standard definition of creativity», *Creativity Research Journal,* n.º 21, pp. 92-96.

17. Olufsen *et al.* (2005), «Blood pressure and blood flow variation during postural change from sitting to standing: model development and validation», *Journal of Applied Physiology,* vol. 99, n.º 4, pp. 1.523-1.537; Ouchi *et al.* (1999), «Brain activation during maintenance of standing postures in humans», *Brain,* vol. 122, n.º 2, pp. 329-338.

18. Oppezzo, M., y Schwartz, D.L. (2014), «Give your ideas some legs: The positive efect of walking on creative thinking», *Journal of Experimental Psychology: Learning, Memory, and Cognition,* vol. 40, n.º 4, pp. 1.142-1.152, https://lagunita.stanford.edu/c4x/Medicine/ANES204/asset/Give_Your_Ideas_Some_Legs_2.pdf.

19. Steinberg *et al.* (1997), «Exercise enhances creativity independently of mood», *British Journal of Sports Medicine,* vol. 31, n.º 3, pp. 240-245, https://bjsm.bmj.com/content/bjsports/31/3/240.full.pdf.

20. Ning Hao *et al.* (2017), «Enhancing creativity: Proper body posture meets proper emotion», *Acta Psychologica,* 173, pp. 32-40.

21. Véase https://www.psychologytoday.com/us/blog/our-innovating-minds/201808/does-open-office-plan-make-creative-environment; https://www.economist.com/business/2018/07/28/open-offices-can-lead-to-closed-minds.

22. Kiefer *et al.* (2009), «Walking changes the dynamics of cognitive estimates of time intervals», *Journal of Experimental Psychology: Human Perception and Performance,* vol. 35, n.º 5, p. 1.532, https://www.researchgate.net/publication/26869873_Walking_Changes_the_Dynamics_of_Cognitive_Estimates_of_Time_Intervals.

23. Véase Csikszentmihalyi, M. (2014), «Toward a psychology of optimal experience», en *Flow and the Foundations of Positive Psychology,* Springer, pp. 209-226; Csikszentmihalyi, M. (2008), *Flow: The psychology of Optimal Experience,* Harper Perennial Modern Classics; Csikszentmihalyi y LeFevre (1989), «Optimal experience in work and leisure», *Journal of Personality and Social Psychology,* vol. 56, n.º 5, p. 815, http://citeseerx.ist.psu.edu/viewdoc/download?doi=10.1.1.845.9235&rep=rep1&type=pdf.

24. Keinänen, M. (2016), «Taking your mind for a walk: a qualitative investigation of walking and thinking among nine Norwegian academics», *Higher Education,* vol. 71, n.º 4, pp. 593-605, https://link.springer.com/article/10.1007/s10734-015-9926-2.

25. John Steinbeck, *Sweet Thursday.* [Hay trad. esp.: *Dulce jueves,* Navona, 2008.]

26. Véase, por ejemplo, una breve descripción en https://web.chemdoodle.com/kekules-dream, y un análisis más exhaustivo en http://acshist.scs.illinois.edu/bulletin_open_access/v31-1/v31-1%20p28-30.pdf.

27. Wagner *et al.* (2004), «Sleep inspires insight», *Nature,* vol. 427, n.º 6.972, p. 352, http://www.cogsci.ucsd.edu/~chiba/SleepInsightWagnerNature04.pdf. Ed Yong proporciona un interesante resumen de algunas de las ideas actuales en torno a la relación entre

el sueño y la creatividad: https://www.theatlantic.com/science/archive/2018/05/sleep-creativity-theory/560399; se hace especial hincapié en la importancia de tener un sueño de buena calidad, completando todos y cada uno de sus ciclos.

8. LA DIMENSIÓN SOCIAL DE CAMINAR

1. Wong, K. (2011), «Fossil footprints of early modern humans found in Tanzania», *Scientific American Blog,* https://blogs.scientificamerican.com/observations/fossil-footprints-of-early-modern-humans-found-in-tanzania; Greshko, M. (2016), «Treasure Trove of Ancient Human Footprints Found Near Volcano: Hundreds of crisscrossing tracks offer a glimpse of life in Africa around 19,000 years ago», https://news.nationalgeographic.com/2016/10/ancient-human-footprints-africa-volcano-science; Greshko, M. (2018) «Treasure Trove of Fossil Human Footprints Is Vanishing», https://www.nationalgeographic.com/science/2018/08/news-engare-sero-ol-doinyo-lengai-tanzania-behavior.

2. Mark Twain, *A Tramp Abroad* [«Un vagabundo en el extranjero»], https://www.gutenberg.org/files/119/119-h/119-h.htm, cap. XXIII.

3. Véase https://tilda.tcd.ie/publications/reports/pdf/Report_PhysicalActivity.pdf.

4. Clearfield, M.W. (2011), «Learning to walk changes infants' social interactions», *Infant Behavior and Development,* vol. 34, n.º 1, pp. 15-25, https://www.whitman.edu/Documents/Academics/Psychology/Clearfield%202010.pdf.

5. Muscatell *et al.* (2012), «Social status modulates neural activity in the mentalizing network», *NeuroImage,* vol. 60, n.º 3, pp. 1.771-1.777.

6. Bonini, L. (2017), «The extended mirror neuron network: Anatomy, origin, and functions», *The Neuroscientist,* vol. 23, n.º 1, pp. 56-67.

7. Dunbar, R. (2010), *How many friends does one person need? Dunbar's number and other evolutionary quirks,* Faber & Faber.

8. Dunbar, R. (1998), *Grooming, Gossip, and the Evolution of Language,* Harvard University Press.

9. Yun *et al.* (2012), «Interpersonal body and neural synchronization as a marker of implicit social interaction», *Scientific Reports,* n.º 2, p. 959, https://www.nature.com/articles/srep00959. Los investigadores reclutaron a 20 sujetos varones diestros y en buen estado físico, y los equiparon con electrodos EEG; luego, los participantes se sentaron en una mesa frente a una persona cuyos movimientos tenían que seguir y se les dio instrucciones de que utilizaran ya fuera el brazo izquierdo o el derecho (eliminando así la preferencia por usar la mano derecha de los análisis de los mecanismos cerebrales responsables de la sincronización).

10. Ikeda *et al.* (2017), «Steady beat sound facilitates both coordinated group walking and inter-subject neural synchrony», *Frontiers in Human Neuroscience,* n.º 11, p. 147, https://www.ncbi.nlm.nih.gov/pmc/articles/PMC5366316/. Los datos de estos estudios podrían ser difíciles de interpretar en la medida en que puede resultar complicado localizar la señal obtenida en regiones cerebrales concretas; además, la recopilación de datos se realiza mientras la persona está andando, de modo que los sujetos están activos y los datos se obtienen sobre la marcha.

11. El efecto observado se centraba exclusivamente en el flujo sanguíneo de las regiones frontopolares del cerebro, ya que las mediciones del flujo sanguíneo en la piel realizadas de manera simultánea no guardaban ninguna correlación ni con el flujo conductual ni con el ritmo de marcha en general; este tipo de control permite descartar efectos de excitación no específicos como causa del efecto observado.

12. Van Schaik *et al.* (2017), «Measuring mimicry: general corticospinal facilitation during observation of naturalistic behaviour», *European Journal of Neuroscience,* vol. 46, n.º 2, pp. 1.828-1.836, https://www.researchgate.net/publication/317606742_Measuring_

Mimicry_General_Corticospinal_Facilitation_During_Observation_of_Naturalistic_Behaviour. Van Schaik y sus colegas reclutaron a 18 mujeres para participar en su estudio y luego midieron el potencial evocado motor por estimulación magnética transcraneal (EMT) en la mano derecha de sus participantes.

13. Sweeny *et al.* (2013), «Sensitive perception of a person's direction of walking by 4-year-old children», *Developmental Psychology,* vol. 49, n.º 11, p. 2.120, https://www.ncbi.nlm.nih.gov/pmc/articles/PMC4305363.

14. Gabriel *et al.* (2017), «The psychological importance of collective assembly: Development and validation of the Tendency for Effervescent Assembly Measure (TEAM)», *Psychological Assessment,* vol. 29, n.º 11, pp. 1.349-1.362, doi:10.1037/pas0000434, https://www.researchgate.net/publication/314271695_The_Psychological_Importance_of_Collective_Assembly_Development_and_Validation_of_the_Tendency_for_Efervescent_Assembly_Measure_TEAM.

15. Véase https://malachiodoherty.com/2008/08/08/lord-bew-on-burntollet.

16. A la hora de intentar cambiar las políticas públicas, también debemos centrarnos en cómo razonamos y tomamos decisiones. Tras muchos de los razonamientos que hacemos en el transcurso de nuestra vida subyace cierta tendencia a adaptar los argumentos y los datos a una determinada postura que ya hemos adoptado previamente. Esto se conoce formalmente como *sesgo de confirmación* y representa un atajo generalizado y ubicuo en el razonamiento humano.

AGRADECIMIENTOS

1. Se están probando múltiples enfoques al respecto, desde la estimulación eléctrica selectiva de la médula espinal (por ejemplo, Wagner *et al.* [2018], «Targeted neurotechnology restores walking

in humans with spinal cord injury», *Nature,* vol. 563, n.º 7.729, p. 65, https://www.nature.com/articles/s41586-018-0649-2) hasta el trasplante de células madre (Raisman, G. [2001], «Olfactory ensheathing cells - another miracle cure for spinal cord injury?», *Nature Reviews Neuroscience,* vol. 2, n.º 5, p. 369; Tabakow [2014], «Functional regeneration of supraspinal connections in a patient with transected spinal cord following transplantation of bulbar olfactory ensheathing cells with peripheral nerve bridging», *Cell Transplantation,* vol. 23, n.º 12, pp. 1.631-1.655) o el desarrollo de interfaces cerebro-máquina (Donati *et al.* [2016], «Long-term training with a brain-machine interface-based gait protocol induces partial neurological recovery in paraplegic patients», *Scientific Reports,* n.º 6, p. 30.383, https://www.nature.com/articles/srep30383.

ÍNDICE ANALÍTICO

ÍNDICE GENERAL